**48**

## 新世纪心理与心理健康教育文库
Xinshiji Xinli Yu Xinlijiankangjiaoyu Wenku

# 生命教育
Shengming Jiaoyu

郑晓江 ◆ 著
Zheng Xiaojiang

开明出版社

# 新世纪心理与心理健康教育文库
## 编委会

**总 主 编** 郑日昌
**副总主编** 沈 政　郭德俊　桑 标　王希永
**编 委 会**（按姓氏笔画排列）

| | | | |
|---|---|---|---|
| 王 昕 | 王小明 | 王成彪 | 王建平 |
| 牛 勇 | 邓丽芳 | 叶浩生 | 田万生 |
| 朱新秤 | 任 苇 | 任 俊 | 刘视湘 |
| 刘翔平 | 刘惠军 | 许 燕 | 孙大强 |
| 杜毓贞 | 杨 波 | 杨忠健 | 汪凤炎 |
| 沈 政 | 张 驰 | 张大均 | 张志杰 |
| 陈永胜 | 陈安涛 | 邵志芳 | 庞爱莲 |
| 郑日昌 | 郑晓江 | 孟沛欣 | 赵世明 |
| 赵军燕 | 俞国良 | 殷恒婵 | 郭秀艳 |
| 郭德俊 | 桑 标 | 黄 蓓 | 崔丽娟 |
| 梁宁建 | 梁执群 | 董 妍 | 程正方 |
| 雷 雳 | 燕国材 | 魏义梅 | |

# 总 序
Sequence

早在上个世纪70年代就有专家预言：21世纪是心理学的世纪。21世纪人类所面临的最大挑战，不是其他，而是心理困惑和心理问题。

进入新世纪，我国社会主义物质文明、政治文明、精神文明建设不断加强，综合国力大幅度提高，人民生活显著改善。同时，我们也要看到，我国已进入改革发展的关键时期，经济体制深刻变革，社会结构深刻变动，利益格局深刻调整，思想观念深刻变化。这种空前的社会变革，给我国发展进步带来巨大活力，也必然带来这样那样的矛盾和问题。例如，城乡、区域经济社会发展很不平衡；就业、收入分配、社会保障、教育、医疗、住房等方面关系群众切身利益的问题比较突出；一些社会成员诚信缺失、道德失范；一些领域的腐败现象比较严重等。这些矛盾和问题让人们感到心理困惑，时刻冲击着人们的心理承受能力。

2006年，中共中央《关于构建社会主义和谐社会若干重大问题的决定》明确指出：我们必须坚持以人为本。要注重促进人的心理和谐，加强人文关怀和心理疏导，引导人们正确对待自己、他人和社会，正确对待困难、挫折和荣誉。要加强心理健康教育和保健，塑造自尊自信、理性平和、积极向上的社会心态。心理和谐是构建和谐社会的心理基础和重要标志。胡锦涛同志指出："科学发展观，第一要义是发展，核心是以人为本。"以人为本就必须重视人、尊重人、关心人、爱护人，就必须重视人的心理发展。加强心理健康教育和心理保健，不断提高人们的心理素质，帮助人们形成积极心理品质，为和谐社会建设奠定和谐的心理基础已经成为举国上下的共识。

促进人的心理和谐需要有科学心理学指引，加强心理健康教育需要有合适的教材。近年来，国内虽然也陆续出版了一些心理学或心理健康教育方面的图书，但不够系统，缺乏总体规划。正因为如此，我们组织了一批心理学专家、学者，编写了这套反映我国心理学发展及心理健康教育理论成果的"新世纪心理与心理健康教育文库"。

"新世纪心理与心理健康教育文库"具有系统性。文库参照心理学学科体系和我国现实需要，分为基础理论、应用理论和技术与实践三个系列。

"新世纪心理与心理健康教育文库"具有权威性。文库是国家出版基金资助项目；文库撰稿人的选择面向全国，每一本图书都由该领域的专家学者撰稿；文库的统稿工作由国内权威心理学家和心理健康教育专家负责完成。

"新世纪心理与心理健康教育文库"具有前沿性。文库在全国范围选聘心理学和心理健康教育领域的专家学者撰稿，既可以吸收心理学与心理健康教育的权威理论和最新研究成果，也可以保证所选内容资料贴近时代、贴近生活、贴近实际。

"新世纪心理与心理健康教育文库"具有实用性。文库在强调系统性、理论性、科学性的同时，更加强调实用性。力求做到理论联系实际，给出的理论实用，给出的技术可行，给出的方法可操作。

"新世纪心理与心理健康教育文库"理论性、实用性、资料性、工具性兼备，是心理学与心理健康教育的"百科全书"。它可以作为从事心理与心理健康教育工作的管理者和研究者的参考书、工具书；可以作为心理健康教育教师继续学习、自我提高的自修图书；可以作为心理健康教育教师的培训用书；可以作为师范院校心理与心理健康教育专业的教材或参考书。

我们相信，"新世纪心理与心理健康教育文库"对于从事心理与心理健康教育工作的人士会有所帮助；对于我国的心理与心理健康教育工作会起到推动促进作用；对于促进人的心理和谐、促进社会心理和谐会发挥一定作用。

我们希望，这套文库能够得到广大心理与心理健康教育工作者的认可、接纳。

郑日昌<br/>于京师园

# 前言
Preface

　　生命教育的定义目前已有许多,在笔者看来,生命教育不能简单地理解为"生命的教育",即与中小学的语文、算术、化学、物理课等并列的又一门关于生命的课程,如此去定义生命教育则未免简单化了。其实,生命教育中的"教育"一词不能理解成名词,而是动词,即"教化与培育"的行为。因为,现代中国语境中的"教育"一词,最早出自孟子所说的"得天下英才而教育之,三乐也",在此,"教育"一词明显是动词,是一种教化培育的行为和过程。所以,广义的生命教育是指培育人们生存、生活、生命以及生死品质的社会性的教化活动,其目的在于使人们学会如何积极地应对人生过程及生死的挑战,学会尊重生命并理解生命的意义,进而培育人们对待自己、他人乃至一切生命体的责任感;而狭义的生命教育,则指大中小(幼)学中的培育学生优秀的生命品质的教化活动,其目的是让学生们从小就知晓生命的可贵,懂得如何去创造生活的意义与生命的价值,从而获得身心的健康成长。所以,从根本上而言,生命教育的本质就是"使人成为人",在"成人"的过程中,不仅让受教育者有知识与技能的增长,也包括如何使之适应生活、改善生活、提高生活的质量,更要让受教育者学会拓展生命的宽度、丰富生命的色彩,实现生命幸福与人生不朽的终极目标。

　　1993年公布的《中国教育改革和发展纲要》中指出:"中小学要由'应试教育'转向全面提高国民素质的轨道,面向全体学生,全面提高学生的思想道德、文化科学、劳动技能和身体心理素质,促进学生生动活泼地发展,办出各自的特色。"可是,虽然文件中将素质教育摆到了最重要的位置,但在现实中,应试教育仍大行其道。所以,2010年公布实施的《国家中长期教育改革和发展规划纲要》(2010—2020)在战略主题中又明确提出了要"重视安全教育、生命教育、国防教育、可持续发展教育"。并指出:"坚持全面发展。全面加强和改进德育、智育、体育、美育。坚持文化知识学习和思想品德修养的统一、理论学习与社会实践的统一、全面发展与个性发展的统一。加强体育，牢固树立健康第一的思想，切实保证体育课和体育锻炼时间，加强心理健康教育，促进学生身心健康、体魄强健、意志坚强；加强美育，培养学生良好的审美情趣和人文素养。"这是在国家教育改革文件中第一次载入了要进行"生命教育"的内容，具有深远的历史意义。其实，从20世纪60年代开始的生命教育就是培育学生"生命成长"的一条新途径，中国的教育要从只关注学生的知识增加转型为既帮助学生知识与技能增长，又关心学生生命成长的教育。

生命教育不仅仅是一门课程体系，其本质上是一种"教育理念"。所以，生命教育的对象绝不仅仅是青少年，而应该是全体公民。我们要以之来指导整个国民教育，使教育的目的和宗旨真正回归到原点——使每一个受教育者都能获得更好地聚集生命能量及展现生命之美之辉煌的空间与方法，而不是沦为只会赚取金钱、获得财富、享受物质生活的"生物机器"。所以，生命教育的目标是：通过教育的过程、力量使人们真正认识生命之可贵，珍惜生命之存在，欣赏生命之美好，提升生命之意义，实现生命之价值。

从理论上来讲，人们也都知道，在学校课堂上教孩子们知识的同时，应该让学生们从人格上、生命品质上全面发展，可为什么在具体的教学活动中又会舍去学生丰富的生命内涵而只关心考试成绩呢？主要是因为当今应试的考试制度和外在的升学率的评价制度，而且工资报酬也不足以让老师们全身心地投入到工作之中。更有甚者将教书当成"卖声、吸粉、站台"的职业，使得教学沦为一种谋生的手段，教育简化为一种"职业"而非"事业"。所以许多老师只为工资付出，哪怕多付出一点点，也觉得不值得。许多老师想的是，只要让学生听课了、考试通过了、分数达到了就行，为什么还要去关心学生的生命成长呢？

可见，有许多的学校和老师往往只是把分门别类的知识传授给学生，以为这就是"成人"教育，其实这只是"成才"教育，教育出许多会使用工具的"单面人"，绝不是"成人"。中国传统教育追求的则主要是"成人"的教育，教出的学生也许不是一个知识渊博者，技能也不够，但却可能是一个品格全面的"成人"，所以，宋代大儒陆象山说："若某则不识一个字，亦须还我堂堂地做个人。"我们现在需要的教育应该是"成才"与"成人"并举的教育，要彻底改变学校只关注学生知识技能增长而忽视学生生命成长的偏颇。现代哲学家、教育家冯友兰先生说:"大学要培养的是'人'而不是'器'。'器'是供人使用,有知识有技能的可以供人使用,技术学院就能做到。大学则是培养完整的灵魂的人,有清楚的脑子和热烈的心,有自己辨别事物的能力,承担对社会的责任,对以往及现在所有的价值的东西都可以欣赏。"

所以,无论是对学生、老师还是社会而言,大力推进生命教育已刻不容缓。本书即是以生命教育的历史、内容、课堂及独特的方法等为主要内容来撰写的,是从当前的人们,尤其是青少年的生命困顿出发,找出他们在生活、生命、人生上遭遇了何种问题,根据问题来安排全书的内容,以解决生命困顿为指向,分析问题希望一针见血,解决问题则力求合情合理,尤其注重引导人们知行合一。所以,全书的撰写是内含正面价值引导的,目的是培育人们优秀的生命品质,为其生命的成长添砖加瓦。

本书共分成三个部分:第一部分包括第一章和第二章,主要阐述生命教育的发展历史及其核心的问题,并引申出其独特的方法;第二部分从第三章到第九章,主要是讨论生命教育的内容和理论进路;第三部分包括第十章和第十一章,是以前九章论述的生命教育的方方面面为基础,探讨中小学及大学生命教育课程的开发及教学方法的问题。全书希望能贯彻理论联系实际、知行合一之原则,不仅使读者能有生命教育历史及理论上的全面了解,更知道如何将其贯彻于实践之中,以使广大青少年能够受益,实现生活的快乐、生命的幸福和人生的不朽。

郑晓江<br>
撰于南昌青山湖畔神游斋

# 目 录
Contents

| | | |
|---|---|---|
| 第一章 | 中国生命教育的历程 | 1 |
| 第一节 | 生命教育发展的回顾 | 1 |
| 第二节 | 从人类教育史看"三生教育"提出并推广的意义 | 6 |
| 第三节 | 生命教育未来展望 | 9 |
| 第二章 | 生命教育的核心问题及其解决的方法与途径 | 14 |
| 第一节 | 生命教育的核心问题 | 14 |
| 第二节 | 生命教育的视野：知识与生命共同成长 | 18 |
| 第三节 | 教师素质的提升：既当"经师"又为"人师" | 25 |
| 第三章 | 寻觅生活的意义 | 34 |
| 第一节 | 了解生活的真义 | 35 |
| 第二节 | 明确生活的规划 | 36 |
| 第三节 | 确立生活的追求 | 38 |
| 第四节 | 掌握生活的真谛 | 41 |
| 第五节 | 消解生活的磨难 | 43 |
| 第四章 | 建构生命的价值 | 47 |
| 第一节 | 人类生命的独特意义 | 47 |
| 第二节 | 本能的生命与自觉的生命 | 50 |
| 第三节 | 超越性精神生命的价值 | 52 |
| 第五章 | 提升人生的品质 | 56 |
| 第一节 | 问题的提出：生活与生命的困顿 | 56 |
| 第二节 | "为富"与"求仁" | 58 |
| 第三节 | 人生价值的确立 | 62 |
| 第六章 | 寻觅幸福的人生 | 67 |
| 第一节 | 问题的提出：我们今日更幸福了吗？ | 68 |

| | | |
|---|---|---|
| 第二节 | 幸福需要从"心"去发现 | 72 |
| 第三节 | 幸福需要从"新"去开始 | 74 |

第七章　重构生命的终极关怀:"敬天爱人" …………… 80
　第一节　生命的终极关怀"敬天爱人"之基本内涵 …………… 80
　第二节　现代中国人为何难有"敬天爱人"的生命终极关怀 …… 88
　第三节　现代中国人如何具备"敬天爱人"的信念并化之于践履 … 90

第八章　"死"是"生"的导师 …………… 95
　第一节　生命的实相 …………… 95
　第二节　涵养生死智慧 …………… 98
　第三节　超越死亡 …………… 105

第九章　心理抚慰与生命关怀 …………… 111
　第一节　生死事大 …………… 112
　第二节　生命教育视野下的生命关怀 …………… 114
　第三节　生命关怀的主要原则与方法 …………… 118

第十章　中小学生命教育课程的设计与教学方法 …………… 122
　第一节　生命教育课程设计实例 …………… 123
　第二节　生命教育课的设计原则 …………… 138
　第三节　生命教育课几种主要的教学法 …………… 141

第十一章　大学生命教育课程的设计与实施 …………… 151
　第一节　在大学开设生命教育课的主要背景 …………… 152
　第二节　大学开设生命教育课的主要宗旨与目的 …………… 155
　第三节　反省大学生之生命困顿 …………… 156
　第四节　大学生命教育课的具体设计与主要内容 …………… 159
　第五节　如何对研究生进行生命教育 …………… 168

附录　体验、互动与感悟
　　　——在香港的小学观摩生命教育课之收获与感想 …… 173

# 第一章 中国生命教育的历程

**【本章提要】**

本章从国内外生命教育兴起的背景入手,阐明了中国生命教育发展的五个阶段,并延伸揭示了中国云南省从生命教育发展出"三生教育"的重大意义与价值。中国十余年的生命教育发展已经取得了令人瞩目的成绩,当然也存在一些缺陷和问题,中国生命教育事业要健康快速地发展,必须着力解决六大关键问题。

**【学习重点】**

1. 了解中国生命教育和"三生教育"兴起的主要背景、内容和发展过程。
2. 初步掌握生命教育的基本概念与主要议题。
3. 认识生命教育未来发展的方向。

**【重要术语】**

生命教育　三生教育　生命化教育　生命在场　教育理念　课堂教学模式
安全教育　人文性价值教育　知行合一　知识性科学教育　教育智慧及教育模式
中华优秀传统文化　精神家园　公民教育

20世纪60年代世界各国和地区兴起的生命教育,在21世纪之后已深刻地影响到中国。中国的生命教育至今已走过了五个发展阶段,取得了令人瞩目的成绩,但也存在着一些不可忽视的缺陷。因此,中国的生命教育要健康、深入、持续地发展,就必须着力解决六大关键问题。

## 第一节　生命教育发展的回顾

生命教育的历史,一直可以追溯到1964年,日本学者谷口雅春出版了《生命的实相》一书,在该书第二十六卷第五章,首先提倡"生命的教育"的重要性。1968年,美国知名作家、演说家、作曲家、摄影家杰·唐纳·华特士在加州北部内华达山脚下的丘陵地带,正式创建了"阿南达村"学校,这是一个包含从幼儿园到中学的学校集团。而"阿南达"是梵语,意指"喜悦",说明生命教育是一种在学习中可以释放自我压力,寻找生命中成长快乐的教育。约十年之后的1979年,澳大利亚悉尼成立了生命教育中心(Life Educational Center,

LEC），这应该是西方国家最早使用"生命教育"（life education）概念的机构，该机构现在已成为一个正式的国际性机构（Life Education International），是联合国"非政府组织"（NGO）中的一员。该中心主要从事的工作是防止"药物滥用、暴力与艾滋病"。

我国台湾地区的生命教育从1997年开始，台湾前"教育厅厅长"陈英豪首先提出"生命教育"的概念与愿景，其产生的背景是：一些质优女生（品学兼优）的自杀；许多青少年对生命不尊重、不珍惜的现实，"……有鉴于当时台湾物质生活的追求欲望，已凌驾了心灵方面的追求，社会快速朝向多元化发展，导致人们缺乏一套能够肯定自己、稳固人际关系、增进守法精神的伦理观；再加上层出不穷的社会问题，已经影响到青少年身心发展，举凡飙车、自杀、校园伤害事件在当时也时有所闻。"[①] 现在，美国、英国、德国、日本等国家和我国的台湾、香港、澳门等地区都普遍开展了不同形式、不同内容的生命教育。从2004年开始，我国的上海、辽宁、黑龙江、湖南等省市也开展了生命教育，而云南省和陕西省则分别在2008年和2010年开始推广生命、生存与生活的"三生教育"。

何谓生命教育？为何国内外均称"生命教育"，而云南省却提出和推广"三生教育"？三生教育与生命教育究竟有何关系？未来发展的方向是什么？这就需要我们从对国内外生命教育的兴起及发展过程的探讨中来获得答案。如果仔细地考察中国生命教育兴起的历史过程，可以概略地分为以下五个阶段。

第一阶段，从1997年到1999年，可以称之为生命教育引入与逐步发展的阶段。台湾地区的生命教育发端甚早，根据徐敏雄先生的研究，"如果将1963年天主教圣心修女会设立晓明女中，并开办'生活指导课'视为台湾生命教育的起始点，那么一直到1997年台湾地区教育主管部门正式宣示推动生命教育前，这33个年头，应该算是台湾地区生命教育的萌芽期。"[②] 1997年则是台湾地区正式开始推动"生命教育"的时间，同年，台湾地区教育主管部门委托实施伦理教育多年有成的台中市晓明女中设计生命教育课程，推动办理研习、训练师资等，并于1998年在全地区各国中（相当于大陆的初中）实施，高中则于第二学期实施。这一年还制订了"台湾地区国民中学推展生命教育实施计划"。2000年7月台湾地区公布了"教育部推动生命教育中程计划"，并组成了"生命教育委员会"，台湾地区各级学校都开始推动生命教育。2001年，台湾地区教育主管部门成立了"生命教育推动委员会"，宣布该年为"生命教育年"。徐敏雄先生认为，这属于"朝向独立设科时期"（1997—2001），由2002年至今则是"融入式课

---

① 徐敏雄. 台湾生命教育的发展历程：Mannheim知识社会学的分析［M］. 台北：师大书苑有限公司，2007：247.

② 徐敏雄. 台湾生命教育的发展历程：Mannheim知识社会学的分析［M］. 台北：师大书苑有限公司，2007：237-238.

程"与"独立设科"并存时期。2004年台湾地区颁布了普通高中生命教育类选修课程纲要,2006年列入了高中选修课程,在台湾地区许多大学都开设有生命教育方面的讲座或生死学的选修课程。发展至今,台湾地区的生命教育已经进入成熟期。徐敏雄先生在回顾台湾地区生命教育发展的历程之后,感慨于自"教育厅"正式宣布推动生命教育开始,"以孙效智为首的专家团队,虽然历经不同'教育部首长'更替、行政科层对其'独立设科'主张的反弹、采购法对委办与招标办法的冲击、民间宗教团体对于教育部宗教立场的质疑,以致原先规划十二年一贯独立设科的生命教育课程始终未能落实。但是,从2004年生命教育终究被正式纳入高中选修课程纲要来看,孙效智独具的卡理斯马人格品质、坚定的信念伦理,以及偏重伦理反思的生命教育论述,不仅将分散在台湾各地的社群成员汇聚起来,也让生命教育独立设科的理想在历经多样复杂的变数后,依然能够存活下来。"① 可见,生命教育在台湾地区的发展亦非一帆风顺的,而是历经曲折和困难之后才进入了健康发展的时期。

第二阶段,从2000年至2003年,这是大陆开始关注生命教育的教学理念及课程并逐步引入的阶段。从教育教学理论上对"生命"概念的重视,把"生命"作为教育的价值追求,特别在教育教学过程中强调师生都必须"生命在场"的看法应该说发端甚早,比如叶澜教授早在1997年发表的《让课堂焕发出生命活力——论中小学教学改革的深化》一文中就关注到"生命"的概念及其在教育教学上的重要性。她认为,要"从更高的层次——生命的层次,用动态生成的观念,重新全面地认识课堂教学,构建新的课堂教学观","让课堂焕发出生命的活力"。而在1999年共有五篇冠以"生命教育"的文章发表,如顿占民《解读生命——启动生命教育工程,奠定社会文明基石》,也基本上是把生命教育当做一种教育的价值追求目标来看待的。黄克剑、张文质先生则从1993年开始探索,逐步创立了"生命化教育"的理念与教育实践:"生命化教育是立足于生命视野对教育的一种重新认识和理解。它以生命为教育的基点,认为教育就是要遵循生命的特性,不断地为生命的成长创造条件,促进生命的完善,提升生命的价值。"黄克剑先生认为:"教育所要做的事可以放在三个相贯通的层次去理解,即授受知识,开启智慧,点化或润泽生命。"从叶澜教授到黄克剑、张文质先生对"生命"在教育过程中重要性的阐述,严格来说,与现今所讲的作为一门新的教学门类的"生命教育"还不是一回事,但都可以视为大陆生命教育兴起的基础和起步阶段。真正把生命教育作为一种教育的理念和方法,并且作为教育的途径、教育的模式、独特的课程体系引入大陆,并加以介绍、研究和推广是在2000年。

---

① 徐敏雄. 台湾生命教育的发展历程:Mannheim知识社会学的分析[M]. 台北:师大书苑有限公司,2007:271.

2000年，刘济良先生发表了《论香港的生命教育》，笔者则发表了《国外死亡教育简介》和《台湾中小学的"生命教育"课》。这三篇文章，通过对我国台湾和香港地区的生命教育课程的介绍，突出了生命教育课程的性质。应该说，生命教育，顾名思义，即是关于生命的教育。此"生命"既指"教育的内容"，又涵涉"教育的对象"，还涉及"教育的方式"。所以，从更广泛的意义去理解，生命教育应该是一种更为根本的"教育理念"和派生出来的独特的课程体系。这之后，截止到2012年5月，中国知网上关于生命教育的论文已达三万余篇，而目前中国出版的有关生命教育的书籍也约有百余种之多。

第三阶段，从2004年至2007年，是从引入生命教育的理念和课堂教学模式再到具体实施生命教育教学实践的阶段。其标志性事件有辽宁省2004年启动的《辽宁省中小学生命教育专项工作方案》和上海市2004年制定、2005年实施的《上海市中小学生生命教育指导纲要（试行）》；而黑龙江省教育厅于2005年9月面向全省下发了《黑龙江省中小学生命教育指导意见》，要求全省各中小学通过学科渗透、专题教育、课外活动等途径开展生命教育；2006年湖南省也颁布了《湖南省中小学生命与健康教育指导纲要（试行）》。随后，重庆、长春、苏州、常州、咸宁、深圳等省市区各自下发了开展生命教育的指导文件。不过，从总体上看，这一阶段的生命教育往往起因于学生安全事故层出不穷，各级各类学校急切地要开展学生自然生命保全及健康教育，可以说，还是属于一种"窄化形式的生命教育"。据《中国教育报》的文章披露："全国每年约有1.6万名中小学生非正常死亡，平均每天约有40名学生死于溺水、食物中毒、交通意外等事故，这其中约有80%的非正常死亡本可以通过预防措施和应急处理避免……"[①] 另有文章披露，武汉市拥有中小学生约百万名，近三年，全市发生学校安全事故926起，其中非正常死亡160人。所以，《武汉市中小学校安全条例（草案）》规定，校园内如发生重特大伤亡事故，校长将被免职[②]。此外，2011年11月16日，甘肃正宁县榆林子镇一辆幼儿园校车在接到幼儿后，行驶中与一辆大翻斗运煤车相撞。事故造成了21人死亡，其中幼儿19人，另有一名司机和一名老师。这是一起严重的超载违规事件，导致了幼童生命的惨烈伤亡，震惊中外。在这样的背景下，生命教育被许多地方视为与安全教育等同的教育就是必然的了。比如，吉林省长春市编写的《生命教育读本》，吸收了国内外生命教育课题的科研成果，把自然灾害、火灾、居家事故、校园安全事故、非法侵害等生活中可能遇到的各种危险及如何应对的常识，都进行了深入浅出的阐述。一篇题为《小学〈生命教

---

① 徐启建，彭锻华. 用生存教育把"人"写大［N］. 中国教育报：现代校长周刊，2009－05－19.

② 宋兰兰. 武汉为学生安全立法重特大伤亡事故校长将下课［N］. 长江日报，2010－11－17.

育〉课讲义》的文章认为:"生命教育课程的性质是通过《生命教育》课的实施,对小学生进行生命安全教育,使他们获得相应的生存知识和生存技能,培养良好的生活习惯,形成保护生命的能力,是一门综合课。"可见,这些说法与做法,都把"生命教育"窄化成了"安全教育"。但是,生命教育是否可以等同于学生自然生命安全保护的教育呢?在2008年5·12四川汶川特大地震的背景下,尤其是在各级各类学校严格的学生安全行政问责制的规定下,大陆兴起的生命教育一开始便偏向于学生自然生命安全保护的教育就是必然的和可以理解的了。学生自然生命的安全当然是非常重要的,没有健康的生命存在焉能谈教育?但是,我们又必须再问:学生的生命安全问题为何是21世纪才出现的问题?应该说自有学校教育以来,这就是学校重要的任务。如果把生命教育定义为"学生自然生命安全保护的教育",那今天的生命教育也就可以取消了。所以,中国的生命教育事业要有正常且积极的发展,关键在于让生命教育走出"学生自然生命安全保护教育"的背景,寻找到自身独特的发展之路,也就是说要突出生命教育目标、内容及课程的独特性、不可替代性,以及生命教育特别的意义与价值。

第四阶段,从2008年至2010年6月,是中国生命教育进入大发展的阶段。标志性事件是2008年5月云南省颁布了《关于实施生命教育 生存教育 生活教育的决定》和《关于生命教育 生存教育 生活教育的实施意见》。同年,黑龙江省教育厅在总结前三年推广生命教育的经验和教训之后,将生命教育纳入地方课程,在全省义务教育阶段全面开设,以必修课的形式正式排入学校课表,每学期8课时,配备专兼职教师,制定生命教育课标,统一编写教材①。2010年2月,中共陕西省委教育工作委员会、陕西省教育厅下发了《关于在全省大中小学积极开展"三生"系列教育活动的通知》。这一阶段的突出特征是从生命教育的推广发展出了"生命教育、生存教育和生活教育"三位一体式的教育教学模式。何谓"三生教育"?在《教师"三生教育"手册》中有这样的解释:"三生教育是通过教育的力量,使受教育者接受生命教育、生存教育和生活教育,树立正确的生命观、生存观、生活观的主体认知和行为过程。"② 而三生教育的倡导者罗崇敏先生指出:"三生教育应成为认知性、体验性和创新性很强的育人事业,应成为使学生知生理、调心理、明伦理、懂哲理、晓事理的认知和行为过程,应成为学校教育、家庭教育和社会教育有机统一的系统工程。"③ 其实,人的生命首先要生存,所以要有生存知识的教育;人的生命还要生活,所以要有生活的教育;那么,人类"生命"自身呢?关于生命的教育应该帮助学生认识生命、尊重生命、

---

① 田丽. 当前中小学生命教育存在的问题与对策[J]. 中小学心理健康教育,2012.
② 李亦菲. 教师"三生教育"手册[M]. 北京:高等教育出版社,2010:5-6.
③ 李亦菲. 教师"三生教育"手册[M]. 北京:高等教育出版社,2010:3.

珍爱生命，促进学生主动积极、健康地发展生命，提升生命的质量，实现生命的意义和价值。所以，云南省"三生教育"的提出与推广，帮助第一线的老师与全国各教育行政领导们认识到了生存和生活教育之外、之深层，还有更为根本的生命意义与价值的教育。而且，把生存与生活教育从生命教育中剥离出来，单独立项，真正体现了对人之整全生命的理解，真正突出了生命教育的核心向度。

第五阶段，从2010年7月至今，是"生命教育"取得国家"准生证"并由此翻开了崭新的一页，进入快速发展的阶段。2010年7月29日正式公布实施的《国家中长期教育改革和发展规划纲要（2010—2020年）》在战略主题中明确提出了要"学会生存生活"，要"重视安全教育、生命教育、国防教育、可持续发展教育。促进德育、智育、体育、美育有机融合，提高学生综合素质，使学生成为德智体美全面发展的社会主义建设者和接班人"。可见，进行生命教育已成为国家教育发展的战略决策，这也是在国家教育改革文件中第一次载入了要"学会生存生活"，要进行"生命教育"的内容，具有深远的历史意义。而且，把"生命教育"与"安全教育"并列提出，正说明了两者并不是一回事，而将两者混淆在一起，以至取消了生命教育的独特内容的看法与做法，就此可以结束了。

## 第二节 从人类教育史看"三生教育"提出并推广的意义

我们可以从人类教育史的角度来看云南"三生教育"提出并推广的历史影响和现实意义。

从人类教育史来看，中国传统教育贡献给世界的教育智慧及教育模式至少有两个重要的方面：一是书院教育；二是科举考试。书院教育本质上是一种人文性教育，是一种德性的、价值的、知行合一的教育模式；科举考试则是一种教育的社会性考评制度。

所谓"人文性教育"，是指中国传统书院教育是建立在解决"人何以是人"、"人如何做人"这两大问题基础之上的教育。所以，从书院教育的内容来讲，主要是解决"知"与"行"的问题，"知"是从儒家经典中知人伦道德；"行"则以人伦道德之知贯之以"修身"、"处事"、"接物"等行为之中。所以，"求道"、"传道"与"行道"应该是中国古代书院教育的本质特征，即《中庸》所言："博学之，审问之，慎思之，明辨之，笃行之。"[1] 其次，在为学的目的上，即《大学》中点明的："大学之道，在明明德，在亲民，在止于至善。"[2] 亦即宋儒朱熹所讲的："古昔圣贤所以教人为学之意，莫非使之讲明义理，以修其身，然后推己及人。"所以，中国古代书院教育主要培养学生拥有知行合一之健全人格，

---

[1] 夏延章. 四书今译 [M]. 南昌：江西人民出版社，1996：45.
[2] 夏延章. 四书今译 [M]. 南昌：江西人民出版社，1996：1.

且形成较高的道德境界，是一种德性的、价值的、人文的教育。尽管在历史上，这种教育的模式也产生了不小的弊端，如对知识教育的忽视等，但其对中国社会的贡献是显而易见的，而在日本及韩国，仍然保留着大量的中国传统书院教育的方式与因素，现代中国也有许多书院式教育模式在复兴，这都说明了其不仅具有历史的意义，也有着很高的现代价值。至于中国古代的科举考试制度则是一种基于公平与公正的立场，对教育成果的一种社会性评价并入仕的体系，近代以后传入西方，曾对西方现代文官制度产生了直接的影响，这也是为人所熟知的。

但是，中国自1862年京师同文馆的开设，就开始了新式教育的探索。40年后的1902年，清政府颁布了由管理公学大臣张百熙"上溯古制"，并参照日本学制拟定的一系列"学堂章程"，即《钦定学堂章程》；1904年，清政府在张之洞等人的主持下又颁布了《奏定学堂章程》；而在1905年清政府正式废除了从隋朝大业元年（605年）到光绪三十一年（1905年）延续1 300年之久的科举制度。从此之后，中国教育发展的轨迹基本上就是引入西方的知识性科学教育。与中国传统人文性价值教育解决"人何以是人"、"人如何做人"的问题不同，知识性科学教育是建立在解决"人如何了解世界及改造世界"、"人如何获得知识与技能"基础之上的教育，一直延续到现在基本上没有太大的变化。在知识性科学教育的轨道上，不仅教学的内容要科学化，而且教学的手段、方法、管理皆要科学化。若从中国由传统社会向现代社会转型的角度来看，这种教育的发展是正常也是必要的，不如此，则中国无法实现现代化，这是毋庸置疑的。但教育对科学的追求在某些方面逐步滑向了科学主义，这就逐渐引出了大问题。西方当然也有系统及完整的人文教育的传统，但我们要么以"中体西用"（近现代）的模式加以抵制，要么以"腐朽的意识形态"（当代）加以痛批，当然也有"水土不服"的现象存在，总之，在引入西方人文教育传统的方面，中国的教育做得非常不够，基本上没有什么大的作为。

而且，现代中国的教育有一种产业化发展的追求，这带来了教育本质的扭曲与道德理想主义的沉沦，以及科技型、功利型、文凭主导型的教育大行其道，从而导致中国人文教育的传统逐渐式微，在求强求富的强烈愿望驱使下，中国的教育越来越强调专业化和技术技能的层面，人文性教育愈加缺失。

回顾近一百多年的中国教育，约有半个世纪跟着欧美教育思想及教育模式跑（1902—1949年）；又有约三十年跟着苏联跑（1949—1978年）；然后再有三十多年回过头来再跟着欧美跑（1978—2012年）。学习世界教育的先进经验是必要的，但中国的教育逐渐陷入了一种盲从之中，基本上丧失了自我，没有了可以与世界教育对话并贡献给人类教育史的教育智慧及教育模式。石中英教授呼吁道："一个人失去了自信心是可怜的，一个时代的教育失去了自信心是可悲的！在放眼世界、吸取世界各国优秀教育文化精华的时候，我们这些为人父母者、为人老师者和从事教育研究的人,是否应该多花一点时间去系统了解中国古代绵延不绝的教育传统,在复述西方教育话语的同时领悟一下那古老的中国式教育智慧!'笨鸟先飞'、'严师出高徒'、'身教重于言教'、'桃李不言,下自成蹊'、'独学而无友,则孤陋而寡闻'、'上善若水,水善利万物而不争'……"① 所以,在21世纪这个中国经济、文化大发展的崭新时期,我们应该以中国经验和中国元素来建构人类生存之道、生活理念和生命价值观,以推行"三生教育"来成就现代中国的教育智慧与文化,并贡献给全人类。王岳川先生指出:"一个能够广泛影响世界的大国,一定是一个思想家辈出,在参与世界知识体系建构的知识生产中,不断推出新的整体性思想体系的国度。更直接地说,就是不再拼凑他国的思想文化的百衲衣,而是以文化形象的整体高度和阔度——必须在人类文化价值观上,拥有影响和引导这个世界前进的文化力量。"②

笔者以为,云南"三生教育"提出、推广并完善之后,或许可以成为中国教育找回自我的起点之一。"三生教育"是可以贡献给人类教育史的以人文性价值教育理念为核心的中国式教育智慧与模式。从引入我国台湾地区生命教育的经验开始,大陆的理论界、教育界经过了八年积极的研讨、推广、提升和总结,终于在2008年由云南省提出并实施三生教育,这意味着从此之后,我们终于有了中国自己的生命教育的独特品牌,是可以推向海内外的一种内蕴中国元素的新的教育智慧和教育模式。比如2010年7月14日的"中国生命生存生活教育香港论坛",即标志着中国式的生命教育模式——"三生教育"的国际化发展之趋势。在会议上,海峡两岸教育交流促进协会副秘书长邱茹芳女士在《台湾三生教育的发展及个人观察心得》中介绍了台湾开展生命教育、生存教育、生活教育的基本情况和取得的成果;美国NGO"美丽中国"项目首席代表潘勋卓先生在发言中,结合"美丽中国"项目谈了一位美国人对三生教育的认识,并以实际行动支持贫困地区教育,践行了三生教育的理念;中外合作昆明罗伯特外语学校英方校长罗伯特·诺福克先生在《一个英国人眼中的云南"三生教育"》中,从一个英国人的视角,以教师和校长的亲身经历,谈了对三生教育的认识,阐述了教育的价值和教育的方法,并通过案例与英国的有关教育进行了比较,他立足于国际视野,进一步说明了三生教育的意义和必要性③。

具体而言,"三生教育"本质上应该是一种人文性、价值性和德性的教育,

---

① 石中英. 西方教育理论泛滥 中国古代教育智慧被长期忽视 [J]. 读经通讯,2010 (14).
② 王岳川. 生态文化启示与精神价值整体创新 [J]. 江西社会科学,2008 (4):15 - 16.
③ 黄云刚. 情满香江——"云南教育香港行"掠影 [J]. 云南教育(视界时政版),2010 (14):21 - 25.

与世界各国普遍实行的知识性科学教育有本质的不同,二者可以互补。罗崇敏先生认为:"'三生教育'站在人文精神和科学精神融合的高度,从人文关怀的高度出发,关注人类发展面临的普遍问题,关注个体生命、生存、生活的基本问题,关注学生主动、健康、全面发展的问题,从小事做起,从点滴入手,由表及里、由浅入深地开展教育,从人生的起点上逐步构建个体成长的基础,为人的全面发展提供了可能性和现实性。"[①] 这种把人之生存生活生命紧密相系并完全贯通的、以人之全面幸福为终极目的的人文性之"三生教育"与知识性科学教育有着显著的差异。

一般而言,知识性的科学教育强调逻辑、规范、统一;而人文的、价值的和德性的生命性教育则强调个性化、情感化、生命化、非标准化,是不可能统一的。可见,人文性的"三生教育"无论从教育的目标、内容与方法上都与知识性科学教育有别,二者应该有机地结合在一起,也就是说,科学性的知识教育要与人文性的、价值性的、德育的"三生教育"携手并进,如此,才能让我们的青少年德智体美劳全面发展,而"三生教育"的全面实施也将有可能成为具有中国特色的人文性之教育智慧与教育模式而贡献给全人类,促进世界的和谐发展,增进全人类的福祉。

## 第三节 生命教育未来展望

中国从"生命教育"到"三生教育"的推展已走过了十多个年头,取得了巨大的成绩,但亦有不可忽视的缺陷。

首先,表现在教师的知识素养方面。仔细考察中国从生命教育到"三生教育"的发展历程,可以发现,有关生命伦理及生命哲学(生死哲学)方面的基础显得比较薄弱。2008 年,笔者在台湾地区做生命教育的演讲,一直从高雄讲到台中、台北,发现台湾从事生命教育的老师,大多数的知识背景是教育学、心理学、伦理学、哲学及生死学、宗教学的,所以,他们从事生命教育多从教育学、伦理学、心理学、生死学、宗教学中获取资源,形成了所谓生命教育之"伦理反思的进路"、生死教育的进路和教育学的进路。而大陆从事生命教育工作的老师,大多数是从事于教育学、心理健康教育、思想政治及德育的教学工作,所以,在大陆的生命教育多为教育学的进路、德育的进路和心理健康教育的进路,而生命教育的教材及课程也多偏重于心理健康教育、安全教育、德育及思想政治教育方面的内容。这有比台湾优长的方面,但亦有其短处,即缺乏生命伦理学、哲学生死学、宗教学意义上对人之生命、生存、生活的理解和把握,教师这方面

---

[①] 罗崇敏. 全面实施"三生教育",建设现代教育价值体系 [J]. 昆明学院学报,2009 (1):1-5.

的知识及修养缺失严重。生命教育或"三生教育"作为一种全新的教育理念和教育模式，最终目的是要解决人们生存技巧之上的生活意义、生命价值和人生安顿的问题，所以，从哲学、生死学、宗教学、伦理学的高度对生命、生存、生活的界定，对三者内在的相关性及深层意义与价值诸问题的论述，应该是生命教育和"三生教育"的基础与出发点，值得深入探讨，并形成一线生命教育、三生教育老师的基本知识和素养，这就是笔者坚持的生命教育之生死哲学进路的根本原因所在。

其次，表现在生命教育及"三生教育"的教学资源方面。在目前中国已开展的生命教育和"三生教育"中，中华优秀传统文化的资源没有得到应有的重视。对中华民族优秀历史文化传统的认识及在生命教育及"三生教育"教学中的运用，是非常重要及必要的。现代人的悲剧之一就是丧失了心灵家园，成为了"精神的流浪儿"，而中华文化则是中华民族共有的精神家园。生命教育及"三生教育"的重要目标之一，就是为现代人建构精神家园，这就应该十分重视中国优秀的历史文化传统资源。我们应该从博大精深的文化传统中汲取文化资源与精神养分，贯之于当前生命教育的活动之中，以使每一个青少年学习顺利、事业成功、生活幸福，培育和谐人生，共建和谐社会与和谐世界。有一位研究生曾经在反省时说："为何我们常常不由自主地无视自身生命最初的胞衣？我们很习惯对帮助过自己的旁人道一句'谢谢'，但却难得对养育过我们的亲人表达一声感激。就像现在我们很清楚美国的来龙去脉，了解英国的人文景观，知晓法国的风土人情，但却不明白自己国家的历史文化。我们总是觉得自己的人生还有太多太多没有得到的东西，找不到生命栖息的方向，找不到归属感，更找不到人生的终极目的地在何方。身边的很多人就像是被蒙上眼睛拉磨的驴子，以为自己一直在与所憧憬的美景拉近距离。只有当眼罩拿下来的时候，才知道自己仍停留在原地。驴子只是被蒙上了眼睛，而人呢？被蒙住了的是心。"这是非常有意思的反省。笔者认为，当我们与传统文化完全割裂之后，剩下的就只有工具理性、技术方法，不仅冷漠了终极追求，更丧失了诗意栖居的能力，心灵成为白板，荒芜得长满杂草。于是，可以毫不犹豫地制造"毒奶粉"、"毒鸡蛋"、"瘦肉精"、"毒胶囊"；还任性得可以自杀，野蛮得可以杀人，这是我们要时刻警惕的。

我们要在生命教育和"三生教育"中以中国优秀的文化传统内深厚的人文精神为资源，从心性的层面提升青少年的生命气象；从文化的血脉上培养他们"穷则独善其身，达则兼济天下"的高尚情操；以源远流长的国学精粹滋育他们志存高远、胸怀宽广的超迈人格；用妙不可言的传统智慧来涵养他们做人做事的博雅神韵。以之构建青少年健康的人生观、生死观、生命存在的模式和生活的样式，这是我们终极的安身立命之处，也是我们永恒的精神家园。再比如，中国传统的书院教育也有类似生命教育的内容。其一是"庙学合一"制，亦即在书院正中，一般设立孔子的牌位，在老师率领学生对至圣先师的虔诚礼拜中，培养学生的敬畏心和超越性生命追求。其二是先贤祠的设立，让学生们在其中学习本土乡贤的事迹，树立其人生远大的理想和目标。其三是"一日为师，终身为父"的教育理念，学生以事"父"之道事师，老师也以教"子"之心来教书和育人。在生理上，老师与学生并没有血缘关系；但人不仅有生理生命，更重要的是人有精神的文化生命，老师培育学生，实际上即是养育学生的精神文化生命，是对其知识的、人格的、精神的成长负责。所以，在这个意义上，老师能称得上是学生的"父亲"。这些优秀的传统文化资源都应该成为生命教育和"三生教育"取之不尽、用之不竭的思想文化的源泉。

通过生命教育和"三生教育"的教学活动让青少年接续中华民族优秀文化的血脉是非常重要的。生命教育和三生教育应该在这方面作出最大的努力，全面落实人文教育的理念与内容。

一般来讲，有关生命的教育约有九大议题：认知生命、体验生命、敬畏生命、珍惜生命、悦纳生命、尊重生命、热爱生命、发展生命、不朽生命。考虑到以上所谈中国生命教育发展中存在的问题，展望未来生命教育或"三生教育"的发展，也为了落实这九大议题，应该从以下几个方面着手。

1. 生命教育或"三生教育"的基础理论研究、师资培训。生命教育的理论基础、历史渊源、学科特征等重大的理论问题都需要深入探讨；而培养大批合格的生命教育及"三生教育"的师资力量则是当务之急。

2. 生命教育或"三生教育"各个层次核心课程的研发和系列教材的编纂与推广问题。到目前为止，已正式出版的有关生命教育的教材已有十余种之多，而云南省编撰及出版的生命教育教材一套七本，已广泛地运用于幼儿园、小学、中学、大专院校的生命教育课程之中。但总体来看，已出版的有关生命教育、"三生教育"的教材还有不少的缺陷，需要在国家层面上组织力量深入研究。撰写出新的教材，使之更贴近受教育者，也更能取得实际的效果。

3. 生命教育或"三生教育"教学方法的更新。生命教育或"三生教育"本质上是一种人文的、德性的、价值性的教育，与许多老师广为熟知的知识性、逻辑性、科学性的教学活动有本质的区别：首先，上生命教育课时，老师既是教育者同时又是被教育者，因为每一个人都会面临生命成长的问题，教学相长在这里体现得最为突出；其次，生命教育是最为个性化的教学，在生命存在的层面，每一个人都是不同的，教学的对象有多少，我们教师就要有多少教育教学的方法与内容，这是任何其他一门课程都不会有的现象。所以，生命教育课对教师的要求是相当高的，归结为一点即是：我们的老师既要是"经师"（传授知识的老师），也要是"人师"（学生的生命导师），是二者的合一。所以，在生命教育或"三生教育"中要真正贯彻个性化教学、体验性教学、启发性教学、生命融通式教学和知行合一式教学。这就对生命教育或"三生教育"的老师提出了更高的要求，也应该大力提升学校的教学硬件设施与条件。比如，一名合格的生命教育老师还要经过专业的培训，包括初级、中级和高级三个阶段。初级培训主要内容包括：（1）生命教育基础理论，即生命困顿与生命教育，生命教育的基本方法与实践模式；（2）生命教育教学方法，即生命教育的教学目标、理念与知识体系，生命教育教学方法、资源运用及体验活动，生命教育观摩课程体验，生命教育课程设计及说课；（3）生命教育教师的自我成长，即教师的生命成长与生命教育，教师的阳光心理构建，幸福从"心"开始——关于教师工作、事业与人生的思考。中级培训主要内容包括：（1）生命教育核心理论，包括生命教育的核心问题及其解决方法，解决生死问题的六大原理，悲伤辅导、预防自杀等问题的探讨，生命伦理、生死教育与生命教育；（2）生命教育教学方法，包括生命教育教学方法、资源运用及体验活动，生命教育观摩课程体验，生命教育电影课；（3）生命教育课程设计及说课，包含生命教育课程的教学质量控制与要求，生命教育教学实务，生命教育同课异构，生命教育课程教学实务研讨，学员生命教育课程设计展示及说课演练。高级培训主要包括：（1）生命伦理学；（2）生死哲学；（3）心理学及其应用；（4）中国哲学与中国文化；（5）生命教育教学法研究；（6）中国教育史及其经典教育；（7）现代科技与社会发展。

4. 生命教育或"三生教育"的教学资源。应该具备广阔的学科视野，整合生命教育或"三生教育"的教学资源，充分意识到生命教育或"三生教育"教学资源的广泛性。生命教育除应该积极地吸收生命哲学、生死哲学、心理学、教育学、伦理学、艺术学、文化学、历史学等各科的知识作为教学资源外，尤其要注意吸取中国优秀的文化传统，要立足于中华民族优秀文化血脉的基础上来做好生命教育和"三生教育"的工作。

5. 生命教育或"三生教育"的社会化。应该努力把生命教育或"三生教育"推向社会，进行老年人的生命教育、女性的生命教育、干部的生命教育、军人的生命教育、外出务工人员的生命教育，乃至服刑人员的生命教育等。因为，生命教育本质上仍是公民教育，是现代社会每一个公民都应该具备的基本素质。也就是说，生命教育和"三生教育"不仅应该是学校中的显性课程，也不仅是一种应该渗透到学校中各类课程中去的隐性观念；生命教育和"三生教育"还是公民教育、社会教育、家庭教育，因为，实现生命的意义与价值是每一个人在生存与生活中都必须具备的素质与能力。

6. 从教育行政体制上保证生命教育或"三生教育"持续开展下去。根据全国各省市开展生命教育和三生教育的实际情况来看，如何从教育行政体制上保证生命教育、"三生教育"广泛、持续、健康地发展，这是一个重大的问题。不能让生命教育、"三生教育"成为"人（官）存则存，人（官）走茶就凉"的短命的教学门类，要从学科的研究、学校课程体系的设置、教材的编写与使用、资金的投入、专职教师的培养、考评体系的建构等各个方面入手，以实现生命教育、"三生教育"的持续健康发展。

如果说，从二十世纪八、九十年代开始，在中国的生命教育还是个别省市、个别学校的"星星之火"的话；那么，到今天，我们经历了造成人员、财产惨重损失的四川汶川、青海玉树大地震和甘肃舟曲泥石流灾害之后，应该也必须高度重视生命教育和"三生教育"，使其成为遍布全国城乡各级各类学校及社会、家庭的"燎原之势"，真正让全体民众受益，构建起和谐人生、和谐社会与和谐世界。

**【建议参考资料】**

1. 郑晓江. 生命教育演讲录［M］. 南昌：江西人民出版社，2008.
2. 徐敏雄. 台湾生命教育的发展历程：Mannheim 知识社会学的分析［M］. 台北：师大书苑有限公司，2007.
3. 罗崇敏. 生命 生存 生活［M］. 昆明：云南人民出版社，2009.
4. 《中共云南省委高校工委、云南省教育厅关于生命教育、生存教育、生活教育的实施意见》，2008.
5. 钱锺书. 写在人生边上［M］. 北京：中国社会科学出版社，1990.
6. 蒙田. 人生随笔［M］. 陈晓燕，译. 杭州：浙江人民出版社，1987.
7. 罗家伦. 写给青年：我的人生观演讲［M］. 北京：中国人民大学出版社，2005.
8. 梁漱溟. 人心与人生［M］. 上海：学林出版社，1984.
9. 钱穆. 人生十论［M］. 南宁：广西师范大学出版社，2004.

**【问题与思考】**

1. 试叙述中国生命教育发展的几个阶段及其主要特征。
2. 为何中国的生命教育会发展出"三生教育"？其基本内容是什么？
3. 中国生命教育健康发展的基础和条件是什么？
4. 试根据中国生命教育发展的历程，展望未来中国生命教育发展的前景。

# 第二章　生命教育的核心问题及其解决的方法与途径

**【本章提要】**

本章主要探讨生命教育的核心问题及其解决的方法与途径，并认为：处理好"知识增长"与"生命成长"之间的关系是生命教育的核心问题；而解决好这一问题的关键又在教师，因此，生命教育的健康推进，需要教师既要做"经师"又要做"人师"。

**【学习重点】**

1. 了解生命教育与其他门类教育的本质区别，并了解生命教育的核心问题。
2. 掌握生命教育的基本进路及其方法，进而认识到进行生命教育的教师所需的特别素质与能力。

**【重要术语】**

"知识增长"与"生命成长"　应试教育　教育回归原点　教师专业素养　教师教育教学的素质　生命困顿　善端　教育的真谛　教育暴力　"经师"与"人师"　知识性教学与生命性教育　"教书"与"教人"

前一章已经谈到，生命教育目前已上升到国家教育发展战略的高度，将会有重大的发展。但中国的生命教育要快速并健康地发展，就必须紧紧抓住生命教育的核心问题，并由此找到其独特的方法。笔者认为，生命教育的核心问题是要处理好"知识增长"与"生命成长"之间的关系；而解决这一问题的关键又在教师，因此，生命教育的健康发展，需要教师既是"经师"又是"人师"。

## 第一节　生命教育的核心问题

据不完全统计，目前在中国已有 24 个省（市）组织开展了生命教育的工作，16 个省市使用了云南省的生命教育教材，约有 3 万多所大、中、小学校进行了生命教育课题的研究与实践。其中尤其以云南省及黑龙江省推广最力，在《中共云南省委高校工委　云南省教育厅关于调整生命教育课程设置的通知》中规定：

从 2011 年秋季学期起，各地各校要按照必修科目的要求，在幼儿园和小学二、三、四、五年级及初中一、二年级，在高中、中职、大学的起始年级，面向全体学生开设生命教育课程，开足学时（32 学时），给够学分。而黑龙江省教育厅 2008 年决定将生命教育作为地方课程，于秋季在全省义务教育阶段全面开设，成为面向全体学生的必修课。一般两周一课时，正式排入课表，每学期 8 课时。

不过，就全国已经开展生命教育的学校而言，各地的做法不太相同。第一，有许多学校开设了生命教育的显性课程，配有专门的生命教育的师资力量和教材等，试图通过生命教育的正式课程，使学生关注生命、尊重生命、珍爱生命、欣赏生命和敬畏生命。第二，有些学校开设了生命教育的隐性课程，即结合小学中的语文、数学、常识等；初中的生命科学、思想品德、体育与健身、历史课等；高中的生命科学、社会、思想政治、历史、语文、音乐、美术等学科教学内容，对学生进行认识生命、珍惜生命、尊重生命、热爱生命、提高生存技能和生命质量的教育活动。第三，有些学校开展了生命教育的专题教育，即利用品德教育、心理教育等形式，开展灵活、有效、多样的生命教育。倡导学生自主探究、实践体验、合作交流的学习方式。第四，有些学校在课外活动中贯彻生命教育的意识，即充分利用学校班会活动、节日、纪念日活动、仪式教育、社团活动、社会实践活动等多种载体，让学生去感悟生命的价值。第五，有些学校组织教师进行生命教育的课题研究，组成研究共同体，为具体实施生命教育进行基础性的工作。

可以说，目前生命教育在中国的发展已经进入了快车道，是发展最迅速、普及最广的时期，但暴露出来的问题也是大量的，其中比较严重的缺陷是：把生命教育等同于安全教育、德育、班会活动、心理健康教育及其他教育活动（如"阳光教育"、"生本教育"、"生命化教育"）等。造成这一现象的关键在于，教育行政部门的一些领导和一线的许多教师对生命教育的核心问题认识模糊，对生命教育的方法没有掌握，导致在生命教育的实践上流于空泛而失去了生命教育的独特性，走了弯路，达不到想要的效果。

那么，如何去认识生命教育的核心问题呢？我们必须回溯源头，寻找活水。1968 年，美国最早创立生命教育学校的华特士提出：学校教育不应该只是训练学生谋取职业或获取知识，还应该引导他们体验人生的意义，帮助他们做好准备迎接人生的挑战。这一教育目标只能通过"为了生命的教育"来实现。而世界上第一个生命教育机构——澳大利亚"生命教育中心"的专家认为：要让青少年们远离毒品，就要给他们一个正向而积极的生命起点。目前主持我国台湾生命教育的台湾大学教授孙效智认为："所谓生命教育，是以'人生三问'亦即人生三个最根本的问题为概念架构而展开的：我为什么活着？我该怎样活着？我又如何能活出该活出的生命？这三个问题涉及人生终极目标的确立、通往目标之道路选择，以及知行合一的生命修养。探索、体验、反思这三个问题及其间关系，并将所得内化为生命智慧，启发良知良能，从而提升生命境界，即为生命教育之内涵与目标。"① 可见，从生命教育的源头来看，从生活、生命、人生观的角度来解决现代人之种种生命的困顿，是生命教育的核心问题与基本进路，也就是说，生命教育的本质与核心问题就是学校在促进学生"知识增加"的同时如何培育学生的"生命成长"。

中国的教育在抓学生知识增长及技能培养方面非常有成效，在全世界也是有名的；但在关注学生生命成长方面却非常不够。在应试教育的机制下，已出现了许多心灵扭曲的学生，出现了许多漠视生命的行为，比如媒体所报道的青少年"弑师案"、"弑亲案"，以及自残、自杀和凶杀案等。所以，许多青少年都有复杂的成长烦恼：此烦恼或来自于无知，或来自于迷茫，或来自于对自我价值实现的困惑，或来自于一次又一次人生选择时被碰得头破血流的经历，又或者来自于众多复杂人际关系中的不知所措。张华娟老师在反思现在的中学课堂教学时写道："如课堂教学中教师对学生的情感需要、生理需要关注得太少，忽略了学生生命整体成长的生命需要。又如师生关系仅仅是简单的'授受关系'，师生疏离或隔阂，缺乏真情沟通与交流。再如班级管理中教师习惯于搞形式主义的活动和简单说教，忽略学生道德生命的成长需要，学生的主动性和个性受到压抑，学生生命无法得到全面和谐的发展。不少中学生感到在校学习生活枯燥无味，以至厌学、恨学。他们把学习当做是学校、父母交给自己的任务，而不是自己生命成长的需要。有的学生得过且过、不思进取，有的学生甚至做出不珍惜生命的行为。"②

因此，我们的老师在教学过程中必须关注的是：学生在学习知识的过程中，有无生存的技巧和生活的能力，有无感恩之心，有无团队精神，有无善良、勇敢、仁爱、责任、诚信等品质。应该说，许多学生在这些方面非常欠缺，表现为：众多学生人生方向与目标不明，人生的意义与价值难觅，学习过程中缺乏积极性与主动性，导致其生存品质低下；又有许多学生往往只专注于当下的生活感觉，淡化了生命的意识，有关生命的存在、生命的价值、精神生命的求取等皆隐而不显，此可统称为"生命的困顿"，轻则陷入了郁闷、无聊、纠结、"活得很累"；重则发展到网瘾、自闭、斗殴、自残；再严重者就沦落到吸毒、自杀、伤害他人的种种困境之中。这些问题迫切需要在学校中寻找一种新的教育内容与方式来加以解决。笔者的看法是：应该在学校中大力推广生命教育，开设有关生命

---

① 台湾大学生命教育研发育成中心. 三个生命课题 [EB/OL]. http://www.lec.ntu.edu.tw/about.php? sn = 3.

② 张华娟. 中学生生命教育探微 [J]. 福建基础教育研究, 2012 (1): 112 - 113.

教育的专门课程，并在各门课程中渗透生命教育的意识，以增强学生们的生命意识，尊重生命、珍惜生命、构建和谐生命，使学生摆脱生命困顿，健康地成长、快乐地生活，并获得幸福成功的人生。

基于以上对生命教育核心问题的认识，我们可以推导出两点。其一，生命教育不仅仅是一门课程，更重要的是，其本质是让教育回归真正的原点：以人为本，即以人的全面发展为本，以人之幸福的生命与快乐的生活为本。生命教育不能仅仅理解成是在学校增设一门课程而已，其重要性及必要性更在于：以往的教育体制往往偏重于知识的灌输，其目标也往往定格在升学率及帮助学生找到一份好的工作，这种重当下实在之利益而忽视学生长远生命存在之意义、重实用性功利而放弃远大理想目标的教育，让我们的学生不知道如何真正地生存与生活，如何展开自我的生命之路，又如何面对各种人生的挑战，如何获得生活的意义与生命的价值，如何超越死亡而获得永恒之生命。而生命教育则可以回答这些问题，帮助学生获得生命的价值与生活的意义，避免生命的损失与毁灭，这也正是生命教育的主要内容和所要实现的目标。所以，张华娟老师认为："生命教育理念应渗透到中学各学科教学中。生命教育不仅是班主任、德育工作者的事情，也是每一科目、每一位教学工作者都应承担的内容。只有把生命教育融入到日常教学工作中，才能真正达到教书育人的效果。只有通过全体教师的渗透教育，才能深化学生对生命的理解，培养学生爱自己、爱他人，懂得珍爱生命。"[①] 其二，生命教育是每一位教师都应该具备的教育教学的素质，因为在帮助学生知识增长的同时，关注学生的生命成长是所有的教师应尽的职责。在生命教育大力发展的今天，我们尤其要注重教师专业素养及教育教学所必备的素质。教师专业素养与教师教育教学的素质是两个不同的概念，生命教育实际上是每一位教师都应该具备的教育教学的素质。教师专业素养指教师的学科专业知识；教师教育教学的专业素质则指教师的学术素养、教学素养、语言表达的素养等；而生命教育内容与方法的掌握及运用，是新时期全体教师都应该具备的教育教学素质。因此可以说，生命教育就是教育的生命。

若从教育发展的趋势来看，中国教育已经从精英教育迈入了大众教育，而教育也应该从升学为本转向育人为本，从工具化教育转向素质教育。2006年，随着国家新课程的实施，课程目标由单一的"知识技能"调整为"知识与技能、过程与方法、情感态度与价值观"三个维度，从而使我国基础教育的目标也由"知识—认知"目标，调整到了"生命全部领域"。在这样的大背景下，如何更好地育人是各级学校领导及全体教师必须高度重视的问题，而引入生命教育则是现代教育在育人方面发展的最重要趋势之一。

---

① 张华娟. 中学生生命教育探微［J］. 福建基础教育，2012（1）：112-113.

一般而言，生命教育即是关于生存、生活、生命以及生死的教育。人的生命首先要生存，所以要有生存知识的教育，以引导人们作好自我的人生规划；人的生命还要生活，所以要有生活的教育，引领人们获得幸福与快乐的生活；那么，人类"生命"自身呢？关于生命的教育应该帮助青少年认识生命、尊重生命、珍爱生命，促进学生主动积极、健康地发展生命，提升生命的质量，实现生命的意义和价值。所以，生命教育从正面来说，是为广大学生构建生命的价值与生活的意义，其目标在于使学生学会如何积极地应对人生过程及生死的挑战，学会尊重生命并理解生命的意义，进而培育对待自己、他人乃至一切生命体的责任感，从而获得身心的健康；而生命教育从反面而言，则可以起到降低学生的自杀率、减少学生反生命行为的作用。

## 第二节　生命教育的视野：知识与生命共同成长

当然，生命教育之所以在当代中国兴起，另一个重要原因是教育本身存在着缺陷。中国的改革开放已有三十多年的历史，中国的教育事业不仅在规模上，而且质量上也取得了巨大的成绩，这是毋庸置疑的，但存在的问题也有许多。其中之一就是虽然素质教育喊了许多年，应试教育仍然大行其道。美国一年级教室里往往有这样的标语："童年是生命旅程的一部分，而不是有终点的比赛。"而遍布在中国学校及父母心中的口号却是"不能让孩子输在起跑线上"。这样，许多孩子不仅要上学，承受各种科目繁重的作业负担，而且在空余时间又奔走于各式各样的"补习班"、"特长班"，渐渐沦为了"考试机器"，过早地失去了童年和少年的天真、淳朴，也导致了许多孩子在巨大的社会、家庭和学校压力下痛感生活乏味、生命痛苦、人生无意义，于是相当一部分孩子失去了对生命的热爱，厌倦生活，以致作出不珍惜生命的举动。这就形成了所谓"青少年生命的困顿"问题。尤为严重的是，一些青少年放弃自己的生命或残害他人生命的惨剧有增无减，如2010年发生的震惊全国的大学生药家鑫肇事杀人案。这也就是为什么要进行面向青少年以及全社会的生命教育的根本原因所在。

陕西师范大学附属中学高中语文教师杨林柯说："我们的教育很大程度上可以归结为养猪教育，这种教育不尊重人、不把人当人，只关注训练和成绩，不关注内心的成长发育……"他又说："如果我们让学生的词典里只有'拼搏'、'奋斗'、'成功'几个可怜的词，那么请问，学生的生活在哪里？生命在哪里？"[①]有一位中学退休的校长则深有感触地说："目前的中国，只有考生，没有学生。"也就是说，当前中国的教育几乎都成了与考试有关的知识的灌输，学生以知识的

---

① 杜悦. 这个"被告"在执著信守着什么——陕西师范大学附属中学杨林柯其人其事[N]. 中国教育报教师周刊, 2012 - 04 - 05.

背诵、接受、考试、获得高分为学习的全部内容。而应试教育、追求功利的教育引发的问题是：许多学生往往为进入好学校、获得好工作、赚更多的钱、获取更大的权力而学习。这样的教育散发着强烈的功利性，可结果又是什么呢？

中国应试教育最好最高的"产品"应该是每年的"高考状元"。我们的教育用最多最好的教育资源把我们最聪明的孩子培育成了"高考状元"。可是，由中国校友会网、《大学》杂志和《21世纪人才报》等联合编制完成的2009年5月首份《中国状元职场状况调查》表明，从1977年到2006年的全国各省高考状元（调查650多人）中没有一个在政界、商界和学术界表现突出。也即，这些"杰出人才"一走入社会就全军覆没。"考生状元"无法成为"职场状元"的事实不能不令人唏嘘、感叹和深思①。所以，我们要让学生重新审视原来的功利主义学习观，认识到教育的本质应是提高人的生活、生命与人生的品质，促进自我的全面发展，丰富生活，充实我们的精神世界，使自己成为人格健全、文化素质高，有理想有道德的"全人"。

当前青少年的生命困顿，不仅表现在体会不到学习的乐趣，找不到生命成长的正确方向，而且出现了许多自杀及凶杀的现象，值得全社会与教育界警醒。易连云在《人民日报》上撰文指出："不少学校现在变得越来越像标准化生产的'企业'或者'工厂'。填鸭式的教学，封闭式的管理，起早贪黑的生活，无所不在的激烈竞争，简单重复的枯燥训练等，使原本充满智慧与快乐的学习过程变成了沉重的负担，使校园成为许多学生倍感压力和失落的地方，而不是成长的摇篮、精神的家园。这样的教育，显然不是合格的教育。因为它不是立足教育学生这个本位来展开，而是被功利目的、应试思维、家长需求、自身利益等非教育因素主导着、牵制着、撕扯着，在各种现实利益的考量和冲突中变得面目全非。"②所以，有些学校办教育不是为受教育者办教育，而是为"教育部"（教委、教育局）办教育，为上级的评估和检查办教育，为头上的乌纱帽办教育。许多学生则为中考、高考在学习，为上重点小学、中学、大学在学习，为好的工作赚大钱而学习，并非是为真正追求知识、科学、真理、素质、境界和人格在学习。所以，在这样一种"面目全非"的应试教育逼迫下，学生们觉得很苦、很累、很无趣，丧失了学习成长中的幸福与快乐感。有一首《小学生三叹》的儿歌云："一叹父母心太急，望子成龙争朝夕；正课副课辅导课，大雨倾盆向儿袭，脑子乱成一团泥。二叹学校看重钱，副课创收主课偏；这班那班课外班，家长负重苦难言，我心超压步履艰。三叹自己不争气，社会歪风诱难敌；黄书黑影游戏机，神魂颠倒醉如泥，哪能刻苦钻学习。"另一首儿歌《我要炸学校》更是让我们震惊："太阳

---

① 仲余. 热点聚焦：高考状元≠职场精英？[J]. 中学语文，2009（17）：5-6.
② 易连云. 让教育回归育人本位[N]. 人民日报，2010-07-27.

当空照，花儿对我笑。小鸟说，早早早，你为什么背着炸药包？我去炸学校，老师不知道。一拉线，我就跑，轰的一声学校不见了。"究竟是什么让幼稚的孩子要去"炸学校"呢？因为学生学得很苦很累，体会不到学习的乐趣，也感受不到学校的温暖。

2012年4月9日，江苏省启东市汇龙中学一名高二学生在升旗仪式上换掉了老师"审核"后的讲稿，高声念出了自己撰写的稿子[①]：

老师们，同学们：

大家上午好，今天我国旗下讲话的题目是：做最好的自己。首先我想说一段材料：2009年教育进展国际评估组织对全球21个国家进行的调查显示，中国孩子的计算能力排名世界第一，想象力却排名倒数第一，创造力排名倒数第五。真是让人难以想象，竟然有4个国家的创造力比我们还差！看来我们的想像力的确匮乏，然而这就是我们接受10年教育的结果。我再想请问各位同学，你们是否有自己的理想，而不是我们父母的？或者说我们大家坐在教室里承受着变味的教育带给我们的痛苦为的是什么？仅仅为了考一所好大学？为了一纸文凭？再然后呢？为了一份好工作？为了有好多好多钱？难道这些就是我们用整个青春作为交易所换来的？这不是生活，这仅仅只是生存。然而可悲的是，我们之中有多少人即使付出了整个青春，也换不来这些庸俗的东西。

这就是我们的悲哀，因为没有理想，别人这样，我们也就这样；因为没有理想，我们沉默，我们屈服，我们麻木。同学们，我想我们可以醒来了，问问你自己，你喜欢什么，你想从事什么，而不是父母让我们喜欢什么，父母让我们从事什么。同学们，我并非排斥学习，而是希望我们大家可以为了自己的理想而学习，学习自己想学的知识，我们是人，不是机器，就算是机器，也不是学校为了提高升学率的机器。这是一个多么简单的道理，然而有多少人不明白这个。同学们，不要再去倾听枯燥乏味的说教，也别试图去补救无望的过失，别在愚昧庸俗的事上浪费生命，那些是我们这个时代病态的目标和虚假的理想，去过你美妙的生活吧，去做最好的自己！

我鼓起了勇气，私自改变了原来要说的内容，希望大家能有所思考。

谢谢，我的讲话完了。

这位高中生擅自发表的演说，在现场获得了热烈的掌声，应该说这代表了许多青少年学生的心声。这个演说指出了目前我们教育中所存在的重大问题：我们的青少年学生极其缺乏想象力和创造力，但问题并不出在学生身上，而是出于教

---

① 韩玮. 高二男生换稿演讲 炮轰教育制度 [N]. 时代周报，2012-04-19.

育的大环境。在这样一种背景下,学校把学生当成了获取"升学率的机器",而家长也把孩子当成实现自己理想的工具,所以,孩子们在这种"变味的教育"压迫下,失去了理想,沉默了,屈服了,麻木了,形成了严重的生命困顿。

有一位安徽籍高三学生,甚至喊出了一句"我被中国教育逼疯了"的话:"中考前,父亲那句话我今生难忘。'考不上江中(我们那儿最好的中学),你就去死,家里有药有绳……'我是含着泪跑回房间的。我不明白,考一个好高中比儿子的存在更重要?在父亲看来,排名不在前一二名的都是差生。""上高中后,我毛病百出,先是强迫症,这学期头又痛,已经痛了两次,每次痛两周,需挂一星期点滴,医生说是压力太大造成的——我一进学校,无异于进了监狱,分外难受。"父亲又说:"考不上一本你就去死,早点死,你死了老子不会掉一滴泪……""我曾想过自杀,但我不甘心被中国教育折磨死。我恨父亲,但没有真正恨过,我更恨中国教育,是中国的教育让所有亲人只用分数衡量人。这学期父亲本来不准备让我上学,许多人说情,我又上了学,但上学只是等死。我的心理已经承受不了了。写这篇文章的时候,我只想问:下一步,我该怎么办?下一步,我该怎么办?"①

这不仅仅是一种呐喊,简直就是一种对教育弊病的控诉了。应试教育扭曲了学校、扭曲了家长,也把孩子们的生命成长扭曲了。于是,学生自杀的消息常常见诸报纸杂志,甚至已是见怪不怪了。2011年9月19日,三名10岁左右的女学生相约跳楼后被送往医院急救,她们自杀的全部理由竟然是"死了就不用写作业"。10岁的黄婉婷告诉记者:她是小学五年级的学生,19日上午,因为没有写完学校布置的作业,她和六年级的王欢、孔欢都没有去上学。她们三人在家里赶了一天的作业后,还是无法完成学校布置的作业。这时,年纪稍大的孔欢提出了一起跳楼的想法。我不想跳,但是大家手拉着手就跳下去了。黄婉婷说,她内心其实很害怕跳楼,可是她也很害怕没完成作业被老师罚站。据她介绍,这次学校布置的作业特别多,数学老师(班主任)如果发现她们没写完作业,就会要她到教室外面罚站,或者站在学校外面,直到老师让她进来为止。黄婉婷称:她和王欢觉得孔欢说得对,跳楼死了就不用写作业了。她安抚好家里7岁的弟弟后,跟其他两个好朋友来到村里的一处居民房,爬上去后就跳了下来。"她们原本让弟弟也一起跳的,但是我知道我们家就两个小孩,不能全死了。"记者在采访完后感慨地写道:"导致三个女孩自杀的起因,是因为她们三人在家里赶了一天的作业后,还是无法完成学校布置的作业。虽然课业负担过重只是导火线,但我们的孩子总是被一遍一遍地告知,不能上重点小学就不能上重点中学,不能上重点中学就不能上重点大学,以后就找不到好工作……成人世界将压力链条不断下移,

---

① 章锐. 我被中国教育逼疯了[N]. 南方周末,2009-02-04.

带给大多数孩子挫败感，令他们陷入恐慌与痛苦之中。"① 这难道还不足以让我们的教育界警醒吗？

自杀之外，还有凶杀。我们应该对发生于2010年10月20日的一起大学生撞人后再杀人的案件进行分析与思考。当晚，一位年轻人驾驶着一辆雪佛兰克鲁兹轿车去会见女友，途径西安大学城学府大道时，撞上了下班途中骑电动车的26岁女服务员张某，造成她左腿骨折、后脑磕伤。随后该名青年驾车逃逸，后又返回，手执凶器，向负伤的张某连刺六刀。在杀人之后，其继续逃逸，在不远处又一次撞了人。他下车看了一眼，再次准备逃脱时，被路过的行人拦了下来。在第二次车祸发生之后，他将杀人的刀偷偷扔在了附近的草丛里。后来警方向家属出具的《死亡确认书》上显示，张某死因系右胸前锐器刺创，致主动脉破裂大出血。这起震惊全国的肇事后又杀死受伤者的案件，受到公众广泛的关注和强烈的谴责，其起因让人匪夷所思，而带来的教育问题更是发人深省。

当人们第一次听到这个案子时，一定会想：这么凶残、灭绝人性的凶手，肇事又杀死受伤者，一定是个性格残暴、品性极端差的人。事实却相反，这位肇事杀人者是某大学大三的学生药家鑫，他是个优等生，低调处事，与同学关系也不错。据药家鑫从小学到高中的同学张某告诉记者：小学时药家鑫的成绩就不错，在老师和同学眼中，他属于比较乖的学生。高中时，他成绩比较好，还分到了重点班。张某说，从小学到中学，药家鑫给他的印象有些内向，但是与同学之间的关系还不错，同学聚会什么的他都积极参加。2011年3月23日西安法院开庭审理此案时，律师提供的第二份证据是药家鑫上学期间的13张奖状和获奖证明，这说明案发前他在学校及社会上表现一直良好。另据药家鑫大学同学说："我到现在都不敢相信这是真的，上课时我们经常坐在一块儿，我们关系非常好。"药家鑫是走读生，平时上课都是坐公交车。知道这件事后几个关系不错的同学都非常震惊，不明白平时很低调、平和的药家鑫为何会做出这样的事。药家鑫在大学里的辅导员纪老师则说："药家鑫在校学习非常出色，第一学年获得学校乙等奖学金1 000元。药家鑫所在班级共有87人，能获得奖学金，成绩至少应在前十名。药家鑫平时表现出色，也很内向，从不与同学发生矛盾和口角。"

也就是说，在我们应试的教育评价体系下，药家鑫是个优秀的学生，无论是成绩还是弹奏钢琴的技能（钢琴已考过十级）都属上乘，是应试教育培养出来的佼佼者。可是他却肇事杀人了，这是为什么呢？

据报道，在看守所，药家鑫当天夜里彻夜未眠。他给死者的家人写了一封"道歉信"："尊敬的张×家属，我对不起张×，对不起您们，我毁了一个原本幸

---

① 王平. 三名小学生相约跳楼 口称"死了就不用写作业"[N]. 江南都市报，2011-09-20.

福美满的家庭，我的一念之差，使幼小的孩子没有了母亲，丈夫失去了妻子，年迈的老人失去了孩子，我对我所犯的罪行悔恨万分。我对不起您们，我不是人啊！"他还写道："我和我的家人会尽最大的努力在物质经济上补偿您们，我深知，这无法弥补我所犯下的罪行，无法抚平我给您们带来的伤痛。只希望通过我和我家人的努力，能让孩子健康成长，接受良好的教育，让张×的丈夫能在精神上有所安慰，让老人不为今后的生计发愁，让张×的在天之灵得以安息。""如果有余生，我会用余生忏悔，去弥补我的罪行，我愿意给您们当牛做马，恳求您们的谅解。"从这封"道歉信"的内容来看，药家鑫似乎对事件有了深刻的反省，但意图却很明显：是希望获得受害者家属的谅解，以免遭极刑。不过，我们确实要好好地回味这句话："我对不起您们，我不是人啊！"这是药家鑫对自我残忍行为反省中最具分量的话，也是我们思考现今教育缺失时特别要注意的地方。

药家鑫身陷囹圄，面对死刑的胁迫，终于意识到，自己把被撞伤者杀害简直就不是一个"人"所做的事，既然不是"人"，那是什么？毫无疑问，就是一个所谓的"衣冠禽兽"。可是，这是药家鑫在这个可怕的、不可思议的事件发生之后才明白的道理，而此时，宝贵的生命已然丧失，一切都晚矣！这说明了什么呢？在我们的学校教育中，对学生知识和技能方面的学习抓得非常紧，也抓得非常有成效，在这样一种尺度衡量下，药家鑫是一个优秀的学生，受到家庭、学校、老师和同学的好评；可是，他却不懂得"做人"，不知道"做人"，也不会"做人"。为什么呢？原因之一就是我们的学校教育体系并没有让学生清楚地了解什么是"人"、做"人"的底线是什么、如何去做一个"人"！更让我们忧虑的是：药家鑫肇事杀人并不是特定的个案，持这种想法的大有人在，据网曝"药家鑫师妹认同师兄捅人行为，说我要是他，也捅"。这真是令人不寒而栗，让我们每一个教育工作者深思。这说明引发药家鑫肇事杀人的根本原因并不是他的家教问题，或者法律意识不强、道德观念匮乏的问题，而是教育的问题。

我们可以扪心自问一下：我们的学校在哪个阶段、哪门课程中教过孩子们"人是什么？做人的底线是什么？如何做人？"也许有人会忆起，在学校教育中，我们对人的本质有两种说法，一是"人是社会关系的总和"；二是"人就是有理性的动物"。就第一种说法而言，这只是一个对人非常宽泛的说法，根本无法让学生对"人是什么"形成明确的概念；就第二种说法来看，把人当做"理性的动物"是非常片面的，药家鑫就是非常有理性的，他认为，这个被他撞伤者会让他和家人活不下去，最好的办法是一劳永逸——杀死她。他这样理性地推理，也这样实施了，造成无法挽救的后果。可见，理性不足以区别人与动物。

其实这个问题早在2000多年前的中国古代伟大的儒家学者孟子就指出过："人之异于禽兽者几希，庶民去之，君子存之。"所谓"几希"是说，人之区别于动物的地方实际上是非常少的，仅仅在于人有"善端"，即人一出生时就天生具备的恻隐之心（同情心）、羞恶之心、辞让之心、是非之心的道德蓓蕾。对这些天生的"善端"，人们若加以精心培育，则会形成人生命中四种最重要的品德：仁、义、礼、智。因此，我们如果要做"人"，并进一步去做个"好人"，关键在于保存和发扬那"几希"的"人性"，即让自我天生之良善、良知、仁爱显现在为人处事之中。以药家鑫肇事杀人的行为而言，他丧失的正是"恻隐之心"，即对他人的悲凄痛苦毫无感觉，因此，他不能以"仁义礼智"处事为人，极端自私自利，只想着自己如何摆脱困境，置他人的死活于不顾。所以，正是那与禽兽区别之"几希"的泯灭，让其沦为了"衣冠禽兽"！他对生命没有任何敬畏、尊重；对他人的痛苦完全无动于衷，沦落为优雅的屠夫、自私冷酷的杀手。触目惊心啊！这样我们就明白了中国传统蒙学课本《三字经》中为何开宗明义就说："人之初，性本善"，这是让孩子们刚刚读书识字，就牢牢记住"人性善"的本质。

所以，我们可以追问一下：教育为何？教育何为？一位第二次世界大战中纳粹集中营的幸存者，后来当上了美国一所学校的校长，他在每一位新教师来到学校时，首先会交给那位教师一封信，信中他语重心长地说："亲爱的老师，我是集中营的生还者，我亲眼看到人类所不该见到的情景：毒气室由学有专长的工程师建造；儿童被学识渊博的医师毒死；妇女和幼儿被受过大学教育的人们枪杀。看到这一切，我怀疑：教育究竟是为了什么？我的请求是：请你帮助学生成为有人性的人。你们的努力绝不应当被用于制造学识渊博的怪物、多才多艺的变态狂、受过高等教育的屠夫。只有在先使我们的孩子具有人性的情况下，读写算的能力才有价值。"① 什么叫做"只有在先使我们的孩子具有人性的情况下，读写算的能力才有价值"？我们可以回顾一下 2010 年发生的一系列"校园屠夫案"：南平惨案的凶手郑民生于 2010 年 3 月 28 日几十秒内杀死学生 8 人，重伤 5 名学生；而一个月后的 2010 年 4 月 29 日山东潍坊市一名鸡农闯入当地一间小学，用铁槌打伤 5 名学生后，又抱着其中 2 名学生企图自焚同归于尽，幸而老师把小孩强行救出，凶徒被当场烧死。为什么郑民生在几十秒内可以杀死学生 8 人，重伤 5 名，而这位农民却只能打伤 5 名学生呢？因为郑民生是外科医生出身，他在学校里学过解剖学，对人体的知识很丰富，他可以刀刀切中要害；而这位农民没有进医学院，没有学习人体解剖学，知识与技能都不行，他不知孩子的要害部位，孩子们的生命也就得以保存下来了。这真是不幸中的万幸，我们要庆幸没有把这位农民送进医学院，没有教他人体结构的知识，也没有教给他动手术的技能②！

---

① 许锡良. 集中营的幸存者给老师的信［J］. 中学生，2007（7-8）：31.
② 郑晓江. 生命忧思录：青少年生命教育刻不容缓［M］. 福州：福建教育出版社，2012.

因此，教育的真谛究竟是什么？教育究竟何为？教育又究竟为何呢？我们的教师在教书育人的工作中要首先弄清这些关键性的问题，并在实践中落实。如果我们的教育培养出的是一些"有学识的屠夫"，我们的教育究竟何为啊！在我们拼命向学生们灌输知识，并用"应试的武器"来使之就范的时候，我们的教育能否考虑让孩子们先拥有人性之善、健全的人格呢？我们的孩子能否从小就具备抗挫能力、感恩之心、生存与生活的技巧、责任感、协作意识？具有理解、尊重、宽容、仁爱、诚实的品德？一句话，能否拥有真善美的品质、做一个完整的、善良的人呢？中国人民大学俞国良教授指出：学生"身体不好是废品，学习不好是次品，品德不好是危险品，心理不健康是易爆品。"[①] 当然，孩子应该怎么做人，这绝不是仅仅靠教育就可以完成的，更需要社会、家庭、学校的共同努力。以学校教育而言，实际上，仅仅有知识教育会让我们的学生缺乏生命的品质、生命的价值和生活的意义感，也许能"成才"，却难以"成人"，这将产生严重的问题。所以，科学性的知识教育要与人文性的、价值性的、德育的生命教育携手并进，如鸟之有双翼、车之有双轮，这样才能让我们的学生德智体美劳全面发展，这就是生命教育的核心问题与基本的进路与方法。

## 第三节　教师素质的提升：既当"经师"又为"人师"

生命教育的健康发展及推广，关键还在教师。我们不仅要在学校中开设专门的生命教育课，更要让全体教师都要有生命教育的素质：亦即老师们既应该是"经师"——知识的传递者；也应该是"人师"——学生的生命导师。因为，生命教育强调触摸学生的心灵，促进学生的生命健康成长，也要求教师与学生共同成长。关键在于，生命教育与我们许多老师已熟知的知识性教学在方法上有着本质的不同，需要我们每一位老师细心地体会，并把生命性教学与知识性教学很好地融合起来。所以，生命教育对教师的要求是相当高的，归结为一点即是：我们的老师应该是"经师"与"人师"的合一，真正贯彻个性化教学、体验性教学、启发性教学、生命融通式教学和知行合一式教学，这可能让许多老师不适应，因此要加强学习和培训。

比如，现在许多学校和老师还习惯成自然地在使用"教育的暴力"来管制学生，以应试的标准来划分和区别孩子。比如西安未央区第一实验小学给差生戴"绿领巾"；而包头一中学给优秀生穿"红校服"。朱四倍先生指出："教育者的首要任务是让儿童和少年学会自我认识和自我教育，促进其健康个性的发展，而不是羞辱学生，这是我们看待'绿领巾'的前提。野蛮产生野蛮，仁爱产生仁爱。

---

① 中国教育报编辑部. 必须把这些话详细告诉孩子——就引进美国版"幸福教科书"《健康与幸福》专访中国人民大学俞国良教授［N］. 中国教育报，2012－01－08.

就'绿领巾'逻辑来说,显然是属于心灵伤害形式的教育暴力,其虽没有躯体伤害,但造成儿童情感冷漠、个性扭曲,容易形成奴性人格,在儿童的心灵造成更深的创伤。"[1] 这样一种"教育暴力"甚至导致了学生的自杀现象,令人痛心疾首。报《中国青年报》报道,山东一位14岁女生李欣玥从自家五楼跳下,经抢救无效后身亡。据女生妈妈说,当晚她收到老师发来短信,要求还没理发的女生这周末必须理发。这是老师当周第三条短信来催了。孩子听后坚决说不剪,后来从椅子上站了起来,拉开窗户很快就跳了下去。在那一瞬间,女生妈妈根本没反应过来,当时就傻眼了……笔者曾经在1968年随同父母下放在农村,读了农村的小学五年级、初中和高一;高二时回到某城市二中读书并毕业。本人写了一篇文章,深情地回忆起20世纪70年代读书时学生被派去河中担沙建教室,大家干得热火朝天,一栋教学楼不久便建成了,直到现在还在使用,等等。一位不知名的"博友"回应到:

现在能叫到学生去担沙?那是个老师受人尊重的年代,现在二中早已不是当年了,很漂亮的大楼,很垃圾的老师,一个教育产业化的年代,包工头当校长了,老师都是催交钱的高手了,学生都是顾客了,但没有顾客的权力,班上也分贫富阶级了,博主的那个年代早已远去消逝不见,也许前后门那几棵大树还记得你……

笔者看到这段回应的文字不禁愕然,心中非常难过:为何师生之间、生校之间产生如此严重的问题呢?我们每一位老师都应该深思、学校也都应该反省啊!

所以,我们要把知识的教育转变成知识与生命共同成长的教育,在传授知识的过程中,要特别关注学生们的生命成长。但现实却不容乐观:教育的产业化冲动以及对金钱的追求已成中国教育的最大问题,伴随着的必然是功利性突显,忽视受教育者主体生命的丰富性及成长的复杂性。"老师"这个称呼不知何时已演变成一份谋生的"职业"(教育工作者)而不是内含个人奉献、个人追求、个人生命价值的事业,老师在教学中只付出"劳动"而不付出感情与爱心。现在许多老师们把"教育"误认为就是一种"行业"(职业),而忽视了教育其实是一种育人的伟大事业,即把学生教导培养"成才"与"成人"。

笔者最反对一句流传甚广的口号:学生是老师和学校的"衣食父母"。从实际情况来看也不是这样,现在小学到初中都是义务教育,不存在学生养活学校和老师的问题;就是高中和大学阶段的学生要交一定的学费,也完全养活不了学校与老师,为什么国家还要把教育经费提升到国民生产总值的4%呢?可见,说"学生是老师和学校的衣食父母"这句话是不符合客观事实的,而且更严重的是颠覆了学校与学生的关系,也颠覆了师生间的伦常关系。从中国传统教育来说,

---

[1] 北京日报编辑部. 西安叫停收回"绿领巾"[N]. 北京日报,2011-10-20.

有一个非常重要的观念是"一日为师,终身为父",老师们在教育中可以"爱生如子":学生以事"父"之道事"师",老师也以教"子"之心来教书和育人。在生理上,老师与学生并没有血缘关系;但人不仅有生理生命,更重要的是人有精神的文化生命,老师培育学生,实际上即是养育学生的精神文化生命,对其知识的、人格的、精神的成长负责。所以,在这个意义上,老师能称得上是学生的"父亲"。现在可好,学生变成了老师的"衣食父母"了,简直是人伦颠倒,师伦颠倒,师将不师,学将不学,对中国教育的健康发展为害无穷!

首先是"师已不师",出现了许多功利心极强的老师,有一位教师甚至对学生这样说:"当你40岁时,没有4千万身价不要来见我,也别说是我的学生。"这种既把金钱作为自身成功的标准,也作为学生成功的标准,是一种典型的金钱功利主义,让学习的精神尽毁,这样的老师难道还能称得上"学为人师,行为世范"吗?其次是"学将不学"。在教育产业化的思维主导下,许多学校的师生之间、学生与学校之间成了买卖双方的关系:老师、学校想的是利润;学生们则想的是我付了钱,我就是"上帝"。于是乎,一方面,老师上课、处理与学生的关系皆以金钱为准绳:以课时费多少来确定备课的时间与讲授的认真程度,以补贴多少来确定与学生交往的时间与深度。大学老师间常常交换的信息是:你们学校课时费是多少?以方便去"炒更";而有些中小学教师则心中经常打着这样的算盘:这么少的课时费还不如上课讲五分之四,课后赚补习费,等等。教师丧失了以教子之心教书的品德,而以功利为教学唯一的目的。另一方面学生想的是:我既然养活了学校和老师,我就是学校和老师的"主人",学校、老师都应该让我们随心所欲。我逃学、上课睡觉、讲话、考试抄袭等,你们老师和学校都管不着。所以,在大学生中有一个流传甚广的口号:"上课逃避,考试作弊,作业copy。"《中国青年报》报道:给学生打完测量学的考试分数后,第二天上午,杨华收到手机短信:"杨华,你这样给分,小心遭报应啊,每天这么累,测量实习只给个及格,考试考高了还用平时分给拉下来,祝你全家早死哦,特别是你儿子。我要你把六十分到七十五分这档的所有学生的分数提到九十,实习成绩提到优秀。否则我绝对会报复你或者你儿子的。我既然有胆量威胁你,也有本事让你痛苦,毕竟你的信息我已经全部掌握了。何况这件事你实在太过分了。"[①] 学生如此赤裸裸地威胁老师,还真是世所罕见。

我们再看中小学的情况。《都市快报》报道:安徽两女生教室服毒自杀,两人在黑板上写下遗言,周周写:"如果我死了,就怪数学老师,请警察叔叔将她抓走。"小梦写:"我好累,她们都不理解我,不想活了。"周周和小梦说,当天喝药是因为心里堵得慌,太压抑,成绩下降遭遇老师奚落,"不想活了",小梦说,

---

① 张国. 南京一学生威胁老师给高分 [N]. 中国青年报, 2011 – 08 – 01.

最近一段时间姜老师一直对她们不好，动不动就找茬子，还经常以作业没做好为由批评两人，有时甚至是挖苦。最让她们不能容忍的是，两人座位一直被安排在很后面，"连黑板上的字都看不清楚"。根据两个孩子的描述，她们喝药的直接导火线是姜老师催要补课费。两个好朋友早在一个星期前，就有了轻生的念头，只是因为害怕没有实施。在一节数学课上，姜老师又当全班同学的面，问周周600元补课费什么时候交。"老师的话语和眼神让我感觉到难堪"，周周说。在新学期开学后，周周参加了姜老师在外面开办的补习班。快期中考试了，老师开始收补课费。"本来是不想参加（补课）的，但新学期报名时，姜老师多次以孩子暑假作业没有完成为由拒绝让孩子报名，这才参加了她的补习班。"周周的母亲说，参加补课也是希望老师对孩子好点，缓解关系。周周说，这已经是姜老师第三次讨要补课费了，她觉得很没面子。她说不想活了，小梦也说跟着她"走"[①]。

上述情况虽属个别，但暴露出来的问题则是触目惊心，引人深思。为何会造成如此状况呢？功利的毒瘤在教育界到处生长，许多老师这样想：学校既然没有付给我们普通老师辅导学生的钱，那么，教书者只教书，"育人"则可以分离出去，让班主任、辅导员、政工干部、校长们去操心吧。于是，每到下课，老师们从不愿多待一分钟，夹起皮包急匆匆地走了。目前中国学校中老师与学生在情感、生活、生命、人格感化等方面的交流可能是中国自有学校以来最少的，更不必与中国传统书院教育中的师生关系相比。所以，可以说，现今中国的学校里大多只有"教员"而无"老师"；只有"经师"而缺乏"人师"，这引发了学生们极大的生命困顿。

所以，我们每一位老师都应该既能做"经师"又能当"人师"，这才是真正的教师，要改变"经师易遇，人师难求"的状况。一般而言，知识的问题可以在课堂上通过科学的讲授来解决；但学生们的生命成长却需要靠老师与学生在情感交流、人格融汇、精神文化生命的潜移默化中才能完成。这就要求老师必须是"经师"与"人师"的合一，但恰恰是在这一点上，我们现行的教育系统出了大问题。老师几乎丧失了成为学生"人师"的素质与能力，与学生缺乏生命层面的沟通、交流和感召，使学生只关注生活问题而置生命存在于不顾，于是，便出现了如此之多"不想活"了的学生，这可能是我们教育的最大悲哀与危机。我们必须改变对中小学教师的评价体系，教师当然应该具有双重职责：教学与科学研究，但就中小学教师的科学研究而言，应该从课堂中发现科研课题，而研究的成果应该可以回到课堂，提升教学效果。现在最要反对的是，老师们为科研而科研，发表论文只为获得荣誉、评聘职称、得到奖金。对于中小学老师而言，评价

---

① 冯志刚. 安徽两女生教室服毒留遗言：如果我死怪数学老师［N］. 都市快报，2011 - 11 - 20.

的标准绝不应该是论文论著的数量与发表杂志及出版社的级别，唯一的评价标准应该是：教师们是否既是"经师"又是"人师"。

那么，我们的老师如何既做"经师"又当"人师"呢？关键要明白知识性教学与生命性教育在方法上的根本不同。知识性教学强调科学、逻辑、规范、统一，比如，在课堂上教 1+1=2 的算术，所有的学生都应该是这个答案，例外的就是错误的。而生命性教学则强调个性化、情感化、生命化、非标准化，是不可能有统一答案的。比如，一杯40度的水，不同的人饮之会有不同的热感，这叫做"如人饮水，冷暖自知"。再比如，《论语·颜渊篇》中有对仁的多种解释："樊迟问仁。子曰：'爱人'"，又"克己复礼为仁"，又"子曰：'志士仁人，无求生以害仁，有杀身以成仁'"，"夫仁者，己欲立而立人，己欲达而达人"，"己所不欲，勿施于人"。孔子在回答子张问仁时还说，"能行五者于天下，为仁矣"，五者为恭、宽、信、敏、惠。如果按科学的知识性教学的角度，会认为孔子不懂逻辑，为何同一个概念没有一个统一的定义？其实孔子在此是进行一种德性的生命教育，面对的是不同的生命个体，他们出生不同，家庭背景不一样，受的教育也相异，个人的禀性也肯定有差别，所以，即便讲授同一种德性"仁"，也要有不同的解释。也就是说，孔子面对不同的生命体，对"仁"的定义不同。从这样一种视角来读《论语·先进篇》，会有不同的领悟。有一次，子路问孔子："闻斯行诸？"子曰："有父兄在，如之何其闻斯行之？"冉有问："闻斯行诸？"子曰："闻斯行之。"公西华曰："由也问，闻斯行诸？子曰，'有父兄在'，求也问闻斯行诸，子曰'闻斯行之'。赤也惑，敢问。"子曰："求也退，故进之；由也兼人，故退之。"子路和冉有向孔子请教同样一个问题，但孔子的回答却因对象而异，因人而不同。子路性情勇敢、鲁莽、爽直、刚强，孔子告诉他不要勇猛过头而有生命危险，应该考虑还有年老的父兄在；冉有的性格懦弱，行为退缩，谨小慎微，一事当前，处处讲究谦让，自叹不如，孔子便鼓励他果决勇敢，大胆前进。有许多老师说，这不就是孔子提倡的"因材施教"吗？很简单，我们也会呀：通过考试把学生分成优生与差生，然后进行有差别的教育，这就是"因材施教"，因为区别好生差生，可以促进差生进步。这样一种认识和做法大错特错了！"因材施教"是指针对不同对象实施其可以接受的教育，通过个性化的教育让孩子们找到自己最好的发展之路，成为最好的自己就是成功。而现在在教育界广为流行的则是唯分数论，以分数论"英雄"，在统一的唯一的分数标准下导致了对学生人格的歧视，甚至在现代教育中出现了用陈规陋习来管理的现象。

所以，我们的老师要从习惯了的知识性教学向生命性教学转轨，既要当"经师"，更要成为"人师"。何谓"人师"？第一，"人师"者，既要有丰富的知识与智慧，更要做到"行为世范"。《韩诗外传》说："智如泉源，行可以为仪表者，人之师也。"意思是说，只有那些知识丰富、智慧高超，而行动可以成为人们表率的人，才是"人师"。第二，"人师"者，视教育为"教化培育人的事业"。现今许多老师都把自己视为"教育工作者"，这有片面性，实际上是把从事教育当成了一种普通的工作来对待。但是，"教育"绝不仅仅是一份谋生的"职业"，而是内含个人奉献、个人追求、个人生命价值的事业。孟子曾经说过，"君子有三乐，而王天下不与存焉。父母俱存，兄弟无故，一乐也；仰不愧于天，俯不怍于人，二乐也；得天下英才而教育之，三乐也。"这是中国古典文献中最早出现"教育"一词的所在，但很显然，孟子这里讲的"教育"一词是动词，指的是"行为"——教化和培育；而非名词，即把"教育"视为一种"行业"——职业、工作，这样去理解就忽视了教育其实是一种教化培育人的事业，其核心内容是把学生教导培养"成才"与"成人"。第三，所谓"人师"，即着力塑造学生的"灵魂"、培育其"能力"与"素质"者。爱因斯坦曾经说："所谓教育，应在于学校知识全部忘光后仍能留下的那部分东西"。那是什么呢？正是"能力"和"素质"。如果我们把学生在学校内的学习定位于知识，特别是书本知识，学生毕业后知识老化了、忘光了，还能剩下什么呢？我们每个人都不妨反思一下，自己在学校学了那么多的数学、物理、化学公式、解题的方法，到现在还能记得多少呢？其实真的都忘光了。所以，真正的学习是什么？真正的学习应当是对学生心灵（知、情、意）的培育与行为的矫正，从而使学生的素质与能力得以优化和提升。所以，老师在抓学生知识学习的同时，要培育学生的生存技巧和生活的能力，让学生们有好的品德和行为。这样，老师就不仅仅要当"经师"，更要为"人师"，铸造学生正确的"灵魂"、培育其"能力"与"素质"。总之，所谓"人师"，其关注的是学生的心灵与素质的问题，是在知识的传授过程中，在为人师表的过程里，着力传授给学生生活与生存的技巧，构筑学生们的精神家园、价值体系和生命的终极关怀。苏联教育家苏霍姆林斯基说："教育是人和人心灵上最微妙的相互接触。如果我们希望自己的学生成为有义务感和责任心的，善良而坚定的，温厚而严格的，热爱美好事物而仇恨丑恶行为的真正的公民，我们就应该真诚地对待他们。"

所以，我们必须理解生命教育的真谛：我们不是"教书"，而是"教人"，透过"书"而见"人"、穿过"知识"而深入学生"生命"的层面。一般来说，要从根本上解决学生各类生命困顿的问题，我们就应该为青少年建构一个生命意义的世界，而非仅仅只有一个生活的世界。从根本上说，我们的老师应该培养在校学生的两类能力：一是生活的能力，亦即学生们谋取生活资料的能力，学生们要通过课堂及一系列的学习活动来掌握相当的知识与技能，使他们将来走向社会之后能够顺利地就业、立足、成家，获得相当的生活水平。二是生命的能力，这是老师作为"人师"的职责，亦即在师生融洽的生命交流中给学生建构一个意义与价值的世界，让学生们树立起是非、好坏、优劣、美丑等价值观，并明白人生中究竟应该追求什么，抛弃什么；赞成什么，反对什么；企盼什么，拒斥什么，等等。正如程芳老师认为的："在快乐型生命教育模式下，师生关系是一种'伙伴'关系，师生教学就像圆桌会议，没有哪一个人是权威，没有哪一个人可以强势压人。教师所要做的是设置情境，提出问题让学生有所思，有所感，有所言。通过师生间热烈的讨论追求事件与问题的'应当'。也许有些问题经过一番论争之后仍存而未决，但这并不是问题，重要的是师生在这个过程里进行论辩，给自己的思维和明辨力的提升。这是一个学生亲自参与建构自己的价值体系的过程。如果教师不能亲近学生和引导学生自我反思，仅仅作为一个生命教育知识的宣讲者或诸多生命现象的描述者，我们开设生命教育课程的意义就丧失殆尽了。反之，如果教师与学生能建立布伯所言的'我—你'相遇关系，通过对话方式敞开心扉，针对诸多有关生命的问题进行不同层次的探讨与分析，生命教育课程教学将会异彩纷呈。"①

我们如果要成为青少年们的"生命导师"（人师），就必须努力地做到以下两点：

其一，用生命去感动生命，用生命去滋养生命，用生命去引领生命。生命教育作为一种人文性的教育，其实质是：教化过程需"润物细无声"；培育过程则要"入灵无痕"。在课堂上，给学生提出一些问题，看一个实例，观一段视频，讲一则故事，做一次活动，等等，然后就要鼓励学生自己思考、自己讲述，互相分享。教师始终要相信学生可以自己解决自身的问题，做生命的教育一定要运用生命化的方法来进行。学生们知识的增长可以靠课堂教学来达到，而他们的生命品质则需要生命个体自我生长出来，外在的灌输、教导效果会很差。比如一个老师苦口婆心地教导孩子要诚信、要孝顺、要感恩、要服务社会，等等，孩子们可以在考卷上答得非常完整，可以得一百分，因为有"百度"、有"谷歌"；但考出高分的孩子却未必能真正把这些道德与生命的知识内化为自我的品质，更难以"知行合一"地去做。所以，生命教育过程中必须通过启发式、引导性、参与性的活动，来让学生们在思考中自己得出结论，在互相启发中获得生命的成长和德性的进步。生命教育的课堂应该是提供一种思路、一种为人处事的方法，让学生们去反刍，去融会贯通。

其二，在生命教育的视野下，每个学生都是独立的生命个体，而每所学校都受到独特地域文化的影响。生命教育就是在承认个性化生命基础上的特殊的教育行为，以成就富有个性的健全的人为目标。人之生命在时间上是一个无穷发展的过程，在内涵上是一个永不重复、永无穷尽的复杂生成体。生命的独特性，使生

---

① 程芳，张丹丹. 快乐型生命教育模式探究[J]. 四川职业技术学院学报，2012，22(1)：40–43.

命的成长亦有其独特性,在体制内的课堂中,如何完成生命的个性化成长呢?生命教育应该是以情化人、感人、育人,而非以势压人、服人、驭人;在生命教育的课堂中,要动之以情为主线,晓之以理为基础。所以,生命教育的课堂应该是老师与同学合作、反省、讨论、共同找寻想法和信念的过程。要充分地调动学生们的思维,培养学生的品格、想象力、创造力、表达力、自我认知力和人际亲和力,等等。所以,生命教育是最能体现"教学相长"的课堂。

总之,目前许多青少年已经出现了严重的郁闷、无聊、纠结、"活得很累"等生命的困顿;有些学生则生命价值和生活意义难觅、精神家园不知在何处;甚至沦落到吸毒、自杀、伤害他人的种种困境之中,我们不仅应该在学校教育中引入生命教育,我们的全体教师也都应该具备生命教育的素质,掌握生命教育的方法,不仅在专门的生命教育课中致力于促进学生的生命成长,也在各自专业的学科教学中贯彻生命教育的观念,以使青年学子在血脉上与中国优秀的生命文化相融通,珍惜生命、尊重生命、辉煌生命、不朽生命;在教师与学生之间知识传授、生命交融、人格感化的过程中让青年学子摆脱生命困顿,进德修业,安顿身、心、灵,获得幸福与成功的人生,终则超越死亡,获得生命的永恒。对我们全体教师而言,生命教育的过程也是老师和学生一起成长的过程,我们全体教师应该从关注自己的追求做起,充实自我,内化生命教育的素质,用自己的生命成长去引领学生的生命发展,不仅要成为学生们的"经师",更要成为他们的"人师",亦即学生们的生命导师。用生命去感动生命,用生命去滋养生命,用生命去引领生命,终则获得当教师的最大幸福与快乐。

【建议参考资料】

1. 郑晓江. 生命忧思录:青少年生命教育刻不容缓[M]. 福州:福建教育出版社,2012.
2. 冯建军. 生命与教育[M]. 北京:教育科学出版社,2005.
3. 郑晓江,张名源. 生命教育公民读本[M]. 北京:人民出版社,2010.
4. 刘济良. 生命的沉思:生命教育理念解读[M]. 北京:中国社会科学出版社,2004.
5. 王北生. 生命的畅想:生命教育视阈拓展[M]. 北京:中国社会科学出版社,2004.
6. 刘志军. 生命的律动:生命教育实践探索[M]. 北京:中国社会科学出版社,2004.

【问题与思考】

1. 试叙述生命教育的核心问题与方法,并阐明为什么这个问题是生命教育的核心问题。
2. 试举例说明在应试教育下学生们的"生命困顿"现象,并提出解决的途径与方法。
3. 何谓"经师",何谓"人师"?从二者的区别中如何寻找到"既当经师又当人师"的途径?

4. 寻找各种资料来观察各地各学校开展的生命教育实践活动，并以生命教育的核心问题为标准来评述这些生命教育的具体实践，指出其优长的部分，也找出其欠缺的部分，并探讨正确地推广生命教育的道路与方法。

# 第三章　寻觅生活的意义

【本章提要】

生命教育主要是从生活、生命与人生入手的教育，所以，本章主要讨论人类生活的基本内涵及其意义。笔者认为：帮助青少年寻觅生活的意义是生命教育的重要内容。这就需要我们从对生活定义的深入解析入手，做好自我的生涯规划，明确自我的生活目标，并掌握生活的真谛，消融生活中的苦难，以获取一个幸福健康的人生，即物质性生活与精神性生活都能够充分展开的人生。

【学习重点】

1. 了解生活的定义。
2. 明确生活的规划。
3. 确立生活的目标。
4. 掌握生活的真谛。
5. 消融生活的苦难。

【重要术语】

生活与生存　生活与生命　生活规划　血缘亲缘生活　社会生活　精神生活　生活追求　生活的状态　生活艺术化　挫折与苦难　生活磨难　人生挑战

前两章已谈了中国生命教育的历程及核心问题，这一章开始到第九章共七章的篇幅将共同论述生命教育的主要内容。我们在第一章中已提及，云南省正在全力推动生命、生存、生活的"三生教育"，其实广义的生命教育是包括生活教育在内的。所谓生活教育即"是帮助学生了解生活常识，掌握生活技能，实践生活过程，获得生活体验，确立正确的生活观，追求个人、家庭、团体、民族、国家和人类幸福生活的教育。"[①] 人人都有生命，表现为生活的过程、生命追求圆满、生活寻求快乐。可是，许多人在回首往事时，往往觉得自己已逝去的生活缺少意义与价值，难以肯定自我的人生。因此，我们必须去寻求生活的意义，真正懂得

---

① 李亦非. 激活生命，促进成长——"三生教育"教师手册［M］. 北京：高等教育出版社，2010：6.

生活、把握生活、规范生活、驾驭生活，从而在活着的基础上得到快乐、减少痛苦、避免曲折，实现人生的辉煌。

## 第一节 了解生活的真义

生活一词是非常难下定义的。人人都生活在特定的自我的世界中，年龄、文化层次、生活条件、具体的环境、人生背景皆不同，对生活的理解也就不一样，要提出一个人人都认可的定义实在是很难。因此，对人之生活的理解，必须将其与生命及人生联系起来才是可能的。

毕世响先生认为："生活就是生存，具体说来就是人在他的生存范围内，依靠一定的手段延续生命。生存范围包括生存时间和生存空间两个方面。那么，生存时间、生存空间和生存手段就是生活的三要素。"[1] 这种说法是有问题的，生存应该指的是人生命的存在，其与生活的层面应该是有重大区别的。在《辞海》中，"生活"一词是从这样几个方面来界定的：一是人的各种活动；二是人的生存，活着；三是生涯、生计；四是指工作、手艺或成品，等等[2]。应该说，生活就是人们在生存过程中的活动。

从最抽象的角度而言，我们首先可以从生命与生活之异来理解生活这个概念。人生包括生命与生活两大组成要件，人之生命是一种存在，而人之生活则是一种活动，是人这个生命体在家庭与社会中的活动过程。生命的存在表现为人之生、老、病、死的各人生时段的过程；而生活的存在则表现为人的感觉、知觉、享受、品味与经验的过程。

我们又必须从生命与生活之同中来理解生活这个概念。人的生活感觉不可能凭空产生，必须有物质的承受体，这就是我们每一个人物质性身体中表现出的生命；而人的生理性生命作为一种存在物，必有所显现，生命需要通过我们每一个人日常的生活展露出来。因此，我们可以说，生活的感觉实质上即是生命的感受，生命存在的体现所在即是生活的感觉。

从另一视角来看，生活也就是人们在本能及精神意识的支配下产生欲望及求取欲望满足的物质性享受过程。但人的欲望是无法填充的"空穴"，物质生活的富足若不与人之精神境界的提升相配合，则任何满足人生欲望的行为都将是竹篮打水一场空。当然，我们也应该知晓，欲望也是酿造人生幸福的酵母，因为人之欲望可以成为人生动力，促人奋发有为。人若没有物质性的获取、感性生活的丰富，则生活索然无味，生命失却光辉。另外，欲望又是人生幸福的"杀手"，若

---

[1] 毕世响.乡村生活的道德文化智慧：生活道德教育［M］.长春：吉林人民出版社，2002：21.

[2] 夏征农.辞海［M］.上海：上海辞书出版社，2000：2085.

人之欲望永无止境,现实中的获取永远不够,那么,人的所有幸福感都将被破坏,消失殆尽。所以,活着,就要充分体会活着的乐趣,这种乐趣不仅仅是单纯的享受,更多的是获得享受之前的那个努力过程,这就要用一颗平常心去对待世事的变迁,做到"宠辱不惊"、"去留无意"。

  人们在婴儿时期,生活追求主要受生理本能的支配,而其欲望的满足则要受到父母家庭的制约;随着年龄的增长,主体观念的作用开始逐渐突显,在欲望满足方面人们越来越多地受到自我意识、生存条件及社会文化的支配,显现出生活的不同向度与内容。如有些人喜欢工作(赚钱),以为工作就是生活的主要意义所在;有些人成日沉迷于网络,以为网络世界就是他们生活的全部天地;还有些人热爱体育,生活的大部分时间在运动场上度过;女性爱美容与时尚,青春永驻是她们的企盼;男人爱侃大山,以为交际才是生活之要务,等等。世上每一个人都在生活,但可以说没有一个人的生活是与另一个人完全相同,无数的人就有无数的生活样式,产生无数的生活感受,即便是对同一物品的接触或品尝,人们产生的感受、感觉也是不一样的。人的生活世界于是产生了无穷的丰富性、变化性和不可捉摸性。所以,在现代社会生活中,我们在生活的态度上应该具备完全的开放性,要有容纳不同、承认相异的肚量,决不能强求生活样式的统一,更不能去要求别人也与自己一样生活。

  一般而言,作为人生之基础的生理性生命,可以用自然科学进行严格的分析。但是,人之生是血缘性生理生命基础上的生活,与生命体不一样,人之生活的价值是自然科学难以量度的。这不仅仅是因为生活是人的生活,人自身的价值是不能以金钱或物质这样的东西来衡量的;还在于人之生活是一种活动,没有静止的时刻,难以去作定量分析;更在于生活在每一个人那里的表现都是不同的,也就无法寻找到一个统一的价值衡量标准。生活中的甜酸苦辣,生活中的情感、感觉、观念及心理的活动等,都"如人饮水,冷暖自知"——其感受的程度、体验的深度、表现出来的反应等皆不一样,无法统一,这就逸出了科学的定量分析之外。所以,人们对生活的意义判定也存在着很大的分歧,需要每个人在人生道路上细细品味,上下求索,去获得自己最大的生活意义。因此,生活充满了诱惑,而人性又包含了许多贪婪。我们要把握生活,就要明白:生活既是收获也是失落,生活中不能没有感动,当然也应该有平淡;生活要以微笑面对烦恼,要以洒脱应付挫折。人生就是一个不断获得又不断失去的过程。舍得是一种生活里的领悟,是一种生命中的大智慧,还是一种极高的人生境界。所以,我们无需预支明天的痛苦与无奈,唯努力认真地活在当下才最重要。

## 第二节 明确生活的规划

  每一个有生命者,皆只能生存在一定的空间范围之内,人的生活也只是在特定的空间中展开。虽然现代化的交通设施已经让我们更方便地从此一空间到达彼一空间，但即便是登上了月球、火星，相对于无限的空间而言，我们所经验到的地方也还是微不足道的。况且，我们都是普通人，只能生活在一个相对狭小的空间，我们不能只为征服更大的空间而生活，我们必须以品味生活的追求来安排规划自我的人生。

生活的空间构成使我们每一个人分出了不同的生活角色：首先，我们的血缘生命出于父母，所以必生活在家庭这个空间中。在这一生活空间，我们或为人子（女）；或为人夫（妻）；或为人父（母）；我们也许还有兄弟姐妹，有长辈晚辈等亲属，这些综合起来构成了我们的血缘亲缘生活。一般而言，人之生活首先展开于家庭之中，生活的终结也应该是在家庭之内。血缘亲缘生活让人亲情绵绵，让人刻骨铭心，让人有一些可以不需刻意设防的倾述心声的对象，让人有一个可以得到无私帮助和心灵慰藉的地方。

应该说，血缘亲缘生活是我们每一个人生活的起始点、主要内涵和终结处。对绝大多数的人，尤其是中国人来说，这种生活必不可少，也是贯穿每个人终生的空间场所。实际上，人生之中，在家庭内扮演好特定的角色，获取与保持浓浓的亲情，是我们每一个人在生活中都特别值得重视的目标，也是我们感受人生幸福的基础。我们的孕育、成长离不开亲情，我们的发展也需要亲情的扶持，而我们生命终结的时刻，最需要的也还是亲情的氛围。人之一生中，最大的忧心也许就是孤独了，而只有亲情才是消解生活孤独的最好港湾。

所以我们也许无法用准确的数据来表示亲情生活价值的大小，但它可以算得上是我们生活中最大的价值之所在。因为，人的生活固然有阳光明媚、一帆风顺之时，但也常常遭遇风雨、坎坷，我们只有保持了亲情，且酿制出浓厚的亲情，才会有人生温馨的港湾，可以让我们在生活的"拼杀场"中疲惫的身心有个休憩之地，使我们重新拥有人生发展的动力。特别是，亲情是我们每一个人获得平静、团聚、舒适感、成就感、幸福感的所在，而这些感受是我们生活中不可或缺的。反之，亲情的淡薄，将让人孤苦无依、烦躁不安、痛苦不堪，甚至让人无法安息。

在生活空间的构成上，人们除了血缘亲缘的生活之外，还生活在社会之中，与社会各色人等构成复杂的关系。如与相识者构成的熟人关系，与关系较好者构成的朋友关系，在学校中构成师生和同学的关系，在各类组织中构成同事及上下级关系，在特定地域、社区构成老乡、居民间的关系，在国家中构成公民间的关系，等等。这些人际关系，形成了我们每一个人生活的另一主要内容，其异常复杂，是为社会生活。

在具体的社会生活过程中，我们不仅时时处于紧张焦虑的奋斗之中，陷入讲求效率和打拼奋斗的漩涡之内，而且总是会有不尽如人意之时之处。俗语云：人难做，难做人，做人难。这常常起因于社会生活的不易把握和处理。人生中生命层面的本质是连续性，而生活的本质却是此在性。我们习惯于按生命存在的本质去解决生活中的问题，比如说以连续、稳定的方式去处理与家人、同学或朋友们的关系，却发现难以把握其变化，常常会为突发的变化措手不及。因为，今之"他"已非昨之"他"，今之"你"亦非昨之"你"，甚至今之"我"也已非昨之"我"矣！为何今日的朋友可以转眼变成了明天的仇敌，今天的陌路人却成明日的好友呢？这一切都是社会生活变化的迅捷性导致的。面对这种状态，我们有时难以理解，无法适应。又比如在处理与家人亲属的关系时因为没有察觉时光的流逝给自己与父母、兄弟姐妹、长辈晚辈的关系带来的种种变化，而固守原有的人际准则，有时就会对某种结果产生极大的失望，以至于我们怨天尤人，手足无措。再如，在某类组织中，我们若不很好地掌握上下级间、同事间的关系都时时在发生变化的事实，并相应地调整自我的应对方式，就会感觉到处处碰壁，人际交往苦涩无比，人生之路坎坷艰难。

所以，在我们的社会生活中，必须掌握一条人生的金律：任何人与人之间的关系、人与组织间的关系都在随时随地地发生着或明或暗、或速或缓、或内或外的变化，敏锐地察觉这种变化，时时调整自我在其中的地位与作为，是过好社会生活的根本。而人际关系处理好了，将使人们的生活道路顺畅和宽阔，人生的成功与幸福也必随之而来。

所以，有一面"生活之镜"：你对它哭，它就对你哭；你对它笑，它就对你笑。一个人愁眉苦脸地看生活，反映在生活上一定也愁眉苦脸；一个人爽朗乐观地看生活，回馈其的生活定是阳光灿烂。因此，在生活中，我们要努力去改变能改变的，平心静气地接受不能改变的，尤其重要的是，要能够区分哪些是能改变的，哪些又是不能改变的。生活中有太多不可承受的事物，不愿放弃就导致生命不可承受之重，而我们若能够做到得之淡然失之坦然的话，便拥有了生活中的大智慧。因此，我们要明白一个道理：错过了太阳你不要哭泣，否则你将错过星星和月亮。已经成为过去的，如何懊丧也无济于事，重要的是把握好现在、计划好未来。与其愁苦自怨，不如乐观面对，关键是不要万念俱灰，只要有机会，只要有健康，一切都会有的，一切都会来的，一切都会好的，奇迹与幸福就在这珍惜中不断地显现出来。

## 第三节 确立生活的追求

我们在写信、发电子邮件时，经常会在末尾写下四个字——"万事如意"。但这似乎只是个良好的祝愿，因为人们在现实的生活过程中很难体会到所谓"万事如意"的状态，倒是常常遭遇不如意、不顺心，以至我们在沮丧之余，老是烦躁、纠结！这是为什么呢？

有人说：生活生活，就是"生"下来，"活"下去。生我者，父母也；活下去，才是自己人生的开始。我们也总是追逐复追逐，不再有时间品味生活，行色匆匆，忘记了体验生活，忘记了生活的美，成了欲望的"奴隶"。其实，生活是生命体在自然及社会中活动的过程，不仅表现为一种具体的对象化的存在，如吃、喝、拉、撒、睡、性，或工作、休闲、交际，等等；同时也是主体人感觉基础上的一种价值评判，即吃喝是好还是不好，睡眠是否如意，性生活是否和谐，工作是否顺心，休闲是否快乐，交际是否顺利，等等。所以，人之生活的状态往往表现为建立在人客观活动过程上的主观感觉和评价，一种心理与精神的反映。

如果我们反省自己的一生，可以发现，生活的状态往往或苦闷或欣喜、或无奈或轻松、或悲哀或快乐、或坎坷或顺利、或失败或成功、或艰难或自在、或痛苦或幸福、或低潮或高潮、或粗俗或高雅，这一系列相反的生活状态时常相伴着出现在我们的生活之中，让我们的生活复杂无比，难以预测，更难以把握。所谓随心所欲的生活和完全幸福美满的生活，大概只能是一种美好的愿望，世上能够实现者应该说是寥寥无几。

人之生活状态为何如此复杂如此难以把握呢？因为出现在我们人生过程中的每一种生活状态的好坏至少取决于三方面的因素：一为个人的先天条件，如智力水平、文化素质、家庭条件等；二为外在环境，如生活的具体时空位置、外在的机遇、朋友与组织的帮助力度等；三是主观的努力程度，包括个人的奋斗意志、解决生活难题的能力、自我人生目标的定位等。三者强弱、高低、深浅不同，让我们面对的生活过程起伏不定，生活事件层出不穷，生存状态千变万化，总之常常使我们每一个人皆难以应对。不过，我们要明白一个道理：人之生也就是适应生活状态的复杂多变性，去求取生活内涵之丰富和生命价值的最大化。条件是可以改变的，环境也是可以损益的，只要我们主观上特别努力，生活总是会朝好的方向发展的，这一点我们要坚信，要有乐观向上的生活态度。所以，我们固然在生活，我们只能接受现有的生活，我们也许要承受许多生活的痛苦；但同时我们也在支配生活，在打造我们的生活，在努力求取我们生活的幸福。生活的艺术是宽容和气度，不是猜疑和报复。我们在生活中有时要发扬水之精神：跨越千山，不惧崎岖坎坷，即使途中一落千丈，粉身碎骨，最终还是汇聚在一起奔向辽阔的大海。所以，我们要善于做生活中的减法：减去多余的东西，才能跑得更快，飞得更高，其实减法也是一种加法，减去某些东西，可能会得到更多。

在生活这个大舞台上，我们首先是"主角"：人出生了，有了家庭生活；懂事了，有了情感生活；长大了，有了社会生活；等等。最后是谢幕——走向生活的终结。我们的一举一动，我们的追求与企盼、成功与失败、收获与失落、欢乐与烦恼，都构成了生活这出大戏的内容，都是我们用生命在演出，可不慎乎？另外，我们又是"配角"，是与我们有关系者、相识者或不识者，以及整个社会生活的配角。我们的生活努力实际上并非完全为了个我，而是关乎其他许多人是否幸福，能不努力乎？所以，学会生活就是活得精彩，过去的难以挽回，未来的又无法预测，只有现在我们可以把握，那我们就好好把握吧。此外，我们还是生活大舞台的"编导"，我们要吸取前人的生活经验，也要在生活中提炼升华出人生智慧，一方面引导、驾驭、支配自我的生活，让其更丰富多彩，更如人意；另一方面，我们还要扶持下一代，帮助其他人，让他们的人生也能辉煌成功。

生活的考试没有统一的答案，却有在生命结束时的灵魂之问：这辈子值吗？我们或回答"很值得"，或觉得"还过得去"，或感到"不值"，甚至"后悔莫及"，每念及此，我们能不加倍努力乎？我们要拒绝生活重复的叠加，要努力去丰富自我的生活内涵，尝试新的生活挑战，给生活做加法，在有限的生命时光中达到生命宽度的极限。

生活过程中的许多遭遇是我们人所不可扭转的，但对生活状态的评判却取决于我们主体人的观念。意识到这一点非常重要，它可以损益或改变我们许多生活的行为。一般而言，为何有一些人难以忍受生活的重压，以致在某种生活状态下自寻短见呢？其实，这样一种行为并非源于实际的生活状态，而是源于他们自己轻弃生命的观念。生活状态再苦再难忍受，在我们思想意识的深处，都应该构建一种健康的评价和判断：首先，以艰难险阻终会过去来勉励自己；其次，充分发挥自我的主观努力与寻求他人或社会的帮助来克服目前的困境；最后，走出生活的阴影，迎接光明。还有一些人是所谓"身在福中不知福"，没有感恩的心态，生活状态非常好却不自知，仍然天天过得味同嚼蜡，无精打采。这就必须建构一种生活中正确比较的智慧，善于与别人的生活进行横向的比较，也要善于与自己过去的生活进行纵向的比较，由此来确立自我生活状况的真实，以肯定生活，拥抱生活，特别是——赢得生活。我们要接受本然的自己，避免无法悦纳自我的状态。不抱怨、不后悔，珍视自己所拥有的，不去觊觎非分的，努力去做一个单纯、快乐、幸福的人。

所以，我们应该把生活艺术化，也就是说，对生活的实然状态进行人文的观念转化、加工与升华，使之具有源于实然又高于实然的美学性。在美的创造中，在美的观赏中，在美的享受中，我们的生活状态无论其性质如何，都将展示给我们好的一面，都将让我们拥有生活的幸福感。其实，生活最重要的内涵之一——情感满足，就包括艺术美的欣赏、人伦情谊的陶醉在内。在生活中，美是人对自然、社会、人生的一种关怀和欣赏。人应该常常让自己远离名缰利锁，散步于青山绿水之间，立于苍穹原野之下，去感悟自然与生活之美。和谐的人际关系、温馨的亲情和友情、美满的爱情与婚姻，都是我们生活中的珍爱、生命里的拥有，构成了生活状态之美。

## 第四节　掌握生活的真谛

一般而言，人之生命是在实体生命基础之上形成的血缘性亲缘生命、人际性社会生命和精神性超越生命的合体，相应的，人之生活也可分为物质生活与精神生活两大类。

物质生活主要是人们对实体物品的消费过程，而精神生活则是人对无形的精神产品的消费过程。随着社会的发展，人类科技水平的提升，人类物质性消费的量呈相对下降的趋势，而在精神性消费方面则呈相对上升的态势。人们在吃好喝好的基础上，有了保健美体的需求；人们在穿暖穿好之外，美学的需求越来越高；人们在休息好的前提下，又有了释放自己喜好的休闲之求；等等。而对新知的渴望，对创意的推崇，对新奇的狂热，对爱、尊重、成就感、和谐等心理及精神要素的需要更是整个人类在21世纪生活的突出特点。

我们固然要关注并努力于物质性生活水准的提升，这是我们生命存在及发展的基础；但我们更应该把精神生活置于一个更重要的位置。有许多人沉浮于肉欲的海洋，只知物质性享受，成天追求的是金钱与财富。也许他或她真的非常有钱，物质享受也达到相当水平，可是如果其精神领域荒芜一片，不求新知，不懂音乐，不读书，不关心心灵的安顿，亦无历史与文化的素养，贫乏的精神世界将扼杀其生活的勃勃生机，无意义感也一定会在其人生中的某个阶段悄然冒出，而心理与精神的疾病也将会缠住其身。不过，我们也不要忽略另一种倾向，即有一些人只要精神生活，贬抑物质性生活，认为两者处于水火不容的两极，物质性生活会妨碍精神生活。这一类人如苦行僧，"了无生趣"。实际上，丰富的物质生活，正展示了人作为一种智慧生物的优越性，也是我们应该在生命历程中得到的快乐感受。

人生快乐的基础是物质，是外界客观对象对我们肉体感官刺激引起的主体感受；而人生幸福则是一种快乐基础上的精神与心理的愉悦。快乐是幸福的前提，但有些快乐并不必然产生幸福。快乐状态必须有物质的基础，而幸福多属主观感受。所以，快乐是生活之事，幸福则是生命之事。我们一定要找到物质生活与精神生活的结合点——以物质生活来培育精神生活，以精神生活来引导物质生活，既获得快乐，更获得幸福。使我们的身心皆获得良好的滋养，身心皆健康，生活与生命皆得其所，这样，才能真正实现人生的幸福。

如果从性质上而言，人之物质生活严格地遵循物理时间的一维性，也就是说，人们生活的过程、内容、滋味等都在发生后便一去不返，永远也不可再现。我们每经历一个生活的事件，都是唯一的、不可重复的，从某种意义上说，这也是人物质性生活的"有死性"。人生过程实际上也就是人的物质性生活的不断展开并逝去，最后累加止于"死"的过程。但是，人们的精神生活则不同，一方面人们在思维中，可以自由地沉潜于过去的回忆世界中，亦可遨游在未来的生活世界里，这是一种对有限人生的超越；另一方面，人们的精神意识可以凝聚成某类精神的产品，其刻上了自我精神意识的深刻烙印，可以超时空地存在。我们一生中创造的精神产品越多，其累加的结果是越能实现生活的永恒性，这即是精神生活的"不朽"对物质性生活"有死性"的超越。

人是生活舞台的匆匆过客，人们常常彷徨、伤感、犹豫，因为觉得抓不住生活，日子过得太快，生命流逝不可阻挡。这时，我们必须从现实的物质性生活中超拔出来，从人之精神生活存在的永恒性出发，来实现人生的超越性。一个现实中的人如果意识到精神生活存在的普遍性才是我们生活的真谛的话，就不会完全埋首于现世的物质利益的获取和现实生活的享受，而会积极地追求超越性的东西，以实现生命存在的永恒性。一切物质性的东西，如金钱、房屋、游艇、度假等都是可变的、易逝的、易失的，在人之生活中它们虽然都值得追求，诱惑极大，但却无法使我们获得生活的超越性。所以，人们应该在现实的生活过程中，去多多地进行精神性生活的创造，把自我之生命、心血凝聚成某种永恒之物，如著作文章，丰功伟业，某项发明与创造，等等。当我们的生命不可避免地结束时，这些包含着我们心血的精神创造物便能够使我们的生命在死后永存。

我们还可以从中国古代哲人的追求中体会到人们超越物质性生活的个我性达至精神性生活存在的普遍性的重要。宋代大儒张载曾有一句名言："存，吾顺是；殁，吾宁也。""存"与"殁"恰好就是生与死。当一个人在平常的物质生活中，能够时时有"民胞物与"的胸襟，能视天地万物为一体，那么，便能够在精神生活中的每一刻感受到"天地"虽有损益，但本质上则是永恒；"生命"虽然有生死，但其精神性存在却是不朽。儒者的生死理想实际上就是：在人精神生活的层面沟通自我与他人、与天下之人的存在，从而获得了生活目标与人生的终极价值追求，那就是"修身齐家治国平天下"。于是，人们就可以在日常生活中孜孜不倦地做超越个我生活之事，达到人生过程中的个我性与精神生活存在的普遍性相融合。人之精神生活普遍性的达到，就能够实现死时之"宁"、无所遗憾，这样也就实现了人生之最高理想——精神生活的普遍性、超越性和人生的永恒性，此即成为了所谓君子、贤人和"圣人"。

中国古代的道家学者又是如何达到精神生活永恒性的呢？道家学者要求人们在日常的个我化的生活中要努力于实现"不以物累形"，不以事拘心，即不去孜孜于外物的追逐，也不受到外事的拘累；再进而实现"生无所喜，死无所悲"之"生死齐一"的境界，即从身、心、灵的百般拘累中超拔出来，如此便能够直接把个体人的肉体生活提升为精神生活存在的普遍性，从而达至永恒性和超越性。此即所谓"真人"、"至人"和"神人"的境界。

所有这一切历史文化的观念都教导我们：在物质性生活之外，我们更应该重视自己的精神性生活。一段好的人生，一定是物质性生活与精神性生活均能充分展开的人生。我们当然要广泛地品尝物质生活的美好，但更应该去求得精神生活的丰富，这不仅仅是我们"生"之需要，更是我们超越"死"之必要，这即是人类生活的真谛与智慧所在。

## 第五节 消解生活的磨难

我们要过好的生活，一定绕不开如何面对生活磨难的问题。一般而言，生活中的磨难包括挫折与痛苦两个方面。挫折就是人们在人生过程中受到的挫败、阻挠和失意，人的一生中遇到挫折是不可避免的，如青少年时期学习成绩下降、升学落榜、受到处罚；长大后突然遭遇疾病困扰、事业受挫，甚至犯罪受监、亲人去世等。当我们在这些现实中的障碍面前产生出一种负面的受挫状态，并由此引发出我们内心特别难受的情绪，就叫做"痛苦"。人生中的挫折与痛苦构成了"磨难"，可以说是无处不在，无时不有，而且难以避免。有些人在挫折与痛苦中沉沦，有些人在挫折与痛苦中无奈，更有人因无法承受挫折和痛苦而企图放弃生命，于是便造成了新的他人与社会的痛苦。当然，也有许多人因为有足够的生存智慧，能够正面地应对人生的挫折与痛苦，且巧妙地化解之，并因此超脱了挫折与痛苦而获得人生的幸福。可见，我们的确需要某种观念与行动，来越过人生挫折、避免人生痛苦，以获得人生的幸福。毕竟我们是人，是万物之灵，我们来到这个世界上，并不只是为了体验挫折与痛苦，而是为了得到人生的幸福与快乐。

### 一、人生过程中的实相：磨难

放眼观察世上之人，可以说，不遭遇磨难者是没有的，关键在于我们如何对待。人不应该被生活环境所征服，必须要想方设法去找到生活的意义。

我们细心观察，会发现许多人的通病是不认同自己面对的人生实相，总是抱怨命运不公。其实，人生磨难有两种情况：一是出于外在的不可抗拒的自然原因，如战争带来的苦难，地震中或其他自然灾害中亲人遇难、自己残疾，偶受风寒而患重病，等等。既然这些都是我们无法改变的，那么就应该改变我们的心态，要勇敢地承受下来，坚强地应对；而且，我们一定要认识到即使是磨难中的生活亦有其意义：让我们成长、让我们吃一堑长一智。我们虽然失去了很多，但是仍然可以自由选择对待生活的态度。另一种人生的磨难却起于自我的主观原因，如醉酒驾车出了车祸；不健康的生活习惯导致的疾病；言行欠妥使人际的关系紧张；贪心导致的犯罪；等等。这些都是我们经过努力可以改变的，那我们就一定要努力改变自己各个方面的问题。人在面对生活中的任何处境时，都不应当退让，人有超越各种艰难环境的能力。人类生存的基本动力就在于了解自己为什么做这些事、怎样做、做这些事的意义与价值何在。坚持下去，就能战胜艰苦环境，找到自己的生活顺境与幸福。

我们不应该总是问自己能从生活过程中获得什么（金钱、名利、美貌、权势等），而应该了解生活（家人、社会）对自己有什么期待，因为自己才是被生活追问的人。每个人都应该为自己的选择负责，生存中没有人能够代替你活，所有的人生状况都必须自我承担！只有自己可以给自己的生活以答案，旁人无法代替自己作出生活的决定。

所以，我们要尽量了解自己的个性、兴趣、处事风格，进而可以通过各种有效方式发掘自己的潜能。通过反向思考，勇于面对，找到处于磨难中的理由与希望，而非总是想到自己受到了不公。认识清楚自己不再是无助的受害者，自己可以选择不受伤害，或将伤害减至最低，或选择正面的积极态度，进而寻求突破之途，战胜环境。我们要明白一个道理：生活本来就是一种磨难，如果没有了自信，没有改变的行动，那就成了苦难了。所以，我们不要盲目地怨恨别人待我们不好，也不要怨恨环境如何不理想，最重要的是：我们自己要能够从改变自己开始来适应环境、改变环境、创造好的环境，而不要自己在环境里沉沦、迷失了自己。

**二、如何接受并转化生活中的磨难**

其实，我们可以来比较一下每个人的生活状态。取一张白纸，标志出从懂事起到现在的人生年份，然后用笔描绘出生活历程的曲线：有幸福与快乐的高潮，也有困难与痛苦的低潮。实际上，人生在世，生活状态有起有伏，表现在人生之路上就有高潮有低潮，有幸福也有痛苦，而且人们总是避免不了挫折与逆境。我们每一个人都可以互相分享一下各自的遭遇与看法。

面对挫折与痛苦构成的磨难，我们必须明白：首先，人生状态相对性存在，人生性质在比较中才能掌握。自己感觉特别难受以至无法接受的人生苦难也许远不如其他人所经历的痛苦；所以，在比较的视野下，我们对自己现在承受的人生之痛是可以接受的。其次，人生状态是起伏不定的，所以，顺境与逆境、幸福与痛苦、快乐与难受都是在改变过程当中的，当我们陷入人生低潮时，一定要坚信必会有人生高潮在等着我们。再次，人生走过必然会留下点什么，而无论是正面或负面的人生实存，都是我们生活中宝贵的经验。让我们吸取这些经验，避免将来的人生挫折。一切都会过去，一切都将过去，一切都是一种体验，"人生在世就是一种修炼"，所以挫折与痛苦应当成为我们的一种经历。其实，痛苦总是会过去的，这是人们宝贵的人生经历，不要在乎昨日的痛苦，让我们好好地想想让今天更有质量的生活。

这三点其实就是我们每一个活着的人在生活中应该接受的挫折教育、苦难教育，以达到增强抗压能力、勇敢面对人生的目的，这值得我们每一个人深思、体验和贯之以生活实践。因此，我们必须认识到挫折的双重性：既有好的一面，也有坏的一面。也就是说，挫折使我们的人生遭遇困难，使我们身心饱受煎熬，这自然是坏事；但是挫折又能使我们受到历练，积累经验，增长才干，提升生活品质，这说明挫折又是好事。关键在于我们如何使坏事变成好事。所以，我们在生活中一定要有希望，正像《隐形的翅膀》歌词中所唱的："每一次，都在徘徊孤单中坚强；每一次，就算很受伤也不闪泪光。我知道，我一直有双隐形的翅膀，带我飞，飞过绝望。不去想，他们拥有美丽的太阳；我看见，每天的夕阳也会有变化，我知道，我一直有双隐形的翅膀，带我飞，给我希望。我终于看到，所有梦想都开花，追逐的年轻，歌声多嘹亮。我终于翱翔，用心凝望不害怕，哪里会有风就飞多远吧。"而且我们的人生历程里要勇于承担，犹如歌曲《阳光总在风雨后》所唱的："人生路上甜苦和喜忧，愿与你分担所有。难免曾经跌倒和等候，要勇敢地抬头。谁愿常躲在避风的港口，宁有波涛汹涌的自由。愿是你心中灯塔的守候，在迷雾中让你看透。阳光总在风雨后，乌云上有晴空，珍惜所有的感动，每一份希望在你手中。阳光总在风雨后，请相信有彩虹，风风雨雨都接受，我一直会在你的左右。"

因此，人生的真谛就是"痛并快乐着"：我们要接受其中的挫折和磨难，并把它们作为生活的组成部分，这些都是生活的体验，是生活历程的插曲，是人生之路必遇环节。

**三、珍惜生活，迎接人生挑战**

每个人能来到这个世界上本身就是一个偶然，而生命只有一次，时间是一维地单向地流逝，珍惜时间就是珍惜我们的生活。同时，生活又是一条单行道，生活也永远不会是一帆风顺的。在生活的旅程中，我们总会遇到各种各样的荆棘和挫折，跨过了，前面的道路是光明和宽广的；跨不过，我们将停滞不前或者生活就到此终结。我们既然到世上走了一遭，就得珍惜生活的价值。在某种意义上说，生要比死更难，死，只需要一时的勇气；生，却需要一世的胆识。

在人生过程中，我们特别要培养自己转化挫折（逆境）的智慧和能力，来克服、超越磨难，以获得幸福与快乐的人生。一般而言，面对挫折，有三种不同的态度，形成了三类人：一类是逃避者，他们特别害怕人生挫折，面对生活的挑战裹足不前。可是，生活已遇挫折，害怕又能怎样？勇敢面对才是好的态度、好的对策。第二类人是半途而废者，他们开始时能够面对生活的挫折，也有一些信心，但半途即驻足不前。可是，我们已经经历了生活的挫折，何不咬咬牙，坚持着越过挫折，到达人生的坦途呢？第三类人是"登峰者"。他们勇敢地接受生活挫折的挑战，为了超越而超越，即使到达山顶，仍然继续寻找更高处，直至越过生活的挫折，寻找到幸福的人生。

美国前总统罗斯福就有一种卓越的"苦难智慧"：有一次他遭遇到偷窃，失去了许多财物。在通常的情况下，许多人非常痛苦。一位朋友闻讯后，忙写信安慰他，劝他不必太在意。罗斯福给朋友写了一封回信："亲爱的朋友，谢谢你来信安慰我，我现在很平安。感谢上帝：1. 他只偷走财物，没有伤害我的身体。2. 他只偷走部分财物，没有偷走全部。3. 幸运的是，当小偷的是他，不是我。"我们可以从中学到许多面对挫折与痛苦来平衡心态的方法。也就是说，生活中的痛，也许可以成为我们哭泣的理由，成为软弱的理由，成为休憩的理由，但绝不能成为放弃的理由。

总之，我们要勇敢面对生活中的磨难。经历挫折与痛苦是我们人生之旅的必然过程；没有经历挫折与痛苦的挑战，我们将无法获得及充分体验人生的幸福与快乐。其实，所有的挫折与痛苦都是我们身、心、灵成长的不可或缺的机会。

【建议参考资料】

1. 刘次林. 幸福教育论［M］. 北京：人民教育出版社，2003.
2. 刘慧. 生命德育论［M］. 北京：人民教育出版社，2005.
3. 唐汉卫，张茂聪. 中外道德教育经典案例评析［M］. 济南：山东人民出版社，2005.
4. 钱穆. 人生十论［M］. 南宁：广西师范大学出版社，2004.
5. 陈金华. 伦理学与现实生活——应用伦理学引论［M］. 上海：复旦大学出版社，2006.
6. 傅佩荣. 生命重心在何处［M］. 南昌：江西教育出版社，2007.
7. 莫洛亚，弗罗姆. 人生五大问题［M］. 亚伯拉，译. 上海：上海三联书店，2008.
8. 傅佩荣. 哲学与人生［M］. 北京：东方出版社，2006.
9. 傅佩荣. 西方哲学与人生（第一卷）［M］. 上海：上海三联书店，2007.

【问题与思考】

1. 何谓生活？生活与生命的关系是什么？
2. 我们如何在不同的人生时段走好自我的生活之路？应该做哪些人生的规划？
3. 人生道路上我们怎样确立生活追求？又如何去获得幸福与快乐？
4. 生活的真谛是什么？我们如何在获得生活真谛的前提下安顿人生？
5. 何谓挫折？何谓痛苦？人生的磨难要如何超越？
6. 试回答应该从哪几个方面努力，来获得人生中最大的生活意义。

# 第四章　建构生命的价值

【本章提要】

在谈完生活的意义之后,自然应该谈到生命问题。现代人常常处于人生的困顿之中,建构生命的价值已成为现代中国人急需解决的重大问题。本章拟从生命教育的视野来探讨人类生命的构成,探讨其独特性、意义与价值,笔者认为:动物是一种本能的生命,而人类则是一种自觉的生命,其除了实体性生理生命之外,还包括血缘性亲缘生命、人际性社会生命和超越性精神生命,各层面的生命都有其不同的性质及展开内容,亦因此,人类生命的价值也是多重的。

【学习重点】

1. 区分一般的生命与人类生命的本质不同。
2. 学会在多重生命的基础上展开自我的人生之路,以获得最大的生命价值。

【重要术语】

生命教育　生命观　血缘性亲缘生命　人生意义与价值　生命的神圣性
人际性社会生命　本能的生命　自觉的生命　大同世界　超越性精神生命
"形"与"神"　精神世界　有死性　超越死亡　创新

在探究了生活的意义之后,我们就应该谈到有关"生命"的问题了。但此生命不是指一般的生命,更非动物的生命,而是"人"的生命。一般而言,人之生命除了生理性实体生命之外,还可以分出血缘性亲缘生命、人际性社会生命和超越性精神生命。所以,对人类生命之构成,其独特性、意义与价值等的正确理解,是生命教育开展的基础问题。

## 第一节　人类生命的独特意义

世人皆有人生,显现为生命的存活过程,可对自我生命真正理解并能很好地把握者实在是不多。这不仅仅是因为生命本真异常复杂而导致的不易于认识;更源于人们对自我生命的熟视无睹,不会去深思,诚所谓"不识庐山真面目,只缘身在此山中"。

《辞海》关于"生命"的阐释是这样的:"由高分子的核酸、蛋白体和其他物质组成的生物体所具有的特有现象。能利用外界的物质形成自己的身体和繁殖后代，按照遗传的特点生长、发育、运动，在环境变化时常表现出适应环境的能力。"[1] 这种抽象的概括当然适用于所有的生命体，是对生命的生物学定义，但人的生命应该说与其他生命体既有相同之处，更有其相异的地方。也就是说，人之生命在孕育、出生、长成、终老等各个环节皆是在社会的环境里，而其他的生命体都是在自然的环境中。所以，人之生理性生命就绝非一般的生理性生命，而显现为血缘性亲缘生命，其禀赋的是社会性的血缘亲缘关系。人之生命与其他生命体即便在生理的层面上也有本质不同，这应该是我们认识人之生命本真的出发点与方法论原则。

常有人认为，人之生命可分为生理生命、社会生命和精神生命。这种分类是有问题的，从根本上而言，只要是人，就没有纯粹的生理性生命，在这一个层面的生命应该以血缘性亲缘生命名之。因为，任何一人皆出于父母的血缘亲缘关系之中，而父母又出于无限上延的复杂的血缘亲缘关系和社会关系里。千百年的延续，使人们的血缘关系中渗透着浓厚的亲缘关系，二者融为一体，已不分彼此了。所以，我们在讨论人的生命时，一定要把人之生理性生命提升至血缘性亲缘生命的层面来理解，也就是说，人之生理性生命也内含有社会生命，这样，才能更好地理解人之生命的独特性，及其派生出的意义与价值。

不过，我们每个人从"无"中获得生理性的生命根本不需作出特别的努力，因为自我的生命是他人——父母——给予的，个人只是被动地接受了生命。故而，我们常可听见发脾气的孩子对着父母大叫："我又没有要你们生我！"也有些人，碰到人生的不如意、悲伤痛苦之事，便怨天怨地怨父母，极后悔出世为人，口头语是"我不活了"。人就是这样，凡是很容易获得的东西，就特别不珍惜；而血缘性亲缘生命便是这样，似乎无需自我的刻意求取和付出，便自然而然地得到了，人们也就常常忽视其存在的重要性。

另一种情况是：在现代社会，许多人在人生过程中，都以生活的感受为最重要，跟着感觉走，对生命有时完全不在乎。生活中的感觉好，则觉得生命很珍贵；生活中的感觉很差，则轻贱生命，甚至觉得生不如死。当一个人对自我的生命都抱持无所谓的态度，则其人生一定会出大问题。

一般而言，人之血缘性亲缘生命显现给我们的本真是——生、老、病、死。生命是脆弱的，偶然的意外、疾病、衰老都有可能毁灭生命。所以，人之血缘性亲缘生命方面最大的人生课题是什么呢？应该是如何更健康地成长和无痛而逝。一个人一生中皆充斥着这样或那样的病痛，其人生一定毫无乐趣可言；一个人一生都弱不禁风，体质很差，则其人生也很难获得大的成功（当然也有个别的例

---

[1] 夏征农. 辞海 [M]. 上海：上海辞书出版社，1999：2085.

外）；一个人若在临终时非常痛苦，则其人生也难趋圆满。健康的生命是我们每个人展开自我人生之路的基础，是我们能够品尝人生幸福的前提。有一条人生的金律告诉我们：身体健康是"1"，而后面所有的金钱、财富、美色、享受等都是"0"。一定要有前面的"1"，后面的"0"才是有意义的；若无身体健康的"1"，后面一切人们渴望的东西都不过是一些"0"而已，对人而言是毫无意义的。

此外，我们还要明白一个道理：人生不可能拥有一切，人死也不等于什么都没有了。人们生儿育女，子女的血缘性亲缘生命就是父母的血缘性亲缘生命在世界上的延续，长辈的基因和形象将因此而永久地保留在世代相传的子女身上，长辈的观念、精神也将长久地留在晚辈们的记忆之中，这也即是对死亡的一种存在意义上的超越。

所以，一切人生意义与价值的获得，都必须以血缘性亲缘生命的存在为基础；一切人生的努力与奋斗，皆要以血缘性亲缘生命的存在为前提。树立一种好的生死观，其前提是要对生理性生命的存在有一种真正的珍惜态度。而要做到这一点，就必须深刻地认识生命演化的漫长历史，明白从个我的狭义生命来看，我们都是父母一次偶然的交欢产生的；但从广义的视野来看，则是宇宙地球约三十五亿年演化的结果。我们必须跃出个我生命的范围，去想象一下那从无机物到有机物演化的漫长年代，从低等动物进化到高等动物的艰难历程；特别是，从灵长类动物到人类诞生的曲折困顿。

从生命创生的过程中，人类应该知晓：人之血缘亲缘生命是宇宙长期演化的结果，是天地之"精华"，因此，人们必须对生命抱持敬畏之心。从生物学的角度而言，人类的生殖属于有性生殖，每一个人的生命皆源于父母基因的混合与重组。在人类的生殖细胞中，含有23条染色体，内包含着3至5万个不同的基因；卵子与精子结合的过程中，数万个基因在重组，绝无重复，绝无相同。即便是同卵双生，因其后天成长的社会环境不可能完全一样，也显示出独特性。因此，就人类有性繁殖并生存于社会而言，每一个个体生命都是独一无二、不可再现和无可替代的。人的生命内核应该是上接之于"天"、下接之于"地"的，是自然大化精华的凝聚。正因为如此，人的生命才先验性地具备了神圣性。对这样的生命个体，我们难道不应该万分珍惜吗？对人而言，生命只有一次，因此，惜命、爱命，乃至保命是人之本性。人既不能完全沉浸在过去当中，也不能太贪恋未来，要尊重自己当下的生活和生命，激发自己最真实、最强大的生命力。

前已说过，人生包括生命与生活，对生命我们无法选择；而对生活，我们却可以做主，选择我们想要的生活。但人生在世，一定要为自己的生活负责，要清楚自己想要的和不想要的生活究竟是什么，并珍惜生命，感恩生活。而珍惜生命最应做的就是使自己的每一天充实起来，这样生命才有意义，才有它的长度与宽度。所以，生命享受着生活的欢乐，当然就必须承载生活的苦难。我们如果做不了生活的强者，就但愿能做生活的追随者、快乐者。

## 第二节 本能的生命与自觉的生命

一般而言，动物的生命可以说是一种本能的生命，而人类的生命则是一种"类"（社会）的自觉的生命。动物依靠肉体产生的盲目的欲求而活动；人则可以自知肉体的欲望且进行一种主体意识的把握，从而使这些盲目的欲望成为可控制、可规范和可改变的，人的种种行为是一种精神与意识支配下的活动。

所以，人之生命之所以称为人的生命，其关键就在人生活于社会之中，与社会其他人和组织结成复杂的关系，其生命必然打上社会的烙印，这即所谓"人际性社会生命"；反之，一个完全脱离了社会的人，将不能称其为"人"。如所谓"狼孩"，也是母亲十月怀胎而生，却自婴儿起便脱离社会，被狼叼走并哺育。其结果是：他们在生理上还是与正常的"人"无异；可其全部生存模式却是"狼"。这个例子生动地说明了，"社会"是人生不可或缺的环境与基础，人之人际性社会生命是自我生命性质中极重要的有机组成部分。

生命的自然特征是一定要与外界进行物质和能量的交换才能生存。人生在世，除了要摄取、消化、吸收、排泄物质以维持生理性血缘生命存活与成长外，还要与社会各方面的人交换信息、意见、思想、观念、感情等，以维持人际性社会生命的存活与成长。有许多人，以为拥有了电脑的信息世界就有了一切，沉溺于其中而不能自拔，置血缘性亲缘生命和人际性社会生命皆不顾，这种人生模式当然是有问题的。也有一些人，只是埋头赚钱以维生，甚至不惜与亲人、朋友、社会各界人士产生剧烈的摩擦，这种置人际性社会生命于不顾的模式，也不是一种好的人生模式。再有一种人，只看重自己在社会关系中的地位及他人眼中的形象，而置自我的生存状态于不顾，即便伤身害体也在所不惜，比如，为了交朋友、获得某种利益而不惜酗酒等，这是只重人际性社会生命而忘记了血缘性亲缘生命的重要性，也不是一种好的人生模式。

此外，人之生命繁殖过程中所具有的自我复制和变异的现象也启示我们：当我们在获得生命遗传以成其为人的生命的同时，我们也接受了社会文化的遗产。无论我们是自愿还是不自愿、自觉还是不自觉，我们生于父与母的关系之中，也一定都是在既有的社会文化与文明的氛围中成长的。而生命的变异现象在人的身上，绝不仅仅意味着子辈与父辈在生理性实体生命和血缘性亲缘生命上的差异性，更要求我们在继承原有文化与文明传统的基础上，充分展示我们的社会创造力，为人类社会的发展、文明的进步增添一些新的东西，让下一辈人能够生活得更好，这既是我们每一个人所肩负的社会责任问题，也是生命进化的内在要求。有许多人与社会格格不入，拒绝社会文化与文明的熏陶，过着一种粗野的、不文明和孤独的生活，这种人生模式是有问题的；反之，也有一些人只想享受现有的社会文化与文明的成果，放弃自我创新的能力，不努力地去增加一些什么，没有丝毫的社会责任感，这也是有问题的人生模式。

我们每一个人都应该立于终极的意义来看待生命、生活与人生，必须意识到：人之生命是源于天地自然的，这可以说是人类生命性质之相同的方面；但生命表现于每一个人的生活上，则又有不同的显现，这可以说是人之生命相异的方面。这是因为，我们每一个人出生在特定的家庭，生活在特别的区域，隶属于某个民族与国家，承受着不同的文化与文明的传统。所以，一定的人际性社会生命构成了我们生活的差异性。一个人如果能很好地理解这一点，一方面去努力追求生活的多姿多彩、交朋结友的多样化，得到生活的幸福与快乐；另一方面，又要在观念上去超越千差万别的现实生活，努力地在生命的源头上与天下人之生命相沟通，克服生活的差异性，从而在现实人生中不去汲汲于个我一己之私的得失，不时时刻刻忙于种种的区分，也不成日里挖空心思地去你争我夺，这就达到了一个较好的生存状态，显现出了生命本源的同一性。

如果人们还能从这一层面再进一步，真正从心灵上体验到生命源头的"一"，那么，人们还能达到视天下国家亲如一家，天下之人亲如一人的所谓"大同世界"，这是中国古代贤哲所欲实现的最高的社会理念。达此境界，人的心胸一定无比宽阔，人格无比崇高，待人接物无比慈爱，这可以说进到了人之生命存在的最高层次了。但是，必须指出的是，这种境界对世间大多数人而言，都显得高不可攀。因为人都生活在世俗社会里，受着当下此在的生活时空的局限，眼光多看到现在具体的东西，而根本不能或不想去领会那抽象和玄远之物，更不愿将自己的生活系于一种似乎是虚幻的观念之上。所以，现实中的许多人都无法掌握生命本源的"一"，而更多的是完全执著于生活现实中的"异"。

所以，我们应该从更深的层面去寻找生命的意义。一般而言，人们总是在寻找生命的意义，总是困惑生命到底为了什么？其实很简单：生命的意义在于活着，生命的价值就是活得更好。人们经常是在面对人生大痛苦、产生无奈或厌倦的时候，才突然想到死亡的结局；而由死观生，人们才惊讶地发现——生命是多么美好，那些苦、那些痛、那些不顺又算得了什么？生命的意义仅仅是在当下生活感受过程的一种内在体验，意义只能是一种过程，而非结果。当人们有了这样的体验的时候，就会发现生命，无论何苦、何欢、何惧、何喜……都只是意义的呈现。

可见，人之生命存在就意味着责任，其"生"也有责任，其"去"也有责任。如果说，人之生理性实体生命和血缘性亲缘生命的最大课题是健康成长，那么，人之人际性社会生命的最大课题则是如何实现和谐幸福。一个人只有与亲人、他人、组织、国家，以及宇宙自然和谐相处了，人生才能顺畅，并获得幸福的感受。反之，人们若总是与这个人有摩擦，与那个人不能相处，看不惯这瞧不上那，则一定活得很累、很难，甚至活得没有意思。我们当然要避免这样的人生状态，维持一种好的生命存在的模式。

## 第三节　超越性精神生命的价值

当人类从动物界蜕变出来时，其生命已发生了质的变化：在血缘性亲缘生命和人际性社会生命之内，还凝聚出超越性精神生命。动物也许有某种记忆能力或某种刺激性反应，甚至可以有组合联系对象的能力；但人类的超越性精神生命则不同，其内核是精神、意识、思维，能对客观事物进行价值判断，是一种研究、分析、反省、思考对象的智慧，是一种情感、心理的综合体，也是人类文化与文明的承载体。所以，动物是一种本能的生命，而人类则是一种自觉的生命。但必须指出的是，人的超越性精神生命是不能单独存在的，他必须以生理性实体生命与血缘性亲缘生命为基础，以人际性社会生命为背景，在这样一种特定的环境中才能发育、成长和成熟起来。

在中国古代贤哲看来，人是"形"与"神"的合一，也就是说，人可分为肉体之"形"与心识之"神"。"形"是"神"产生之基，没有人的肉身，哪有人的精神？而"神"是"形"之显，没有人的精神，人之肉身便流于动物性生存了。可见，人是"形"与"神"的统一。但是，既然如此，为何每个具体的人又会表现出不同的生命特质、呈现出不一样的人生之路呢？从人之"形"的方面是很难解释的，恰恰是人之"神"——观念、意识、思维方式、文化素养等方面的不同造成了人与人生命存在方式和人生道路的不一样。所以，超越性精神生命是人区别于动物乃至一切生命体的本质之所在，他使人类创造出生产工具和科学技术，从而大大提高了改造自然以为己用的水平，获得了不断提升的生活水准。

我们必须看到，人之超越性精神生命同时也是一个"活体"，它有自身发展的独特性，它在自然的世界之外或之上，创造出一个崭新的精神世界，表现为艺术、音乐、绘画、文学、人文社会科学，当然还有信息网络世界等。正如人类创造越来越丰富的物质产品以满足生理性生命所需一样，人类创造的精神产品则是为满足人际性社会生命和超越性精神生命之所需。二者的互动，使人类生存与发展的品质得到不断的提升。

虽然物质的世界从存在来看具有无穷性，但其相对于有限的个体生命而言，则是有限的；而精神的世界无论就其整体而言还是就个体生命的拥有来看，皆是一种无限和无穷，因而表现为一种普遍性和超越性。人之生理性生命是在一维的物理时间中流逝，永不可复返；而人之超越性精神生命则可前后左右上下，在所谓"六合"中自由往返，人之想象的空间是无限的也是无穷的。人类因有生理性血缘生命,所以要不断地想办法生产大量的物质产品以为己用;人类又有超越性精神生命,所以也要尽可能地生产出大量的文化产品以为己用。文化的积累就是历史文明,这是人类最重要的精神产品之一。

人的精神之所以也成为一种"生命",是因为其与生理性实体生命一样,也是一个自组织系统,亦有摄取、吸收、消化、排泄的功能。当然,与生理性实体生命摄取物质予以加工不同,人的超越性精神生命摄取的是整个人类所创造的文化与历史传统等精神物,产出的则是人之超越性精神生命的固化物——思想、观念、道德等,并外化为科学、艺术、文学、哲学等精神产品。前者可以支配、控制人之生理性实体生命的成长;后者则直接推动整个人类和世界日新月异的发展。所以,生理性实体生命往往是个我的,摄取、吸收、消化、排泄物质都是个体生命的行为,而个我占有并消费了的物质别的个体将无法获得。而超越性精神生命则不一样,它是在一个人际性社会生命的环境下实现的,所以,其从产生伊始便是普遍性的:人之超越性精神生命的创生得益于整个人类文化与文明的滋养;其内涵也是普遍性的,也就是说,人之超越性精神生命的成长亦是在对普遍性知识的学习中实现的。超越性精神生命的"消费"与人之生理性实体生命和血缘性亲缘生命"消费"的实现,皆只能在人际性社会生命的过程之中,四重生命相配合,让人的身、心、灵都得到充实、滋养和成长。所以,在人之一生中,对人类社会的风俗、知识、文化等的学习、模仿和内在固化,是其超越性精神生命成长的必须,是人之为人最重要的前提之一。由此,终生学习成为人生四重生命协调发展必不可少的基础,也是获得人生幸福的必备条件。

人类生命的珍贵性正在于其具有社会与超越性精神生命的维度。如果仅仅从人之肉身来看,其价值还真的很低。有科学家对"人"进行了科学的解析,发现人体不过就是由水、氮、钙、盐等一些常见的化学成分组成。为了解人体的物质价值究竟有多大,一些化学家对人体进行了解剖和精密的分析,发现:以一个中等身材的男子为例,人体内的所有脂肪大概能做 7 块肥皂;人身体内的铁能做一枚中型的铁钉;人体内的糖分如果全部提炼出来的话,能够溶进 7 杯咖啡里,味道恰好;人体内的钙拿出来能制成洗干净一个鸡笼的石灰;人体内的磷提炼出来能制成 2 200 枚火柴;人体还能够提炼出一勺的镁盐、破爆一架玩具起重机的钾碱,还能够提炼出为一只狗除虱的硫磺……这就是人体的价值,总值不到 98 美分。

这样一种冷酷理性的对人体价值的计算,也许并不很科学,但我们难道不能从中获得一些人生的启迪吗?人之生命的价值,是不能从肉身中体现出来的,人成为万物之灵、成为世界上最有价值的动物,根本在其血缘性亲缘生命、人际性社会生命与超越性精神生命。"亲缘"、"社会"与"精神"才是自然界最高的产物,是宇宙大化赐给人最好的"礼物"。可见,在我们的一生中,努力使己之血缘性亲缘生命、人际性社会生命和超越性精神生命成长是非常重要的。这就要用人类历史上一切文明的成果来滋养我们的精神世界，努力学习各种知识，包括科学、艺术、文学、哲学、道德等；同时要提高自我的思维能力、学习的能力、创新的能力、交往的能力和处理复杂问题的能力。只有从这些方面入手，才能使我们的血缘性亲缘生命、人际性社会生命和超越性精神生命不断充实，生活不断丰富，从而让我们的人生品质得到极大的提升。

在人的超越性精神生命中，我们尤其要注意一种特质：人具有自知自我的"有死性"并追求超越死亡。凡在地球上产生的生命体，无不都在生生死死之无穷的系列之中。植物的生死处于一种无知无觉的状态；动物之生之死虽可能有"觉"，但不能自"知"；唯人不仅自知自我的"有死性"，还会特别地采取种种保健的（医药、体育等）、文化的（巫术、宗教、哲学等）方式来延迟死亡的降临或企求永生不死。有许多人刻意去不思死，放弃人类的精神意识这种最重要的特性之一，这是非常错误的做法。其实，人类的死亡意识是社会发展的主要动力之一。人类社会发展的历史，从某种意义上说，就是人们"求生抗死"的过程；在漫长的历史中，人类经过无数的观念探险和无数失败的实践活动，的确也寻找到了一条从精神上超越死亡的途径。所以，生命的目标是要实现超越死亡，而不是一味沉浸于此时此刻的生活感觉中。生命是一条长河，永远向前奔流不息，生活只是其中的一个个片断。要坚信，没有过不去的坎，风风雨雨之后，彩虹炯然。生活经历的坎坷丰富了生命的内涵，延长了人生的时光，迟滞了死亡的降临。

人无法触摸死亡，但却可以讨论死亡。有人说：人活着就是为了死，人生苦短，譬如朝露，既然如此，人又为何要苦苦奋斗呢？反正都是个"死"，何必努力？所以，从人际性社会生命与超越性精神生命的普遍性品格出发，人们无不渴盼永恒性的存在；但人的现实生理性生活却又是有限的、有死的，而且死亡降临得相当之快。这一人生的深刻矛盾如何化解呢？我们每一个人在自我之人生过程中，在充分地享受现代化带来的一切舒适的同时，必须从意识上"先行到死"，从而认识到人生是短暂的，一切的物质享受也都是有限的。于是，我们就可以从埋首于现实生活中超拔出来，可以去沉思生命真正的意义与价值是什么的问题，特别是能够去体认人际性社会生命与超越性精神生命存在的真实含义。

一般而言，一个没有超越死亡的追求者，在现实生活中非常易于陷入无所事事、无所用心、俗不可耐、斤斤计较的状态。所以，我们应该在现实生活中从个我化生存迈向普遍化的超越性精神生命与人际性社会生命的存在，才能最终实现超越死亡，使自我之生死品质得到提升，获得生与死的幸福和安宁。如果说，人的生理性实体生命和血缘性亲缘生命所欲达到的最高目标是"健康成长"，人之人际性社会生命所应实现的是"和谐幸福"；那么，人之超越性精神生命所应树立的目标又是什么呢？应该是"丰富创新"。"丰富"是指人的超越性精神生命要不断地充实养分，学习人类一切的优秀文化，继承一切文明的传统，使我们的超越性精神生命无穷无尽的特质发挥得淋漓尽致。而这种精神世界的丰富化，正是为了实现人们的创新性品格。人们也只有依靠超越性精神生命生产出许许多多的创新之物，才能通过精神物可以永存的特性来超越死亡而达到生命的不朽。

所以，超越性精神生命的本质就是人的本质，其表现为：永不止息的探索；永无满足的创新；追求不朽的生命。

**【建议参考资料】**

1. 刘铁芳. 生命与教化：现代性道德教化问题审理［M］. 长沙：湖南大学出版社，2004.
2. 刘易斋. 生命管理学初探：生命教育的思想与实践［M］. 台北：普林斯顿国际有限公司，2003.
3. 王士锋，钮则诚，庄耀辉. 生命教育与管理：生命关怀与生活伦理的整合［M］. 台北：水星文化事业有限公司，2001.
4. 刘明德，王心慈. 生死教育：生命总会找到出路［M］. 台北：扬智文化事业股份有限公司，2003.
5. 吴庶深，黄丽花. 生命教育概论——实用的教学方案［M］. 台北：学富文化事业有限公司，2003.
6. 郭静晃. 生命教育［M］. 台北：扬智文化事业股份有限公司，2002.
7. 钮则诚. 生命教育——学理与体验［M］. 台北：扬智文化事业股份有限公司，2004.
8. 周国平. 尼采：在世纪的转折点上［M］. 南京：译林出版社，2012.
9. 周国平. 幸福的悖论［M］. 北京：作家出版社，2006.
10. 周国平. 善良 幸福 高贵［M］. 合肥：黄山书社，2007.
11. 周国平. 人与永恒［M］. 太原：北岳文艺出版社，2006.

**【问题与思考】**

1. 试说明一般的生命、动物的生命与人类的生命究竟有何相同与不同之处。
2. 试从血缘亲缘生命与人际社会生命成长的角度来确立自我的人生之道。
3. 人类超越性精神生命的构成要素是什么？其特性又是什么？我们如何促进超越性精神生命的健康成长？
4. 试从人类生命成长的立体性、多维性出发，来拟定自己的人生发展规划。

# 第五章　提升人生的品质

**【本章提要】**

前面几章已谈到生活与生命的问题，这一章将主要阐述生活与生命二者和合而成的人生问题。现代人常常处于人生的困顿之中，获得人生的幸福与快乐已成为现代中国人急需解决的重大问题。本章将从中国传统人生智慧出发，提出我们应该区分幸福与快乐的不同、"生活品质"与"生命品质"的不同，我们要从生活快乐的有限之中去寻求生命幸福的无限，亦即在有限的人生中去追求生命的永恒，从而获得生命的幸福、生活的快乐和人生的成功。

**【学习重点】**

1. 正确区分人生中生命层面与生活层面的不同。
2. 了解生命是追求幸福，生活是追求快乐的，不能因追求生活的快乐而丧失生命的幸福。
3. 把握完整健康的人生，应以生命中的幸福所求去规范生活中的快乐所求。

**【重要术语】**

生命与生活　世俗化人生目的　个人主体本位　社会本位　伦理本位　"志"　富与贵　"为富"与"求仁"　生活快乐　生命幸福　人生品质　生活品质　生命品质

人生包括生命与生活两个层面，幸福是从生命的层面而言的，快乐则是从生活的层面来确定的。所以，人生品质的提升，也就是要在生命的层面来获得幸福、生活的层面要获得快乐。一般而言，生活的快乐与世俗的成功有关，即我们获得了多少外在的诸如金钱、权力、地位、美誉、美色等，这可以带来生活的愉悦感和意义感；而生命的幸福则一般与精神与心理上的感觉有关，指的是我们内心对生活及生命存在状态是否满意的评判，带来的是生命有价值的感觉。人与动物不同的根本点在于，其总在追寻生活快乐与生命的幸福，并在人生中努力实现之。

## 第一节　问题的提出：生活与生命的困顿

我们是在生存还是在生活？这是首先要弄清楚的问题。有许多人以为他是在生活，可其实，他不过只在生存而已。生存是生命体的存在，一切生命体都在生存，唯人才将生存提升到了生活。生存是纯生理欲望支配下的活动，具有盲目性、随意性、冲动性、不可抑制性；而生活则是在生理性欲望的基础上，掺入了人之精神与意识、文明与文化，所以，生活具有规范性、有序性、传承性和安排性。一般而言，人们对生活快乐与生命幸福的追寻往往集中在一个问题上：人为什么而活着？即人生的目的到底是什么？在不同的年代、不同的人那里对这一问题会有不同的解答，而现代人在此却常常陷入了"困惑"的境地，因为，人们越来越多地关注自身当下或此刻的生活感觉，感觉好，则一切都行；而只要感觉不好，就开始怀疑人生的意义。遗憾的是，现代人常常处于感觉不好的状态，于是就陷入了人生的"烦"、"苦"、"郁闷"、"无聊"、"纠结"，甚至伤害起生命存在本身来。人生目的的错位使人们生活快乐和生命幸福流失，最终使得是否值得活下去都成了问题。

世界卫生组织北京心理危机研究与干预中心执行主任费立鹏博士指出："美国、加拿大现在人口的自杀率是十万分之十一到十二，而中国国内人口的自杀率为十万分之二十三，是这些大国的两倍。""根据我们的推算，（中国）每年有28.7万人自杀死亡。至于自杀未遂的数字，卫生部有一个报告，是200万。但按世界卫生组织的推算，自杀未遂的人数起码是自杀死亡人数的十倍，按自杀的人数来推算，应为280万。"[①] 另据新加坡《联合早报》2009年4月18日的文章报道："一项最新发表的全球性医学研究指出，世界各地每年估计有100万人自杀，其中30%来自中国。"自杀者具体原因有很多，但最根本的则都是因为生活没有意义，生命幸福趋于无而引发的，由此可见问题的严重性了。选择自杀者以为死了就不必再面对一切痛苦与烦恼，死了就都了了；可是谁能证明死去的人比活着的人更快乐更幸福？他们有死的勇气，而生的勇气却丧失了。他们也许是死的"勇士"，但却是生的"懦夫"。一般来讲，自杀者既是"轻生"——轻蔑生命、放弃生命；又是"重生"——视生活感觉高于生命乃至一切。既"重生"又"轻生"的自杀者没有想明白一个问题：没有活的过程，又何来活的意义？

不过，现代社会自杀这种"死法"的深层根源，必须从"生"中去寻找。现代人生活快乐与生命幸福难觅的状态实起源于人们对越来越世俗化的人生目的的追求，可以说，以市场经济为主导的当今社会，金钱成为了许多人的全部人生追求，物质上的富足与否成为了衡量人们成功的主要标准，这就使现代人之人生目的陷入了"感官化"、"金钱化"、"功利化"和"个我化"。可是，外在的功利、金钱的获取及物质的享受并不完全取决于个人的努力，与人的先天素质与后天机遇相关；这二者是一个永远不可穷尽的过程，外在物质性的获取是一个变

---

① 张星海. 中国人自杀率为何偏高 [N]. 北京科技报，2004－09－24.

量，永无穷尽之时，如果人们把自我的人生目的完全系于其上，则有相当一部分人实现不了，那就必然产生生存性困惑，生活快乐与生命幸福的迷茫，严重者甚至于放弃生命，走向自我毁灭之途。人生不仅有长度，还有宽度，而一个人的人生是否精彩、是否有意义取决于你"生命的面积"。如果一个人的一生都在周而复始地重复某些事情，即使长命百岁又有什么意思呢？可见，寻觅生活快乐与建构生命幸福已成为现代中国人急需解决的重大问题。

## 第二节 "为富"与"求仁"

人是一种知道价值，了解价值的大小，并追求价值最大化的动物，因为价值与意义赋予了人生活与生命的动力。只有找到并实现自我生活的快乐和生命的幸福，人们才可能感受到真正意义上的成功与幸福。

一般而言，价值的判定方式有两种：一是个人主体本位，即由自我主体的内在标准来判定生活是否有意义、生命是否有价值；二是社会本位或伦理本位，即由社会及伦理规定的价值尺度来判定个人生活的快乐与生命幸福的高低。比如，男性比之女性也许更多地是从自我的主体意识来判断价值实现与否，而女性由于自身性别的特征及历史文化的影响，更多地是从社会及他人眼中来判定自我的价值与意义，如"女为悦己者容"等价值的寻觅行为，就是以男性眼光及社会性评价来确立自我的价值追求。如果我们进一步回溯历史，可以发现，传统中国人生活快乐与生命幸福的确立往往是社会及伦理本位的，如儒家提倡的人们最理想的人生之路是"修身齐家治国平天下"："古之欲明德于天下者；先治其国；欲治其国者，先齐其家；欲齐其家者，先修其身；欲修其身者，先正其心；欲正其心者，先诚其意，欲诚其意者，先致其知；致知在格物。物格而后知至，知至而后意诚，意诚而后心正，心正而后身修，身修而后家齐，家齐而后国治，国治而后天下平。"[①] 当这种"修齐治平"能够实现，人们便会感觉到生活有意义，生命也有价值，"修齐治平"成为人们成功与幸福的源泉与标准。"修"（道之修）与"齐"（伦之齐）是伦理本位的人生价值论；"治"（国之治）与"平"（社会之平）是社会政治本位的人生价值论，这种人生追求对消弥个人的私欲，培育社会公德，促进人与人、人与社会的和谐无疑有其意义。但是，这种社会及伦理本位的价值评判标准，忽视了个人的主体性，压抑了人们的物质欲望和感性生活，后来便发展出董仲舒"正其谊不谋其利，明其道不计其功"的"义利之辨"，推崇"义"的价值，而贬低"利"的价值，提倡价值确立上的社会伦理本位，而取消了个人主体本位。不过，这种思想状况亦非绝对的，也有许多思想家致力于"义"与"利"相统一的价值追求。

---

① 夏延章. 四书今译·大学中庸今译［M］. 南昌：江西人民出版社，1996：2.

800多年前的淳熙八年（1181）二月，江西庐山的白鹿洞书院出现了一次"朱陆会讲"，大儒陆象山就试图把"义"与"利"、个人主体本位与社会伦理本位贯通一气、相互协调起来，这对我们今天如何把生活的快乐与生命的幸福、人生成功与价值的确立统一起来有着重大的启迪。

南宋淳熙六年（1179），朱熹知南康军，在繁忙的政事之余，他修复了白鹿洞书院，次年他又亲自订立了书院的规章制度——《白鹿洞书院揭示》，把"正其义，不谋其利；明其道，不计其功"列为"处事之要"。并说："熹窃观古昔圣贤所以教人为学之意，莫非使之讲明义理，以修其身，然后推己及人。非徒欲其务记览，为辞章，以钓声名，取利禄而已也。"在此，朱子《白鹿洞书院揭示》的核心内容是说：人们"为学"的根本在人伦道德的知晓、修养与践履，而不在求取外在的功名利禄，这基本上是推崇伦理本位与社会本位的生命幸福论，而把可以带来生活快乐感的"声名利禄"视为应该抑制的对象。淳熙八年二月，心学大师陆象山及门人来南康拜会知军朱熹，朱子与他们一行同游落星湖，然后请象山登白鹿讲席，"以吐所闻"，"得一言以警学者"。陆象山欣然应允，开讲《论语》中"君子喻于义，小人喻于利"一章，谈的核心问题触及到了人们生活快乐与生命幸福如何协调。其云：

> 此章以义利判君子小人，辞旨晓白，然读之者苟不切己观省，亦恐未能有益也。某平日读此，不无所感：窃谓学者于此，当辨其志。人之所喻由其所习，所习由其所志。志乎义，则所习者必在于义，所习在义，斯喻于义矣。志乎利，则所习者必在于利，所习在利，斯喻于利矣。故学者之志不可不辨也。科举取士久矣，名儒钜公皆由此出。今为士者固不能免此，然场屋之得失，顾其技与有司好恶如何耳，非所以为君子小人之辨也。而今世以此相尚，使汩没于此而不能自拔……则有与圣贤背而驰者矣。推而上之，则又惟官资崇卑、禄廪厚薄是计……恐不在于义耳。诚能深思是身，不可使之为小人之归，其于利欲之习，怛焉为之痛心疾首，专志乎义而日勉焉，博学审问，慎思明辨而笃行之。由是而进于场屋，其文必皆道其平日之学、胸中之蕴，而不诡于圣人。由是而仕，必皆共其职，勤其事，心乎国，心乎民，而不为身计，其得不谓之君子乎？（《陆九渊集》卷二十三《白鹿洞书院论语讲义》）

据记载，象山先生的这次演讲非常成功，听讲者甚至感动得流下了眼泪："当时说来痛快，至有流涕者，元晦深感动，天气微冷而汗出挥扇。"讲学之后，朱子赞为"切中学者隐微深痼之病，盖听者莫不悚然动心"，"熹在此不曾说到这里，负愧何言"。又说：讲义"至其所以发明敷畅，则又恳到明白，而皆有以切中学者隐微深痼之病，盖听者莫不悚然心动焉，熹犹惧其久而或忘之也，复请子静笔之于简，而受藏之，凡我同志，于此反身而深察之，则庶乎其可不迷于入德之方矣。"①

为何象山的讲词对朱子有如此大的震撼呢？所谓"场屋"、"入仕"、"俸禄"其实就是人们世俗之成功的象征，可以带来生活的快乐感。如果人人都按朱熹在《白鹿洞书院揭示》中所云：士子为学应该在"讲明义理，以修其身，然后推己及人"，而"非徒欲其务记览，为辞章，以钓声名，取利禄而已也"，那就只突出了道德的理想主义的生命幸福论，贬抑了人们对感性生活快乐——功名利禄的追求。可现实的情况是，古代中国每年都有成千上万名知识分子孜孜于科考。若仅仅突出道德理想主义的生命幸福论，一味地斥责科举考试、入仕、取利禄，则无形中把一流的知识分子、社会精英推离出儒家的轨范；特别是，仅仅以道德理想主义的生命幸福论来立论，无疑造成伦理本位、社会本位的生命幸福取向与人之生活快乐实现取向之间的尖锐矛盾。

象山先生的《讲义》正好有助于化解这一矛盾。象山先生此讲的方法论进路是直指人之"志"。"志"者，动机也。在象山先生看来，人在社会中生活，可能很难免俗。科举取士作为国家定制已很久了，名儒钜公皆由这一途径而产生，士人们又怎能不汲汲于此生活快乐与生命幸福实现之途呢？不过，必须从"志"的角度出发来评判是"君子"还是"小人"。以陆象山之求"志"的方法来看，人们求功名利禄，亦即金钱、地位、权力等外在成功并无不妥，获得外在生活的快乐感也没有错，只要其动机纯洁。也就是说，其求金钱、地位、权力的出发点——"志"——是为了人民的福祉、促进社会进步，那就无可指责，亦可成为道德崇高的"君子"。这样的话，人们既从世俗成功的快乐中获得了生活的快乐感；同时，也从生命的成就中获得了幸福感。于是，生活的快乐与生命的幸福在此也就很好地统一起来了，而其中的关键则在其"志"是否纯洁崇高。

如果我们再回溯到900多年前的北宋嘉祐八年（1063），宋明理学的开创者周敦颐在《爱莲说》中提出的生活快乐与生命幸福实现的三种模式则更值得现代人深思。1063年的四月，周敦颐通判虔州，五月构思并创作了意境深远、影响空前的《爱莲说》，其文云：

> 水陆草木之花，可爱者甚蕃。晋陶渊明独爱菊。自李唐来，世人甚爱牡丹；予独爱莲之出淤泥而不染，濯清涟而不妖，中通外直，不蔓不枝，香远益清，亭亭净植，可远观而不可亵玩焉。予谓菊，花之隐逸者也；牡丹，花之富贵者也；莲，花之君子者也。噫！菊之爱，陶后鲜有闻；莲之爱，同予者何人？牡丹之爱，宜乎众矣！②

在《爱莲说》中，大儒周敦颐实际上提出了三种不同的人格模式：一是道

---

① 陆九渊. 陆九渊集 [M]. 钟哲, 点校. 北京：中华书局，1980：276.
② 周敦颐. 周敦颐集 [M]. 谭松林，尹红, 整理. 长沙：岳麓书社，2002：60.

家的"隐逸者",二是儒家的"君子",三为"世人"。三种人格模式的根本区别之一在于面对富与贵的态度。

首先,道家的"隐者"爱菊的"孤傲",视"富"与"贵"如洪水猛兽,因其妨碍了自身肉体及精神的大自由,所以,庄子"宁游戏于污渎之中以自快,无为有国者所羁,终身不仕,以快吾志焉"。而实践这种人格模式的代表人物是陶渊明,他"不为五斗米折腰",归去来兮,隐于山水田园以自适。

其次,民间的"世人"则爱"牡丹"的大红大紫,视"富"与"贵"如性命,甚至超过对自我性命的关注,诚所谓"天下熙熙,皆为利来;天下攘攘,皆为利往"。白居易在千古名篇《琵琶行》中写道:"商人重利轻别离,前月浮梁买茶去。去来江口守空船,绕船月明江水寒。"指的就是商人们为取利而对妻子家人毫不关心。不仅如此,世间有许多人为求财富的多(富)与地位的尊显(贵),即便丧失人格甚至生命亦在所不惜。

再次,儒家的"君子"则爱"莲",取其清香淡泊,与道家的"隐者"不同,君子并不反对人们富与贵,也与"世人"唯利是求、唯贵是取的人生态度大不相同,其价值获取的标准集中体现在一句话,"君子爱财,取之有道"。对这样一种人生态度,我们可以联系到《孟子》中曾引阳虎的一段话,"为富不仁矣,为仁不富矣"① 来看。这段话一般都被解释为:想发财就不要谈仁爱,要讲仁爱就别想发财,后引申为:富人唯利是图,不顾他人的死活。但是,这种解释是有问题的,我们不能把"为富"与"求仁"完全对立起来,不能把"为富不仁"理解为人们求"富"就一定不"仁"。其实,儒者所提倡并实践的人生价值实现之途径是:不能以不仁的手段去"为富",而如果一个人能够遵循人伦道德及社会规范去追求富与贵,这是儒者们不反对且赞成的。同理,我们也不能把儒者所推崇的"无欲则刚"的"无欲"理解成室灭人的所有欲望。"无欲"者,是要人们舍弃贪欲,从而能"刚",即人品高洁,在为人处事、从商与从政时就有了正确的方向和准则,生命幸福落实了,生活的品质才会提高,才会既有成功感又有快乐与幸福感。所以,孔子反对的是"不义而富且贵",如果在遵循"义"的前提下获得了"富"与"贵",那又有什么不好呢?因此,孔子才会把"庶之"、"富之"、"教之"作为国家政治的重要目标②;而孟子则大谈"五亩之宅,树之以桑"③;"有恒产者有恒心"④,等等,无不是希望民众能"富"、能"贵"。当然,其前提是要符合道义的要求,亦即陆象山提出的动机"志"要纯洁与崇高。所以,君子人格的高洁,并不体现在其安于"贫"与"穷",而是认为人们

---

① 夏延章. 四书今译・孟子今译[M]. 南昌:江西人民出版社,1996:391.
② 朱熹. 四书章句集注[M]. 北京:中华书局,1983:97.
③ 朱熹. 四书章句集注[M]. 北京:中华书局,1983:204.
④ 朱熹. 四书章句集注[M]. 北京:中华书局,1983:254.

的生活所求，如富与贵，要符合生命所求，即道德与社会责任。换句话说，人们生活中的成功要奠基在生命幸福的基础之上，获取生活快乐的前提是生命幸福的确立，这就把"为富"与"求仁"很好地统一、协调起来了。

## 第三节　人生价值的确立

承上所述，我们可以从周敦颐、朱子与陆象山的看法中，获得一个在人生道路上处理生活快乐与生命幸福获取问题的基本方法：区分生活所获与生命之求。

一般而言，人生可分为两大部分：一为生命，二为生活。生命是人生的存在面，是过去之生命、现在之生命和未来之生命的一条"流"，在生命的层面，人之生命与过去的生命存在和未来的生命存在都联系在一起，是为"生命之场"；而生活则是人生的感受面，是当下此在的一个"点"，在生活的层面，突显的是人们当下此在的感觉，转瞬即逝。所以，人之生命中所求与生活中所求是不同的：在生命的层面，人们往往追求一些比较恒久的价值，如立德、立功、立言；亲情、友情、爱情、人情，等等；而在人之生活的层面，则往往追求口腹之欲、富贵之求、感官愉悦，等等。有意义的生活和有价值的生命，实质上就是既获得了生活所求的快乐，又得到了生命所求的幸福，但是，我们如何才能实现呢？

第一，一定要区分幸福与快乐的不同。人之生命所求为幸福，生活所求是快乐，二者紧密相系又具有不同的性质。求快乐与幸福都是人之本性，经济发展社会进步的本质应该是一种使人遂性的途径与方法，但我们一方面要去满足自我求快乐与幸福的本性，而另一方面则要去提升、规范对快乐与幸福的追求。一般而言，快乐是人生活中的感官之感受，建立在肉体愉悦的基础之上；幸福是人生命中理性之感受，建构在心灵精神之中，二者既有区别又密切联系在一起。由此，我们必须区分"生活品质"与"生命品质"。人生品质包括两个组成部分，即生活品质与生命品质，生活品质往往由物质性收入多少、物质性享受高低来决定。而生命品质的高低则取决于三个因素。首先，人们在获取基本的物质生活资料之外有无空闲时间，以及空闲时间有多少。有的人整日劳作都无法温饱，或仅能吃饱穿暖而已，毫无丁点空闲时间，那么，他的生命品质一定不高，幸福度也就相应地较低。也有些人，一生犹如一台赚钱的"机器"，什么东西都不缺，拥有很多金钱，可他就是不满足，整天忙忙碌碌，一点闲暇的时间也没有，诚所谓"就是没有时间花钱"，这类人的幸福度应该说也很低，生命的品质并不比缺这缺那的人要高。一个人既能通过自己的辛勤劳动获取跟得上时代发展的物质生活资料，又有空闲的时间，还能不断地扩充自由支配的空余时间，才有可能提升生活的快乐与生命的品质，才可能获得较高的幸福度。所以，不是金钱的多少和权力大小决定生命品质，而是有无空闲以及空闲时间有多少决定你有无生命的品质，以及生命品质的高低。其次，有了空闲时间，人们究竟干什么，能干什么。我们要有健康的休闲能力和模式，要把休息提升为休闲。许多人把休息与休闲混为一谈，其实休闲与休息有本质的区别：休息是劳累之后的静止，为的是恢复体力；而休闲是人们在空闲时间内充实上自己喜爱的活动，因此，有时休闲往往比工作还要累，甚至对自我的体力及肉体是某种折磨，如一些极限运动，人们在感官上的感觉是不快乐的，甚至是痛苦的，但生命的层面却是幸福的。所以，休闲是现代人生命存在的重要方式，在这种方式中，人与人的关系、人与自身的关系、人与自然的关系、人与社会的关系变得融洽、和谐，所以，休闲是人们生活快乐与生命幸福实现的重要途径。再次，以一种什么样的心情度过休闲时光。一个人能够做自己愿意做的事，从事自己喜欢的活动，以一种十分愉快的心情且形体舒畅地度过休闲的时光，才真正是美好幸福的休闲生活。这样，我们就可以把生活的快乐与生命的幸福有机地统一起来，创造健康、活泼、生动的人生空间，建构充满情趣，充满活力，充满欢乐的生命意境，如此才真正提升了自我的人生品质，从而使生活更有意义，生命更有价值，建构出自我和谐的人生。在《幽窗小记》中有联云："宠辱不惊，看庭前花开花落；去留无意，望天空云卷云舒。"又如慧开禅师所吟咏的："春有百花秋有月，夏有凉风冬有雪。若无闲事挂心头，便是人间好时节。"我们在休闲生活中，达到"天人合一"的生命之境，与自然万物和谐相处，就既会有生活的快乐又有生命的幸福这种高峰体验的出现。

第二，我们还要从生活快乐的有限之中去寻求生命幸福的无限，亦即在有限的人生中去追求生命的永恒——超越死亡——这是人类最终极的生命幸福所在。一个人生活中快乐的获取是重要的，但我们必须去追求生命的不朽，明白"死是生活的中止，生命可以永存"的道理。中国人大多数缺乏宗教信仰，难以应对死亡所带来的恐惧、痛苦与失落，所以，必须从生命的构成来达到对死后生命的体认，从而获得人生的方向与内容，构建丰富的生活快乐与坚实的生命幸福。人生最大的错误，是用健康换取身外之物；人生最大的悲哀，是用生命换取个人的烦恼；人生最大的浪费，是用生命解决自己制造的麻烦。

在我们这个社会，许多人奉行"人死如灯灭"的观念，因为意识到死后的虚无而导致生前也虚无，这将使人们沉溺于肉欲，无所顾忌，甚至胡作非为、无恶不作。认为人们只有此生，没有来世，完全可以对此生此世的作为不负任何责任，这是非常危险的人生观与人生实践方式。其实，即便没有宗教信仰，人也可以深刻地意识到"人死不会如灯灭"。正如本书第四章已谈到的，因为人之生命除了生理性生命之外，还有三重性：一是血缘性亲缘生命。人出生时，在生理层面传承的父母的血脉都非完全自然生理的，而是千百年人类生命、文化与文明凝聚而成的血脉，其禀赋的是社会性的亲缘关系。二是人际性社会生命。任何人都只能生活在社会之中，与社会其他人和组织结成复杂的关系。三是超越性精神生命。人类具有精神、意识、思维等，这构成了超越性精神生命，其能回溯亿万年之前，亦可前瞻千百年之后，所以是超越性的。如果我们仅仅看到人之生理生命，其"死"自然是"如灯灭"，但这无疑是把人的生死等同于动物的生死，人的生命等同于一般动物的生命；没有看到人在生理性生命之上之外，还有血缘性亲缘生命，还有人际的社会生命，更有超越的精神生命，这些人文性生命的生死与生理性生命的死亡并非同步。比如，人们生儿育女，子女的生命就在延续我们的血缘亲缘生命；人们在社会中生活数十年，人际关系的建构非常复杂、非常丰富，即便其死后，仍可能有众多的人记得他或她，这样，其生理性生命虽然终止了，可其人际的社会生命还在延续。此外，人之精神生命的死亡与生理性生命的死亡亦非同步。所以，民族英雄文天祥，自小服膺"杀身成仁、舍生取义"的生命幸福论，不惧怕死亡的逼迫，只求"人生自古谁无死，留取丹心照汗青"，由"立德立功立言"之"三不朽"的途径而获得了生命的永恒。而被称为"美国自杀学之父"的施耐德曼（Edwin Shneidman）在接受《洛杉矶时报》采访时说，自己有很强烈的想活下去的愿望，但他坦陈："我会死的，低下头相信这点，我也会死的，不过，我会'活'在我的孩子中，我的 DNA 中，我的书中，我的名誉中。"①

　　由以上分析，我们可以获得三点体认：1. 人生时光宝贵。死亡的意义在于：只有死亡才告诉我们生理生命是有限的，生活的享受也是有限的。一位先生这样说过："跟一群癌症幸存者交谈后，我领悟到手表发出的不再是'滴答，滴答，滴答'，而是'宝贵，宝贵，宝贵'。"所以，我们要努力地生活，通过勤奋劳动获得物质财富、权力、社会地位，获得感性的生活享受，以得到较大的生活快乐感。人生苦短，尽量不要让自己留下遗憾，珍惜今天所拥有的，对待明天可以期望却不要奢望；很多东西错过了一次也许就错过了一生，把握眼前的本身就是幸福与快乐。2. 我们更应该追求世间之"情"与生命的创造。正因为人的生理生命有限，人之生活享受也有限，所以，人生道路上生活物质与财富的追求固然必要，享受生活也很重要，要万分珍惜生活的时光；但更重要的则是生命所求，即人际的关系与精神价值的追求。健康及合理的生死观应该是：我们固然不要放弃适当的物质享受，否则生活将了无乐趣，生理生命也无法生存；但我们更应该去努力于世间之情的酿造，努力发挥精神生命的创造性。所以，我们与人相处的过程中，不要斤斤计较，不要执著不放，名利心淡薄一些，生命从容一点，交往纯洁一些，生活也要简单一些，而人生过程则应该奋发努力。这样，当人们去世之后，可以把血缘的、人际的、社会的生命留在世上——即把"情"留在世上；把思想留在世上——即把精神产品留在世上。这就把"死"转变成了"生"的

---

① 金煜. 美国自杀学之父去世：提倡对死者"心理验尸"[N]. 新京报，2009 – 08 – 17.

动力和求取的内容，寻获到了生命的幸福与价值。如此，在临终前，我们回首往事，若觉得没有虚度，觉得这一生"值"、"了无遗憾"，那便可以笑离人世了，这即是死亡给我们每一个生者的教益。因此，我们即使丧失了一切，也还要坚信希望依然存在，活着就是幸福，无论成败得失，无论悲欢离合，也无论贫富骄奢，我们皆要热爱生命，拥有过程而不是结果。3. 明白"死是生的导师"的道理。我们要很好地度过自己的一生，建构"由死观生"的方法是非常重要的。一个人仅仅关注"生"，未必能很好地"生"；只有透悟了"死"，并能立于"死"的视角观察"生"者，才能更好地"生"。这就叫立于生命的"终点"来看人生的"中点"，自"死"而得"生"，让死亡指导我们在有限的生命里更好地生活。因为，人们由死观生的结果一定是：人生中最大的价值是创造，是亲情、友情、人情和爱情。因为任何物的东西都会朽坏，唯有精神与情感可以不朽而永存。这样由死观生，就为我们的人生展开确立了奋斗的方向与内容，便可以在我们短暂的一生中创出更大更多的意义与价值，让人生更辉煌，并获得了面对死神将至的坦然与心安。所以，人生切忌以"成败论英雄"。"成"固可喜，"败"也别气馁。合理的人生态度应该是"只问耕耘，不问收获"。许多人通过努力实现了人生梦想，结局是幸福与美好的，那当然好；但也有些人在追求人生之梦的过程中失败了，深受打击，但千万不要忽视了另一样更美好的东西，那就是实现梦想的过程，这才是人生最美好的。人生最重要的是生命的过程，是对生命过程中每一次起伏的审视与享受。

总之，如果说生命是奇迹，那么生活则是挑战。在人之一生中，我们既应该看到生活快乐的重要性，也应该去获取生命的幸福，并把生命幸福的确立视为人生展开的前提与基础。快乐是我们物质性的生活享受和感官的愉悦，人生在世，这是不可或缺的；而幸福一方面是人们主观上有意义的快乐、舒适的心理体验，另一方面，则是人的目的或意义实现时的一种良好的生存状态。亚圣孟子云："人之所以异于禽兽者几希"，这"几希"决定了我们只要是"人"，就不应该仅仅停留在饮食男女，满足感官享受的生活层面，还必须要去求美、求善、求得心灵的安详和生命不朽的价值。所以，我们不仅要通过劳作以赚取金钱，更要有文艺、休闲、道德、精神、义工、慈善等人文性的生命活动，这就要求我们从生活快乐的追求迈向生命幸福的获取。

**【建议参考资料】**

1. 冯友兰. 人生哲学 [M]. 南宁：广西师范大学出版社，2005.
2. 宋希仁. 人生哲学导论 [M]. 太原：山西教育出版社，2004.
3. 钮则诚. 生命教育——伦理与科学 [M]. 台北：扬智文化事业股份有限公司，2004.

**【问题与思考】**

1. 试列举人生中"烦"、"苦"、"郁闷"、"无聊"、"纠结"的现象,并寻找解决途径。

2. 如何区分生活的快乐所求与生命的幸福所求?又如何根据儒家的"为富"与"求仁"的学说来获得两者的协调?

3. 试阐述"人生品质"、"生活品质"与"生命品质"的联系及区别,并说明如何在这些人生观的指引下,更好地安排自己的生活、生命与人生。

4. 如何在寻找生命幸福的过程中获得超越死亡的途径?

# 第六章　寻觅幸福的人生

**【本章提要】**

　　生命教育的重要目的之一，是让人们通过对生活、生命与人生之内涵与意义的学习，获得真正的人生幸福。本章将从中国社会、中国人幸福缺乏的现象入手，分析幸福的概念，并探讨人们如何认识幸福，又如何去获得幸福，以使我们的工作顺利、事业成功、家庭幸福、生活快乐。

**【学习重点】**

1. 认清幸福的概念。
2. 掌握从生命与生活的角度去获取幸福的真正途径与方法。

**【重要术语】**

　　物质财富　幸福与幸福感　全民焦虑　幸福鸿沟　国民幸福总值　幸福的真谛　工作与事业　创造与创新　"一无所有"　纵向与横向比较　由死观生　公平理论　知福惜福

　　我们都在工作，我们有事业，我们也在生活；但我们的工作顺利吗？我们的事业成功吗？我们的生活幸福吗？这是三个大问题。工作是我们生活的基础，事业是我们成功的企盼，而幸福则是我们人生的追求目标，这也是人类社会进步的动力。但是对幸福的理解人各不同，获得幸福的途径也不一样，由此，我们工作的努力程度与事业的追求也不同。当今物质财富的增加一度令我们相信自己离幸福越来越近，然而，曾几何时我们突然无奈地发现，幸福似乎正渐行渐远。究其原因，乃在于我们追逐幸福，却不知道什么才是真正的幸福。在这个世上有不成功不幸福者，也有成功了却不幸福者。我们每一个人都应该安静下来好好地思考一下：每个人都在追求幸福，但有的人只顾埋头赶路，忘了为什么上路，忘了应该走什么样的路，因为，他们分不清什么是幸福，以至最后追求到的可能并不是幸福，得到的或许是万分的痛苦：工作受挫、事业失败、生活一团糟。所以，我们必须首先认识何为幸福，又如何去获得幸福。其中的关键便在于：一是怎样把工作提升为事业；二要厘清幸福究竟是什么；三是要从"心"发现幸福、重"新"开始追求真正的幸福，以使我们的工作顺利、事业成功、家庭幸福、生活快乐。

## 第一节　问题的提出：我们今日更幸福了吗？

美国政治学教授莱恩说：在 1972—1994 年间，说自己"非常幸福"的美国人一直呈下降趋势；在 1960—2000 年间，按不变价格，美国人均收入翻了三番，但认为自己"非常幸福"的人从 40% 下降到 30%。在欧洲国家，幸福指标虽没有明显下降，但是患忧郁症的人却急剧增加。莱恩认为，幸福的真正源泉在于家庭成员间的亲情和朋友间的友谊。各国在各个时期的研究都发现，婚姻关系稳固，家庭关系协调，邻里关系和睦，朋友来往密切，是人们感到幸福的主要原因。相反，感到不幸福的人往往是经历了离异、分居、丧偶和孤独的人。如果从这些指标来看现代人的生活，的确存在着许多的问题，导致幸福感的下降。

对"幸福"为何难以有共同的认识？因为幸福主要指的是幸福感，主观性很强，幸福感是指有意义有价值的快乐和满足，是人们合理的物质及精神需求获得满足之后的人生状态，分而言之，主要包括家庭生活与人际关系的满意度、社会工作与地位的满意度、社会保障与生态环境的满意度，以及精神与心理生活的满意度，等等。荷兰伊拉斯谟大学曾对中国国民的幸福感进行了三次调查，其中，1990 年国民幸福指数 6.64，1995 年上升到 7.08，但 2001 年却下降到 6.60。到了 2009 年 12 月，美国密歇根大学社会研究所公布的幸福调查显示，中国人的幸福感仍在下降。2010 年 7 月，香港《文汇报》报道，据盖洛普世界民意调查（Gallup World Poll）在 2005—2009 年间对世界 155 个国家的数千人进行的调查结果显示，以丹麦为首的四个北欧国家，在"全球最幸福的国家和地区"排名中分列前四，总体排名前六名的国家依次是丹麦、芬兰、挪威、荷兰、哥斯达黎加、加拿大。美国的国内生产总值（GDP）比新西兰要高，但它的国民幸福感却比新西兰要低。中国位列 125 位，也即倒数第 31 位，属于比较缺少幸福感的国家之列。盖洛普民意调查又指出，国民收入虽和幸福有密切关联，但心理和社交需要是否得到满足也是幸福的关键，这正好从"每日体验"幸福指数反映出来。例如哥斯达黎加虽然国民收入不高，但在调查中排名第六，正是因为社交网络紧密，国民常常感到幸福。该国的"每日体验"幸福指数为 8.1，比丹麦还要高。

有报道称，中国进入了"全民焦虑"时期：联合国开发计划署公布了《2011 年人类发展报告》，该报告根据健康、教育和收入水平的人类发展指数，对 187 个国家和地区的发展状况进行了排名。其中，挪威、澳大利亚和荷兰位居三甲，中国则处于 101 位。心理卫生专家在鸟巢西侧广场为北京市民提供心理咨询和精神指导时发现，焦虑是市民咨询最多的问题。千里之外的上海，一家心理研究机构通过对 1 000 户城市家庭的问卷调查得出结论：快乐正悄然地离民众远去，而焦虑已成为现代人的心理病。"内心紧张不安，担心要发生什么不利的事，感到不愉快……"从东部都市到西部农村,从普通民众到达官巨富,焦虑如同挥之不去的空气,蔓延至社会各个阶层。作家柯云路写道,普通人焦虑:为求学焦虑,为就业焦虑,为人际关系焦虑,为房子、为爱情婚姻、为孩子的"起跑线"焦虑。有钱人同样焦虑:钱少时为差钱、为蜗居焦虑;有房了,为别墅焦虑;有车了,为豪车焦虑;百万了,为千万焦虑;坐拥千万了,可看看人家身家已是数亿、数十亿、数百亿了,焦虑不焦虑?"我的包袱很重,我的肩膀很痛,我扛着面子流浪在人群之中……我的欲望很多,我的薪水很少,是不是就这样平凡到老……"这首歌曲唱出了当代中国社会各阶层的欲望、无奈、失落与焦虑。有分析认为,中国正进入"全民焦虑"或说"公民焦虑"时期,而这是现代化道路上的阵痛。20世纪六七十年代的日本,七八十年代的韩国,焦虑情绪同样蔓延,自杀率提升[①]。

  白岩松在《幸福在哪里》中写道:"中国三十余年的改革,最初的二十多年,目标很物化,小康、温饱、翻两番,解决人与物之间的问题,是生存的需求;而每一个个体,也把幸福寄托到物化的未来身上。这些物化的目标陆续实现,但中国人也逐渐发现,幸福并没有伴随着物质如约而来,整个人群中,充满着抱怨之声,官高的抱怨,位卑的抱怨,穷的抱怨,富的也抱怨,人们似乎更加焦虑,而且不知因何而存在的不安全感,像传染病,交叉感染。上面不安,怕下面闹事;下面也不安,怕上面总闹些大事,不顾小民感受;富人不安,怕财富有一天就不算数了;穷人也不安,自己与孩子的境遇会改变吗?就在这抱怨、焦虑和不安之中,幸福,终于成了一个大问题。这个时候,和谐社会的目标提了出来,其实,这是想解决人与人之间的问题,力图让人们更靠近幸福的举动。不过,就在为此而努力的同时,一个更大的挑战随之而来。在一个十三亿人的国度里,我们该如何解决与自己内心之间的问题?我们人群中的核心价值观到底是什么?精神家园在哪里?我们的信仰是什么?都信人民币吗?我们的痛苦与焦虑,社会上的乱像与功利,是不是都与此有关?而我们除了幸福似乎什么都有,是不是也与此有关?幸福,成了眼下最大问题的同时,也成了未来最重要的目标。可是,幸福在哪里?"

  可见,近三十年来,中国的经济大发展了,可公民的幸福感却下降了,这是为什么呢?主要是因为,我们的社会发展产生了"幸福倒错"。所谓幸福倒错,简单地说,就是经济增长没有相应带来幸福的增长,两者间出现了相反发展的趋势。中国的"幸福倒错"表现在五个方面:一是经济发展程度不够、不平衡,许多人还不够富裕。我国人均国民收入在世界210个国家和地区中仍处于百位之后,一些农村和边远地区经济社会面貌还很落后。我国农村贫困人口有1.28亿,

---

① 张永军."人类发展指数"警示了什么?[N].人民日报海外版,2011-11-09.

占农村户籍人口的13.4%。收入两极分化加大，城乡人均收入差别从1985年的1.8倍，上升到2011年的3.5倍。城市人均收入，最富省份和最穷省份的差别高达2.5倍。农村人均收入，最富省份和最穷省份的差别，高达4.5倍。全国城市人均收入，最富的10%和最穷的10%，从1988年的7.3倍，增加到2011年的23倍。全国基尼系数从1978年的0.2增加到2011年的0.51，进入世界最不平等的国家行列，不平等程度已经超过印度和泰国①。二是社会转型时期，一些弱势阶层承担了主要的代价，表现为穷困者越来越穷，改变的机会较少。三是在经济增长的同时，对精神文明、社会治安、社会保障、公共服务、生态环境等方面的关注不够。四是竭林而耕、竭泽而渔、竭矿而采的粗放型增长方式带来的环境污染、城市盲目扩张和滥耗资源的影响。五是缺乏健康的价值观、积极心态和自我调适能力。据《瞭望》新闻周刊报道：中国疾病预防控制中心精神卫生中心公布的数据显示，目前，我国各类精神疾病患者人数在1亿人以上，但公众对精神疾病的知晓率不足五成，就诊率更低。另有研究数据显示，我国重性精神病患人数已超过1 600万。

所以，在实现幸福的过程中，最大的问题一是国家单纯地把GDP增长作为追求目标；二是个人把追求金钱、权力等物质性的东西作为人生的全部目标。

我们应该首先从国家的层面上反省发展的模式，要从国民生产总值的追求发展到对国民幸福总值的追求。如果说GDP（国内生产总值）、GNP（国民生产总值）是衡量国富、民富的标准，那么现代社会还需要一个衡量人的幸福快乐的标准。这个标准是：GNH（Gross National Happiness，国民幸福总值），GNH是不丹王国的国王旺楚克提出来的。不丹位于中国的西南、喜马拉雅山脉东段南坡，只有4.7万平方公里的面积，170万的人口。国王认为，国家的"政策应该关注幸福，并应以幸福为目标"，他提出，人生"基本的问题是如何在物质生活（包括科学技术的种种好处）和精神生活之间保持平衡"。不丹王国把"促进社会和经济的平衡、可持续发展，保护和提升文化价值，保护自然环境和建立善治政府"作为该国国民幸福总值的四大支柱。并制定了幸福衡量体系，包括经济、文化、环境和良好管理四个支柱，还分解成了九大领域72项幸福指标。国王的执政理念是：政府和社会施政的出发点和归宿点都是为了全体国民的幸福。

不丹以幸福为目标的发展结果如何呢？这个国家原始森林覆盖率亚洲排名第一，整个国土74%在森林覆盖之下。不丹严格限制游客入境人数，2010年只准入10 000人入境旅游，而且每人每天要交200美元的环境税。因此，不丹在2006年获联合国"地球卫士"奖。2006年英国莱斯特大学公布的调查报告显示：

---

① 姚树洁. 中国内部问题恶化对经济更致命［EB/OL］.［2012 - 06 - 13］http：//gz. ifeng. com/fenghuangfangtan/detail_2012_06/13/222609_0. shtml

不丹在"全球快乐排行榜"中,紧随在以高福利而著称的瑞士及北欧诸国之后,名列第八位。现在的不丹,人民的生活虽然简朴,但内心却充实宁静,其乐融融。整个国家的社会秩序井然,几乎看不到乞丐,犯罪率极低,全国总共才20多名囚犯,所犯的罪行最重不过是偷拿了邻家的东西。世界银行主管南亚地区的副总裁西水美惠子女士说:"世界上存在着唯一一个以物质和精神的富有作为国家经济发展政策之源,并取得成功的国家,这就是不丹王国。该国所讴歌的'国民幸福总值'远远比国民生产总值重要得多。不丹在40年以前还处于没有货币的物物交换的经济状态之下。但是,它一直保持较高的经济增长率,现在已经超过印度等其他国家,在南亚各国中是国民平均收入最多的国家。在世界银行的排行榜中也大大超过了其他发展中国家而成为第一位。尽管如此,去不丹旅游过的人都会异口同声地说,仿佛回到了自己心灵的故乡。不丹给我们地球人展示了许多高深莫测的东西……"

原法国总统萨科齐2009年9月14日倡议各国衡量增长时引入"国民幸福总值"以全面衡量增长。他认为:国内生产总值仅仅反映市场活动,而增长还应该体现在环境、安全、教育等多个领域,国内生产总值无法有效反映民众生活质量。比如,汽油消费增加虽可助推国内生产总值,但同时意味着交通拥堵、环境污染加重。萨科齐倡议各国共同推进经济增长衡量机制变革,他期望"一场大革命在前头等待我们①"。其实,以GDP增长作为全面增长的衡量标准,不仅无助于国民幸福值的增长,更有损于国民的幸福感。片面追求GDP,必然不顾对环境的污染和破坏,给人类造成更大灾难。英国首相卡梅隆也指出,英国政府正考虑将提高国民幸福纳入执政目标,"是时候承认生命的意义远不至于赚钱了,我们不能只盯着GDP,而不顾国民是否幸福"。《卫报》2010年11月14日报道,英国首相卡梅隆责令国家统计局局长马西森拟定一套衡量国民"总幸福(general well-being,简称GWB)"的方法,以了解国民的心理状况和对生活环境的满意程度。调查的结果将像英国的犯罪记录一样定期公布,成为英国政府决策的核心依据之一。在近日召开的GOOGLE最热词排行榜的会议上,卡梅隆重申,英国政府正考虑将提高国民幸福纳入执政目标,"幸福不能用钱来衡量,也不能通过买卖得来。幸福取决于我们生活环境的好坏和文化的优劣,核心在于彼此的关系是否密切。"他解释说,"如何提高社会的幸福,是这个时代最关键的政治议题,也是每个当政者面临的最大挑战。"② 2012年5月20日,马英九在台北就任新一届中国台湾地区领导人,开始第二个任期。马英九在就职演说中表示,未来四年

---

① 杨舒怡. 萨科齐力推"幸福指标"不重GDP[N]. 经济参考报,2009-09-16.
② 王尔德,方旭燕. 英国明年实测国民幸福总值 结果将成决策依据[N]. 21世纪经济报道,2010-11-26.

将以强化经济成长动能、创造就业与落实社会正义、打造低碳绿能环境、厚植文化实力以及积极培育延揽人才作为五大支柱。"打造幸福台湾",这是他第二任期的施政目标。

总之,21世纪,应该是人类追求幸福的世纪。国家富裕,人民幸福,应该是中国发展的目标。如果说"生产总值"体现的是物质为本、生产为本的话,"幸福总值"体现的就是以人为本,实实在在地追求人民的幸福与快乐,这就是科学发展观告诉我们的真理。对我们每一个人来说,经济发展方式的转变和科学发展观要求我们重新审视自己的人生目标和追求:究竟什么才叫幸福和成功?今天我们是不是真正快乐和幸福了?还是被金钱的获取、权力的追逐和无止境的消费牵着鼻子走?这就需要我们通过生命教育来明白其中的道理,并在人生道路上作出正确的选择。

## 第二节　幸福需要从"心"去发现

在幸福的理解与追求上,人与人之间差别巨大:有人认为有钱、有权、有势就幸福,有人认为娶个貌美的老婆或嫁个有钱的老公就是幸福,也有人认为事业有成、服务百姓就是幸福。在幸福与否的问题上,我们常会遇见许多不可理喻之事:有的人处境不妙、灾祸多多,别人都觉得其苦不堪言,他却自得其乐,一副很幸福的样子;有的人似乎事事引人羡慕,大家皆觉得其幸福得不得了,可他却苦恼万分,一点乐趣都没有。林妹妹身居大观园,吃的是山珍海味,穿的是绫罗绸缎,玩的是世间奇宝,而且大家也都宠着她,可她却成天以泪洗面,最后忧郁而亡。"阿Q"穷得一无所有,吃了上顿没下顿,却成天乐哈哈,没有多少烦心的事。可见有钱并不一定幸福,钱也不等于幸福,幸福与拥有财富多少不成正比。研究表明,当人的财富达到一定程度后,幸福感不再随着财富的增加而增加。

那么,中国人感觉不幸福的原因是什么?英国莱斯特大学的社会心理学家们对现代中国人幸福感下降的原因进行了分析,得出了以下七点结论:第一,爱比较。现代人把主要精力都投入到竞争中,比职位、比房子、比财富……比来比去,人们的心里只剩下欲望,没有了幸福。一旦人追求的不是如何幸福,而是怎么比别人幸福时,幸福也就离你远去了。第二,缺乏信念。在经过20多年冲刺般的财富赛跑后,一些人除了赚钱,不知道人生中的目标与追求到底是什么,甚至不知道自己究竟想要什么。这种缺乏信念与理想的状态,难以产生长久、快乐的幸福感。第三,不善于发现阳光面。生活中有许多积极的、好的方面,但许多人却忽略了,"只看到自己的不幸,忽略了自己的幸福","放大了别人的幸福,缩小了自己的快乐"是其真实写照。第四,不知道奉献。美国哈佛大学一项研究曾显示,在生活中多去帮助他人,能让自己感到更快乐。但现代社会中,乐于无私奉献的人越来越少,斤斤计较的人越来越多。如果你总算计着"我能从中得到什么"、"做这件事值不值得",就会生活得很累。第五,不知足。俗话说"知足者常乐",但能知足的人越来越少了,有了房子想换更大的,有了工作想换更好的,有了钱想赚得更多……这些欲望,驱使着人无休止地奔波劳碌,硬撑着去争取登上那"辉煌"的顶峰。第六,相互不信任。社会虽然通讯高度发达,但人们的心灵却渐渐疏远了。现在的人越来越倾向于"右脑"思维模式,而右脑掌管个体、权力、地位等,对于幸福的感受度是0。幸福感来自于左脑的感受,很多时候不是生活中的幸福少了,而是人们不再掌握感受幸福的能力。第七,过于焦虑。购房、子女养育、家庭养老负担等问题;因为职场晋升空间感到担忧而产生的工作压力;朋友同事之间人际关系的处理等都成为了中国人的"压力源"。在大城市中,无论老人、年轻人还是孩子,多处于一种烦躁不安的焦虑状态,这让人们无法从心底感受到幸福①。

基于此,我们要从"心"去寻找幸福的真谛,从"新"开始我们的幸福追求,这就需要努力地做到如下两点:

第一,要把工作提升为事业,以在工作中获得幸福感。据有关资料显示,人的一生中,有近40%的幸福感来源于职业,如果人们在职业中无法获得幸福,那整个人生的幸福就要大打折扣了。但是,我们的日常工作也许繁重,也许单调,也许让我们无所事事、疲惫不堪、身心不适,特别是我们的工作如果缺乏成就感,升迁太慢,会让我们万分沮丧,这些都会产生工作中的焦虑感,严重地影响到我们的幸福体验。如何获得工作中的幸福与快乐呢?关键在如何把工作转化成个人追求的伟大事业,成为个人实现其人生价值的历史舞台。这就要有"道"的追求及"择道固执"的思想境界。我们以公务员为例,公务员生存状态可以区分出三个层次:一种人身在单位,做一天和尚撞一天钟,领一份薪水干一份事,因不知工作的意义而无聊无奈且麻木不仁地打发每一天,这是为生活和生存而工作,工作带来的幸福感自然很低。二是有些人树立了一种责任意识,觉得有其岗,也领有一份薪水,就必须做一份工作,使个人的职业价值最大化,这是为了更好地生活而工作。虽然有一些幸福感,但仍然较低。三是具有求"道"与行"道"意识的公务员,他们不是为做工作而做工作,也不是为提升官职而努力,更不是为发财而效命;他们心中有"道",渴求的是与"道"合一,力图在日常的工作中获得"道"、显现"道"、完成"道"。这是为了自我的人生意义与价值的实现而工作,必然带来较大的幸福感。那么,"道"是什么呢?即是人们"所由之路、所循之理",当然,传统中国人与现代中国人求的"道"是不同的。

---

① 唐珍.外媒称中国人幸福感下降 丧失幸福有"七宗罪"[N].黑龙江晨报,2010-10-19.

传统中国人求的"道"是:"内圣外王";"修身,齐家,治国,平天下";"为天地立心,为生民立命,为往圣继绝学,为万世开太平"。而现代人求的"道"应该是:教师的职业是教书,从"道"的角度看就是要成为"灵魂工程师";律师的职业是打官司,从"道"的角度看,就是要做"人间正义的维护者";公务员的职业是履行公务,从"道"的角度看就应该做到"全心全意为人民服务"。我们不能把工作看成是生命的浪费,而要成为一种生命的享受;工作不是单调的重复,而是创造,在付出中获得快乐;工作不仅仅是谋生的手段,更是生命存在的方式和生活本身,是一种生命的意义与生活价值的追求。所以,要让我们的工作充满乐趣,能够品味出幸福,在自我成长中获得工作的意义感和价值感。这样,就把工作转变成为了事业,才能有成就并获得幸福感。

第二,创造涵蕴幸福。幸福不会从天上掉下来,幸福需要我们去寻找,幸福更需要我们积极地去创造:充分发挥工作中的主动性、积极性和创造性,去推动社会管理新的方式方法的产生,不仅干好本职工作,更使工作出彩,这些都是创造。创造让我们生活充实,生命有意义,人生有价值,所以产生了幸福感。我们去工作不是为了工作而工作,工作是为了使我们的社会和我们的生活更加美满幸福,这就需要在工作中保持乐趣与创新。有了乐趣工作才会有热情,而不是简单地完成某件事情,这就要善于发现工作中的乐趣;有了创新才会提高工作的效率与有效性,这才是工作的意义所在。所以,创新是工作中快乐与幸福的源泉。充分发挥工作中的主动性、积极性和创造性,这让我们的生活充实,生命有意义,人生有价值,所以产生了幸福感。许多人喜欢现在感叹过去,将来则感叹现在。难道我们的人生注定只是在时间对比之后的惆怅与失落?其实,生命的可贵也许就在于它的一去不复返。我们要牢记:有一种生活你没有经历过就不知道其中的艰辛,有一种艰辛你没有尝试过就不知道其中的纯粹,有一种纯粹你没有体会过就不知道其中的快乐!所以,我们要用心去生活,尽力去拓展生命的内涵,获得人生的大幸福。所以,做人一定要往好的方面想,因为永远没有最惨的,只有更惨的。"上帝"在关上一扇门的时候,就会打开另外一扇窗。未来有太多的不可知性,我们不要透支明天的烦恼,唯有活在当下才是最真实的人生。

## 第三节 幸福需要从"新"去开始

我们要发现和获得真正的幸福,就必须解决好欲望与现实所获的关系。现代人在人生中有一个基本的感觉——"一无所有"的人生焦灼感,即无论拥有的是多还是少,总是觉得不够多不够好,这严重地威胁到我们的幸福感受。

一般而言,"一无所有"的人生焦灼感会让我们的工作走偏,让我们的事业化为泡沫,让我们的幸福感也消失得无影无踪;而消除"一无所有"的人生焦灼感则是我们工作顺利、事业成功、获取幸福的关键之一。放眼社会,我们可以发现，许多人的欲望是：工作稳定、事业发达、升迁发财、家庭美满、子女如愿、开高级轿车、住豪华别墅，等等，这是正常的，也是人一般都会产生的欲望与追求，无可厚非。在现实的人生中，欲望之满足往往成为人们一生中最重要之事。由于资讯的发达，种种最新最好的发明与发现和人间的享受都瞬间传达给几乎所有的人，这就大大地激起了人们的物质欲望，但人们所能满足的物质和精神的渴求总是有限度的，而人们的期望值总是大大地高于自己所能获得的部分；也就是说，人之欲望（权力与金钱）与所得之间总是差距甚大的，自己想要的东西总得不到，自己想避的东西却总会到来，生活中没有享受，生命又有何价值？又有何幸福？这即是"一无所有"的人生焦灼感产生的根源。

"一无所有"的人生焦灼感表现为：现代社会中人们"所需"与"所欲"之间的紧张。这就犹如我们在酒店里请客一样，进店去吃饭，当然要点饭菜，这是我们之所需；但我们若是请客，而经济状况又允许，我们就会点许多的菜和酒水，常常是超过我们所能够吃得了的，因为这里有一个礼貌和面子的问题。人之生理派生出我们的所需；而文化的影响则催生了我们的所欲。因为人都生活在文化与社会之中，文化的影响逐渐地湮没了我们真实的所需，于是，人们常常是以所欲为所需，混淆了两者之间的区别。而且，人之文化性所欲会在一定的时期内转化为人之生理性所需，于是人们生理性所需也就急剧地扩张起来，终于形成了现代人生最大的问题——"一无所有"的人生焦灼感：总是感到房子太小，无论是大还是小；总是觉得钱太少，无论是多还是少；总是抱怨官职太低，无论是高还是低；总是觉得"情人"太少，无论是多还是少；等等。

再以男女性爱问题为例，我们一定要处理好人生中所需之"性"与所欲之"性"的关系。人生中的所需之性，指的是人们因为生理性需求派生出的性需要；人生中的所欲之性，则指的是人们高出于生理性所需而追求更多的性需要。那么"所欲之性"是哪里产生的？当然是文化产生的，而当代有两种重要的文化，那就是享乐主义文化与性解放的观念。这些文化与观念总是在暗示男人们：越多的"性"越能证明你男子汉的气概，越显得你生命有价值；同时也暗示女人，越早告别"处女"越好、越光荣、越成熟，越多的"回头率"、越多的男孩子追求，你的一生才越有价值。于是，许多男女已越来越弄不清楚自己所需之"性"与所欲之"性"的区别，对"性"有时陷入了盲目的、无理性的、无度的、甚至疯狂的追求之中，这就导致许多男女在情爱生活中放弃责任、安全、健康、事业等，直到出现无数的情爱悲剧，许多人甚至因此而断送了自己大好的前程，甚至生命。

具体而言，在现实中，有许多人认为获得并享受了物质丰裕、锦衣玉食、高官厚禄、灯红酒绿、美女如云、感官刺激、功利满足等，就是幸福。错了，这只是快感、快乐而不是幸福。因为，你得到的这些东西会瞬息即逝，而空虚、寂寞、孤独又会陡然而生。为何许多富豪不去好好生活，却要沦入吸毒、酗酒、纵欲无度的状态，损害了生命的健康，甚至断送了生命呢？为何有些"富二代"喜欢"飙车"，置自我及他人的生命安危于不顾呢？原因当然很多，但主要是与他们分不清生活与生命、成功与幸福，沉溺于功利、感官刺激之中有关。功利是我们重要的生活目标，却不应该是我们人生的全部追求，更不应该是人生的最高目标。例如，有一个年轻的女孩马诺参加了江苏卫视的《非诚勿扰》节目，这是一个男女速配的相亲节目，当时有一个男孩问她是否愿意坐在他的单车后面过一辈子？马诺的回答是"我想我还是坐在宝马里哭吧"。据说这句"宁愿坐在宝马车里哭，也不愿坐在自行车上笑"成了"当代女生宣言"。另一位女嘉宾表达得更赤裸裸："我的手只给我男朋友握，他必须要20万元年薪才行，其他人握一次也要20万元。"有一位男嘉宾上台即声称要找富婆："相貌无所谓，年薪要在100万元至300万元之间，这样我可以少奋斗10年。"浙江卫视《为爱向前冲》更是有过之而无不及，有的女嘉宾上台便称："除非你多金，否则别理我。"她初见身高1.6米的某男嘉宾时了无兴趣，但得知对方有兰博基尼车、月收入百万后立刻改变初衷，甚至答应对方试婚的要求。"[①] 这其实是一种拜金主义的情爱婚姻观，反映了当代一些女性和男性企图依靠婚姻来改变自己命运的想法。但是有钱享乐却只是生活中的快乐，未必就是生命里的幸福，甚至在快乐中离幸福越来越远了。马诺等人的人生价值观是拼命追求生活中感官的快感与快乐，而牺牲掉生命中的幸福——她们也知道可能会"坐在宝马车里哭"啊！相反，中国首善陈光标则与这些拜金主义者完全不同，他公开承诺"裸捐"："在我离开这个世界的时候，将不是捐出一半财富，而是'裸捐'——向慈善机构捐出自己的全部财产。"他的财富观是："富而有德，财富德茂，一颗常怀感恩的心，通过推动我国的慈善事业，改变富人的人生价值观和财富观。"[②] "德"者，生命之事也，陈光标先生把财富带来的成功与感性的物质享受视为生活中之"小"；而把生命中之"德性"、"感恩"、"慈善"等品质视为"大"。因为他获得了生命中之"大"的幸福，而生活中之"小"的快乐也能够常来到了。

所以，人生的根本原则在于：生命所求为"大"、为"基础"，生活所求为"小"、为"表现"，也就是说，我们不能因为追求生活的快感、快乐而放弃了生命中幸福长久的所求。有许多人以为物质欲望的满足就是幸福，这也许是成功，却不是幸福，幸福是生命之事，是一种持续的内心舒适、自由和安逸的感觉。如果我们把幸福与物质欲望的满足等同起来是会有问题的，因为，物质层面上欲望的满足比较容易实现的，可是又非常容易改变和流失，影响所及，导致人们的幸

---

① 李君娜. 荧屏相亲秀价值观念误导惹争议 [N]. 解放日报，2010-06-07.
② 郝涛. 中国首善陈光标承诺"裸捐" [N]. 北京晨报，2010-09-06.

福感也容易丧失，严重者会从生活快乐的缺失到生命幸福的丧失。当下社会，成功可能较易获得，而幸福却难寻，很多人追求的是快感，把快感当做快乐，把快乐等同于幸福，在某种程度上，是把自己贬低到了"动物的水平"。所以，有些人为了追求一时的快乐而失去了一生的幸福；有些人为了追求当下的快感而失去了永远的幸福。这是我们需要特别反省与警惕的。

　　实事求是地说，人生在世，不能不去赚钱，不能不去享受，也不是不要去获得权力，这些是我们生活中重要的所求和所获。但我们同时必须明白，人生中最重要的东西并不在金钱、享乐和权力，除了这些生活中的所求与所获外，我们必须从生活走向生命，从而明白：人之生命在于创造，在于你为这个丰富多彩的世界增添了一些什么，一如我们的前辈先贤所做的那样。作为一个公民、一位企业家、一位政府工作人员等，都应该想一想，自己为民众造了多少福、解决了多少民生问题、推进了社会公正与发展吗？次之，则在你拥有了多少的亲情、友情、人情，当然，还有极为重要的爱情，这些都是生命之事，是人之生活与生命中最重要的内涵，也是最为宝贵的东西，是构成生命幸福的核心和幸福感受的基础。

　　其实，现代人"一无所有"的感觉，并非是实存的状态，因为人们不可能真的"一无所有"，尤其是当代社会中的人；而这种感觉纯粹是一种心理状态，一种所欲与所需之间的紧张，甚至是一种主观的虚幻感觉。如果从物的拥有来看，当代人拥有的比之传统人（古代人）要多得多，这是不言而喻的，可为什么当代人在主观感受上还是觉得拥有的太少，乃至于"一无所有"呢？

　　美国心理学家斯塔西·亚当斯在20世纪60年代便提出了著名的"公平理论"，该学说指出：一个人对其所得的报酬是否满意不是看其绝对值，而是进行社会的横向比较和历史的纵向比较，看相对值。比如把自己的报酬与贡献的比值与他人的比值相比，若发现自己努力所获得的报酬高于别人作同样努力所得到的报酬，便产生满足感，反之则不满足。不幸的是，这个世界上永远有比自己拥有得多的人，特别是那些比自己拥有的多得多的人，于是现代人常常产生占有得太少的感觉，乃至于发出"一无所有"的强烈感叹。不仅如此，相对于我们已经拥有的那些数量有限的物品而言，现代科技每日每时每刻发明、创造、生产出的东西简直就是无穷之多，相形之下，我们拥有的是多么的少，怎不是"一无所有"？况且还有那"信息爆炸"，无穷多的书籍、光碟都使我们自觉到自己所知是多么少和贫乏，这是精神世界的"一无所有"。"一无所有"的人生焦灼感陷我们于物的海洋、人欲的海洋中永无止境地拼搏，陷我们于精神心理渴求不得的焦虑之中；甚至陷我们于铤而走险、不惜犯罪的深渊，以获得不正当的利益、超出所得的生活水准和非法的钱财。传统社会的人犯罪大多是饥寒交迫；而现代人犯罪当然也有饥寒交迫的情况，但更大量的则是"一无所有"的焦灼感而引发的。

所以，我们要步入正确的工作与事业发展的道路、获得幸福与快乐的人生，关键就在解决现代人生最大的问题——"一无所有的焦灼感"，这有两个方法。一是正确的比较。有些人往往盯着自己所没有的在苦恼，却忘了自己所拥有的。珍惜身边的事、珍惜身边的人、珍惜已经拥有的，我们就一定是生活中的富翁。因为，我们其实是很富有的，只要懂得发现、懂得珍惜。所以，人生中横向比较将使我们永无满足，痛感"一无所有"；所以，我们必须时常纵向比较，与以前的状态比较，这样，我们就能够比较心安。当然，仅仅是纵向的比较将使我们没有人生发展的动力，社会也无从发展。这就要有卓越的人生智慧了，一方面我们要横向比较，以确定自己目前的处境，确定自我人生奋斗的目标；另一方面，我们又必须纵向比较，以避免陷入"一无所有"的人生焦虑之中，走向人生的歧途。恰如其分地进行纵横两维的比较，察觉自我真实的人生现状，减轻精神压力，平抑心理躁动，获得一个良好的人生定位和生存状态，这就是人生大智慧，是我们在人生中要建构的正确的比较方法。二是一种比较健康的人生观，乃是建立在由"死"观"生"的基础之上。因为我们只有解决了所欲与现实中所获之间的矛盾问题，才会走上正确的人生之路，获得成功与幸福。所以，人们必须换一个立场，换一种视角，在"生"前便先行（意识上）到"死"（观念中），立于"死"的基点来观照生前。此时人们就可发现，无论你拥有的东西是多还是少，你都是个"富翁"，因为人之"死"才是真正的"一无所有"，在此衬托下，你必能觉得自己拥有很多，而且会倍加珍惜你的一物一时，你所获得的工作、爱情、友情、亲情，你所能感受与能触摸到的一草一木、一山一水、一人一景，等等。此时，你绝无生前"一无所有"的虚无感，有的只是"完全拥有"的充实感。电影《唐山大地震》中有一句台词："没了，才知道什么叫没了！"那么，我们为何不能在"没了"之前就知道"没了"的痛苦，以珍惜我们现在拥有的一切呢？为什么我们不能在"没了"之前就知晓并享受拥有所带来的充实的幸福呢？这就是由死观生的大智慧。所以，我们也可以常常站在所有的逝者面前沉思一番，这样才会真正有拥有的充实，也才能有幸福与快乐的感受。我们无论身在何处、从事何种工作，都应该珍惜我们拥有的过去与现在的一切，坚决摒弃"一无所有"的人生焦灼感，努力干好本职工作，建构良好的上下级关系、同事关系，以及社会家庭关系，这样我们才能获得成功、幸福与快乐的人生。所以，平心静气地想想：我们一生真正拥有的不就是从生到死之间的时光吗？除此之外，我们看到摸到的存在的物、我们千方百计求取的想拥有的，等等一切，不都是过眼烟云吗？诚所谓"神马都是浮云"。明白了，透悟了，我们就要积极地去改变生活：做自己愿意做的事情，做真正能带来快乐与幸福的事情，珍惜我们身边的一切，哪怕是一草一木。要记住，当我们追逐一切时，人生便随波逐流了，无法自主地安排自我的生活，欲望充斥着心间，何有幸福可言！

总之，幸福不是一个点，而是一个过程，幸福是长久的、有意义的快乐。在追求幸福的路上有快乐也有痛苦，我们要用勇气去改变能改变的，用胸襟去接纳不能改变的，用智慧去分辨二者的不同。而且，我们追求的是自己的幸福，而不是追求如何比别人更幸福。次之，幸福是"如人饮水，冷暖自知"的：生活中从来就不缺少幸福，缺少的只是一颗善感幸福的心。幸福就是一种心态，是一种悦纳自我的心态，更是一种积极进取的心态。再次，幸福不仅是生活水平的提高，更重要的是生命品质的提高。所以，幸福的滋味是酸甜苦辣咸五味杂陈，因为丰富，所以幸福。最后，幸福需要我们从"心"去发现，从"新"去开始。我们要把工作提升为事业，从创造创新的工作中获得幸福；我们必须从正确的比较的方法与"由死观生"的方法来消解"一无所有"的人生焦灼感；我们要明白生命追求幸福，生活追求快乐的道理，既获得感性生活的快乐，更要得到生命创造的幸福。而且，许多时候，幸福就是幸福着别人的幸福，所以，学会爱就是享受幸福的开始；有福、知福、惜福的人才是真正幸福的。

**【建议参考资料】**

1. 罗素. 罗素说快乐生活［M］. 北京：现代出版社，2010.
2. 李子勋. 幸福从心开始［M］. 修订版. 北京：中国广播电视出版社，2006.
3. 卜凡鹏. 哈佛的68堂幸福课［M］. 北京：民主与建设出版社，2012.
4. 本－沙哈尔. 幸福的方法［M］. 汪冰，刘骏杰，译. 北京：当代中国出版社，2007.
5. 池田大作. 谈幸福［M］. 卞立强，张彩虹，译. 北京：中国文联出版社，2009.
6. 白岩松. 幸福了吗［M］. 武汉：长江文艺出版社，2010.
7. 冯俊科. 西方幸福论［M］. 长春：吉林人民出版社，1992.
8. 冯俊科. 西方幸福论：从梭伦到费尔巴哈［M］. 北京：中华书局，2011.
9. 孔刃非. 幸福学［M］. 北京：线装书局，2010.

**【问题与思考】**

1. 试分析财富的增加与幸福增长之间的关系。
2. 如何处理感性快乐与理性幸福之间的紧张？
3. 我们如何从思想意识上去发现幸福的真谛？
4. 我们如何在从"心"发现幸福真谛的基础上，去从"新"追求真正的幸福？
5. 试着为自己设计一个自我追求幸福的路线图。

# 第七章　重构生命的终极关怀："敬天爱人"

**【本章提要】**

从生命教育的视野来观察，可以发现：当代人已经遭遇严重的心灵与精神的危机、价值的紊乱与崩溃、人际关系的紧张和纷争，由此使自然的生态也处于失衡的状态，社会亦乱象丛生。解决这些严重的问题，应该回溯中国悠久和深厚的传统文化，发掘古老文明的卓越智慧，比如：应该重构中华民族生命的终极关怀——"敬天爱人"，使现代人能以深厚的文化素养和坚定的信念去迎接人生的挑战，这是生命教育中应该解决的重大问题。

**【学习重点】**

1. 了解"敬天爱人"之生命终极关怀的基本内涵与意义。
2. 明确现代人难以做到"敬天爱人"的根本原因。
3. 学会在现代社会树立"敬天爱人"的信念并化之于外在的人生践履。

**【重要术语】**

终极关怀　"敬天爱人"　宗教的信仰　天命　天理　仁爱　良知良能良心　生生之道　理念系统　观念系统　辅助系统　价值之源　人性恶　生命本体　"感恩"与"报恩"

谈完了生活、生命、人生的诸问题之后，这一章将进一步深入人们的心灵深处，来探索现代中国人如何获得生命的终极关怀。从种种迹象来看，21世纪的人类已经遭遇到十分严重的心灵与精神的危机、价值的紊乱与崩溃、人际关系的紧张和纷争，这使得自然的生态也处于失衡的状态，社会乱象频现。而要解决这些严重的问题，应该回溯中国悠久和深厚的文化传统，发掘古老文明的卓越智慧，比如：寻找并恢复中华民族生命的终极关怀——"敬天爱人"，使现代人能够吸取有益的养分，以深厚的文化素养和坚定的信心去迎接人生的挑战；亦使中国传统文化的精髓成为全人类的宝贵财富，促进人的全面发展，推进现代社会的全面进步，这是生命教育中非常重要的核心议题之一。

## 第一节　生命的终极关怀"敬天爱人"之基本内涵

生命的终极关怀，即人之生命中最内在、最深层、最持久、最根本的渴盼与追求，构成了人生安顿的精神家园，为人们在人间的生活确定了价值，也为人们逝后回归大地奠定了意义。但是，现代社会已经把"终极关怀"改变成了"现实关怀"，人们大多汲汲于现实物质、金钱、权力等的获取，而把所谓的"终极"等同于"死亡"，采取不思不想的回避态度。因为人们习惯于只求现实物质利益的获取，逐渐地已经不能超越现实地去追求什么了，生命陷入物欲而不能升华到更空灵、更崇高的境界。在中国传统文化中，生命的终极关怀具有不同于其他民族的独特性，其不是从宗教的信仰中获得终极关怀，而是从"敬天爱人"的价值追求里蕴涵出终极关怀。这就把人之生命的终极意义与宇宙的本源"天道"相系，人生一切意义与价值的获取都与超越性的"天道"相关，这是人们永恒的精神家园。所以，终极关怀就是去孜孜不倦地寻求生命的大本大源，以超越现实的生活所囿，获得某种心灵的力量和生命的安顿。

那么，何为"敬天爱人"？其主要内涵是什么？它的表现及对人们的要求又是什么？这是现代中国人具备"敬天爱人"之生命终极关怀的关键。关于"敬天爱人"的内涵，不能望文生义，以为"敬天"，就只是尊敬天地自然，"爱人"即是仁爱他人，如此去理解，实误莫大焉。在中国传统文化中，"敬天爱人"之生命终极关怀要从四个层面去理解。

一是何谓"敬"。"敬"在中国传统文化中是个喻意深刻、内容丰富的词，基本含义是：持有"敬"之德者，心有所主，一刻也不放逸。伊川云："所谓敬者，主一之谓敬，所谓一者，无适之谓一。且欲涵泳主一之义，一则无二三矣。《易》所谓'敬以直内，义以方外'，须是直内，乃是主一之义。至于不敢欺，不敢慢，尚不愧于屋漏，皆是敬之事也。但存此涵养，久之自然天理明。"① 也就是说，人们专一于明天理，而不受外物外事所牵引、所影响。伊川又说："虑，则自然生敬，敬只是主一也。主一，则既不之东，又不之西，如是则只是中。既不之此，又不之彼，如是则只是内。存此则自然天理明。学者须是将敬以直内，涵养此意，直内是本。"② 所谓"不之东，不之西"，又"不之此，不之彼"，是说，人生在世，不可受外物外事的引诱，而应该专心致志于内在之天理的体认。可见，"敬"在中国传统文化中，主要是明天理的方法与途径，"敬天"亦即通过"敬"这种主一不放逸的方法去获得"天之理"。现代社会的本质，就是无限复杂，人们在社会中生存，引诱源太多，欲望太强，既之"东"亦之"西"，既之"此"又亦之"彼"，哪有个完？哪有个停？真的难以做到专心致志于明"天理"；如此，也就实难做到"敬天"。

二是何谓"天"。这也不能望文生义，认为"敬天"之"天"就是天地自

---

① 程颢，程颐. 二程遗书 [M]. 上海：上海古籍出版社，2000：216.
② 程颢，程颐. 二程遗书 [M]. 上海：上海古籍出版社，2000：195.

然，"敬天"也就是尊敬天地自然，做一个环保主义者，如此去理解"天"就太简单化了。在中国传统文化中，"天"的意义甚多。甲骨文中的"天"字是大头人的形象，表示人之顶巅，作"大"或"上"解。大约在商末周初，"天"被用以指称人们头顶上的苍天。由于茫茫苍天被认为是"神"的住所，于是"天"又成为至上神的代称。在后来的历史发展中，"天"逐渐具有了四种主要的含义：首先是"自然之天"。如孔夫子云："天何言哉！四时行焉，百物生焉，天何言哉！"① 老子云："故飘风不终朝，骤雨不终日，孰为此者，天地。"② 《庄子》亦云："死生，命也。其有夜旦之常，天也。人之有所不得与，皆物之情也。"③ 尤其是荀子说所的："天行有常，不为尧存，不为桀亡。应之以治则吉，应之以乱则凶。"④ "自然之天"，其本意为，我们所仰望的"天"，我们所俯视的"地"，皆无意志和主宰力量，是自然而然的。这种对"天"的看法在中国传统文化中并不占据主导地位，真正影响中国人的是关于"天"是一种"人格神"的看法。也就是说，"天"有人类般的喜怒哀乐，有超人间的无比神力，可以控制社会和人事。如《诗经·大雅·下武》中云："于万斯年，受天之佑。"⑤ 《尚书·洪范》也有："王访于箕子，王乃言曰，'呜呼！箕子，惟天阴骘（暗中保护）下民。"反映下层民众思想的《墨子·天志上》更言："……以祭祀上帝鬼神，而求祈福于天。"⑥ 信仰"天"之伟力可以决定人间祸福及王朝兴灭是中国传统思想中根深蒂固、源远流长、影响极广的观念。在此基础上，"天"又有"命运之天"和"道德之天"的含义。孔子虽有自然之天的说法，但又提出"君子有三畏：畏天命，畏大人，畏圣人之言。"⑦ "天命"者，"天"的意志也，是一种铁定不易的必然性，人与社会皆无法抵御，这种观念与"人格神的天"意义相近。朱子在注释孔夫子"五十而知天命"的话时感慨地说："天命，即天道之流行，而赋予物者，乃事物所以当然之故也。知此，则知极其精，而不惑又不足言矣。"⑧ 在老庄的眼中，万物仅限于自然而然，它们就是如此，决无冥冥中的有意识的主宰决定者。人们体会这种蕴于万物中的自然之质，并顺而行之，就可达到理想的"无为"生活。而儒家学者在万物这种自然之上，又肯定有个赋予其如此的"天命"，从而使自然拥有了"当然之故"者，即主宰者。由是，人生天地间，不应

---

① 朱熹. 四书章句集注［M］. 北京：中华书局，1983：180.
② 陈鼓应. 老子今注今译［M］. 北京：商务印书馆，2003：164.
③ 王先谦. 庄子集解［M］. 北京：中华书局，1999：58.
④ 王先谦. 荀子集解［M］. 北京：中华书局，1997：306-307.
⑤ 阮元. 十三经注疏［M］. 北京：中华书局，1979：526.
⑥ 孙诒让. 墨子间诂［M］. 北京：中华书局，2001：194.
⑦ 朱熹. 四书章句集注［M］. 北京：中华书局，1983：172.
⑧ 朱熹. 四书集注［M］. 长沙：岳麓书社，1985：78.

该只是随顺自然"无为"地生活，应该也必须悟解"天"之所命，然后将自我的生命与"天命"沟通，觉解个我的社会使命，从而完成生命境界的提升和道德人格的完成，这才是正确的人生之路。

综观孔子的所言所行，可以发现孔子既将一切穷困失意归之于人力不可损益之"命"定，却又能奋发努力，孜孜于求道阐道推行道，试图以儒家之"道"去挽无道之天下，其一生中绝无半点沮丧、颓废和消极，至多有时有些怨言而已。这样的人生境界是如何达到的？关键在他把"天命"之内容归结为仁义道德，所谓君子须"知命"、"五十而知天命"之命，都是指仁义道德而已。朱熹释为"天所赋之正理也"。因此，孔子自觉肩负着推行仁义道德的"天命"，生命中沛然生发出巨大的人生动源，被人讥为"丧家之犬"，嘲为不合潮流者无所动；身处刀兵险况四起时亦能镇定自若。在孔子看来："天生德于予"，恒魋之流又何能加害于自己？汉董仲舒则对"道德之天"的建构有重大贡献。他的基本思想是"天人感应"，其基础则在"天生万物"。人是"天所生"，与"天"相"类"相"副"，这叫"以类合之，天人一也。为生不能为人，为人者天也。人之为人本于天，天为人之曾祖父也。此人之所以乃上类天也"①。而"天意"就是"仁义"，是人就必须遵循之，人间的生命终极关怀实为"天理"体现在人身上之"性"，故称为"天性"："明于天性，知自贵于物；知自贵于物，然后知仁谊；知仁谊，然后重礼节；重礼节，然后安处善；安处善，然后乐循理；乐循礼，然后谓之君子。"② 成为"君子"的关键，在明"天性"，即"天理"在人身上的表现，如此，必能做仁义道德之事。

在中国古代社会，人们对自然天象的崇拜是必然的。无论是亲身体验还是直观观察，在无现代科学知识的古代中国人那里，都极自然地将"天地"视为万物之"父母"："天地"创生万物，又长养万物，人不过是其中之一，当然也应该效法"天道"以为"人道"。所以，长期以来，甚至于在现代农村，民间百姓摆在祭桌上的牌位分别是：天、地、君、亲、师。这之中也包含着先民对"天"生养万物之伟力的崇仰，蕴含着人们对"天"高不可攀、无法捉摸而其又无时无处不在决定着社会运行和人们生活状态的敬畏心理。这种崇仰及敬畏的心理把"天"这种实存抽象化、观念化、神格化，终则使"天"转变为人间一切价值之源。所以，中国古代民间社会将"天意"视为生活行为的最高价值渊源。《增广贤文》云："万事劝人休瞒昧，举头三尺有神明"；"顺天者存，逆天者亡"；"人间私语，天闻若雷；暗室亏心，神目如电"；"天网恢恢，报应甚速"③。

---

① 董仲舒．春秋繁露［M］//上海古籍出版社编辑部．二十二子．上海：上海古籍出版社，1986：793．

② 班固．汉书［M］．北京：中华书局，2000：1913．

③ 徐梓，王雪梅．蒙学便读［M］．太原：山西教育出版社，1991．

从对中国传统文化中之"天"的意义的分疏，可以看到，因为"天"有四层含义，而"道德之天"又是其中最主要的意义，所以，"敬天"之"天"，就不仅是敬畏"自然之天"，更重要的是对"天理"的敬仰，亦即对与天合一之人伦道德的敬畏。此敬畏的发生绝非仅仅是出于知识论的知解，更重要的是出于人们对天创生万物、长育万物、主宰万物之伟力体知基础上的敬畏。在这种对"天"的敬畏中，人们可以意识到"天"决定了人伦道德，从而也对人伦道德生发出一种敬畏的情感。由这样一种超越的灵性追求和悟解为基础，"敬天"的外在举止就可以落实在"爱人"之生命终极关怀上，人们在日常生活中才可能自觉地践履各种人伦与道德的准则。

三是何谓"爱"。这里也不能望文生义，以为"爱人"就是亲爱亲人，关爱他人，即关心、帮助、爱护别人，这样理解当然也不错，但过于狭隘。因为一个人仅有应该"爱"的知识，仅仅有关爱他人的举止，还是远远不够的。这种内无德性、外无万物一体观念支撑之"爱"是无源之水、无本之木，不能长久，甚至流于虚伪。如现今有许多人只盯着父母的钱袋子，盼的是获得遗产，想的是得到更多的物质利益而不负或少负伦理的责任，甚至虐待父母的现象在现代社会已屡见不鲜了。孝亲之"爱"在中国传统文化中一向是所有其他的"爱"之原点，孝亲做不好，又何能"爱人"乎？又比如，现代许多人将"爱情"变为了金钱、情欲的代名词，"爱"或者荡然无存，或者已完全变质。

在中国传统文化中，人之"爱"的行为一方面必须有"天地万物一体观"为基础，另一方面，还要有内在心性的"良善"为前提，所以，一个人只有达到"仁之爱"才是真正的"爱"，此"爱"才能持久和落实。

中国传统文化中提倡的仁爱，主要意义是：人内在之良知良心良能与天地万物之"生生之道"完全沟通，外则显现为深切地关怀人、同情人、怜悯人、帮助人。具体而言，"仁"首先是一种总德，它含纳众德，又可引申出众德。所以，孔子认为，"仁"之本在"孝弟"[①]；"克己复礼"为"仁"[②]；"仁"之道在"忠恕"[③]；而"居处恭，执事敬，与人忠，虽之夷狄，不可弃也"也是"仁"[④]；能行"恭宽信敏惠"者亦是"仁"，等等。可见，世上一切美德无不可归之于"仁"的统辖之下。其次，"仁"除涵容众德之外，自身又为一德，其意为亲爱，它要求人们应该由先天具备的"恻隐之心"出发，去"亲亲"，去"仁民"，去"爱物"。此"爱"意味着奉献，意味着对那些处于不利境况之人援之以手，意味着无私地、忘我地、超功利地为人和处事。

---

① 朱熹. 四书章句集注［M］. 北京：中华书局，1983：48.
② 朱熹. 四书章句集注［M］. 北京：中华书局，1983：131.
③ 朱熹. 四书章句集注［M］. 北京：中华书局，1983：72.
④ 朱熹. 四书章句集注［M］. 北京：中华书局，1983：146.

人生于自然，是万物中之一，但却优于万物，因为其心智可与天地之"心"相通，体悟天地之"心"以为"心"，人心性之德（"仁"）与天地之"心"（亦为"仁"）也就合而为一了，它就体现在生命永不止息的洪流之中，亦表现在人们居家为人、处事、治国、平天下过程中的仁爱之情。程颢说："医书言手足痿痹为不仁，此言最善名状。仁者，以天地万物为一体，莫非己也。认得为己，何所不至？若不有诸己，自不与己相干。如手足不仁，气已不贯，皆不属己。故博施济众，乃圣之功用。"①"手足痿痹"，是人体内生命力（"生机"）不贯洽，中医谓之"不仁"，恰好说明儒家以"生"释"仁"的意思。今天我们说的桃仁杏仁，即是植物的种子，是植物生命力之所在，这保留了"仁"最古老的意思。在程颢看来，真正的"仁者"是体悟到天地万物都蕴藉着无穷无尽之"生意"者。所以，虽然万物在形体上与己大别，虽然众生在形貌上与己不同，但本质上则为"一"，即都贯通着"生生之道"。所以，人们必须由"仁"出发，认物、认他皆为己，由此体认就能够做到"博施济众"的德行。反之，人们若体会不到世界万物与世间万民在"生意"上、在"仁德"上通而为一体，那必会以外物外人与己"不相干"，必不能去做"博施济众"的功夫，此可名之"痿痹不仁"。

人要真正做到"爱"，除了体认天地万物人我在"生生之道"上合一外，还必须进一步从心性良善的观念去体知。孟子提出"良知"说，尤其突出其先天性："人之所不学而能者，其良能也；所不虑而知者，其良知也。孩提之童，无不知爱其亲者，及其长也，无不知敬其兄也。亲亲，仁也；敬长，义也。无他，达之天下也。"②"良"者，优也，为价值判断上的好。在孟子看来，人从小不必学就自然会去爱其亲敬其长，这是一种生而具有的先验"良能"；而人自然地知道应该去爱其亲敬其长，此即生而知之的"良知"。如果说，"良能"还是属于人的一种天生的本能，人自然而然地去做，却未必能自觉地去做的话；那么，达到"良知"的水准，则属于人们一种较自觉的道德层次，人们在"良知"的驱动下，不仅这样去做，而且知道应该这样去做，是有意而为之。因此，孟子提出了著名的性善论："人皆有不忍人之心……所谓人皆有不忍人之心者，今人乍见孺子将入于井，皆有怵惕恻隐之心——非所以内交于孺子之父母也，非所以要誉于乡党朋友也，非恶其声而然也。由是观之，无恻隐之心，非人也；无羞恶之心，非人也；无辞让之心，非人也；无是非之心，非人也。恻隐之心，仁之端也；羞恶之心，义之端也；辞让之心，礼之端也；是非之心，智之端也。"③ 可见，仁爱

---

① 程颢，程颐. 二程遗书［M］. 上海：上海古籍出版社，2000：65.
② 朱熹. 四书章句集注［M］. 北京：中华书局，1983：353.
③ 朱熹. 四书章句集注［M］. 北京：中华书局，1983：237-238.

之情是根植于人内在先验具备的恻隐之心的，而这又被视为是"人"还是"禽兽"之根本区别处。

孟子的良能、良知和先验之善性在宋儒那里受到特别的关注。金溪陆九渊以发明"本心"为其学之宗旨："心只是一个心，某之心，吾友之心，上而千百载圣贤之心，下而千百载复有一圣贤，其心亦只如此。心之体甚大，若能尽我之心，便与天同。为学只是理会此。"① 在一般人看来，你是你，我是我，茫茫人海，无数之人都各不相同；但在陆九渊看来，虽然人与人在相貌、性别、职业、学养、地域等各方面均有差异，但人一定要超越这百般的差异，去体会"心"的同一性。当人能够真正体会"心"之共通性，便会舍弃人作为个体的差别而去追求并努力达到作为主体的同一性。明代王阳明说："是故君子之学唯求得其心，虽至于位天地、育万物，未有出于吾心之外也……故博学者，学此者也；审问者，问此者也；慎思者，思此者也；明辨者，辨此者也；笃行者，行此者也。心外无事，心外无理，故心外无学。是故于父子尽吾心之仁，于君臣尽吾心之义，言吾心之忠信，行吾心之笃敬。惩心忿，窒心欲，迁心善，改心过，处事接物，无所往而求尽吾心以自慊也。"② 在阳明先生看来，使天地如此规模（"位"），使万物生生化育，不外都在人之一"心"。因为，若没有人的"灵明"，天地之"高"又如何能明朗起来？若没有人的"灵明"，万物欣欣向荣又如何能显现出来？一切大自然的性质、发展都要靠人"心"去体验、去发显，所以，人"心"建构了宇宙万物的秩序，是一切变化发展的价值之源。至于人伦社会，则更是如此。具体的事父之"孝"的伦理准则，正是人心本有之"仁"的道德本性的发显，进一步推之则发于君臣间为"忠"，发之于朋友间则为"信"，等等。从孟子至陆九渊再到王阳明，提倡"良知良能良心"，是使中国人获得是非善恶的价值评判标准。在现实社会生活中，人们对待道德行为不轨者，往往以"你还有没有良心"，"你对得起良心吗"等责难之；而对那些有道德者则以"你的良心真好"嘉许之。恶人变善被人称之为"发现了良心"；善者变恶人则是"昧了良心"；等等。

可见，儒家"敬天爱人"之生命终极关怀中的"爱"，并不是简单地说人在生活中要有关爱他人帮助他人的观念与行为，更重要的是人们必须从两条途径去获得"爱人"的先验的超越性基础：一是外在的体会到人之性与天地万物在"生生之道"上的合一；二则在人本有的心性良善上人与人是相通的。立于这样的前提与基础，人们才可能发自内心、完全自觉、真心诚意地去亲爱亲人，去关爱他人，并与社会和大自然融会贯通，和谐相处。只有从内在"心性"与外在

---

① 陆九渊. 陆九渊集［M］. 北京：中华书局，1980：444.
② 王阳明. 王文成公全书［M］. 上海：商务印书馆，1934.

"天理"两个方面的体认出发的"爱"才是真爱,也才是持久和永恒之爱。

四是何谓"人"。在此,也不能以为"人",就是指你、我、他,"爱人"也就是爱你、我、他。在中国传统文化中,关于什么是"人"也有独特的含义。老子云:"故道大,天大,地大,人亦大。域中有四大,而人居其一焉。"人与天、地、道同为"大",地位是很高的。荀子则论人与万物之区别云:"水火有气而无生,草木有生而无知,禽兽有知而无义,人有气、有生、有知,亦且有义,故最为天下贵也。"[1] 万物只是一种"气",所以只是"物"而已;草木则在物的基础上有生命,但却无知觉;禽兽是物也有生命有知觉,但却没有"义";义者,宜也,也就是说,禽兽不知何者应当、何者不应当。人就不同了,人既有"气"亦有"生"、有"知",还有更重要的"义",也就是价值的标准、道德的观念,所以是比其他各类物特优的地方。《礼运》言人之卓越之处云:"人者,其天地之德,阴阳之交,鬼神之会,五行之秀气也。""人者,天地之心也,五行之端也,食味别声色而生者也。"人成为天地最精华的部分,故为"天地之心"。汉董仲舒更说:"天地阴阳木火土金水九,与人而十者,天之数毕也……起于天至于人而毕,毕之外谓之物,物者投所贵之端而不枉其中,以此见人之超然万物之上而最为天下贵也。人下长万物,上参天地,故其治乱之故,动静顺逆之气,乃损益阴阳之化,而摇荡四海之内。"[2] 又说:"人受命于天,固超然异于群生。入有父子兄弟之亲;出有君臣上下之谊;会聚相遇,则有耆老长幼之施,粲然有文以相接,欢然有恩以相爱,此人之所以贵也。生五谷以食之,桑麻以衣之,六畜以养之,服牛乘马,圈豹槛虎。是其得天之灵,贵于物也。故孔子曰:'天地之性人为贵'。明于天性,知自贵于物……"[3] 宋儒周敦颐云:"二气交感,化生万物,万物生生而变化无穷焉。惟人也得其秀而最灵。形既生矣,神发知矣,五性感动而善恶分,万事出矣。圣人定之以中正仁义,而主静,立人极。"[4] 在中国传统文化中,"人"生于天地,但却贵于万物,关键有二:一是有智慧、会思维、能判断、有意识等,发展之,则能裁成万物、驭使万物,使天地万物为己所用,改造自然与社会,提升生活的品质;二为道德性,即人生而具有确立是非优劣美丑好坏的价值评定——这就是良知良能,而其内容又先验的为"善",表现为仁义礼智的本性之善——是为良心。这两方面即是"人"之为"人"的根本之处。

---

[1] 王先谦. 荀子集解 [M]. 北京:中华书局,1997:164.
[2] 董仲舒. 春秋繁露 [M]//上海古籍出版社编辑部. 二十二子. 上海:上海古籍出版社,1992. 808.
[3] 班固. 汉书 [M]. 北京:中华书局,2000:1913.
[4] 中国社会科学院哲学研究所中国哲学史研究室. 中国哲学史资料选辑 [M]. 北京:中华书局,1982:58.

所以，儒家"敬天爱人"之生命终极关怀中的"爱人"之"人"，是从万物中的特异者来理解的"人"，其表现的"爱人"必是一种双向互动的，你爱人，他亦必报之以爱；你爱社会，社会亦会回之以爱；你爱大自然，天地自然亦会关爱你。因为，人人都有智慧，特别是人人都有先验之道德品格，推之于他人、社会、自然无不如此，故贯之以"爱"，人与他人、与社会、与自然也就能共生共长、和谐互动、其乐也融融了。

综上所述，"敬"是心有所主，一刻也不放逸；"天"是自然之天、人格神之天、命运之天、道德之天的和合体；而"爱"是立于外在之天地宇宙本质之"生生之道"和人之内在良知良能良心基础上的亲爱亲人、仁民和爱物；至于"人"则是一有智慧，二有道德，是源于自然万物又高于和贵于自然万物者。可见，儒家所谓"敬天爱人"的生命终极关怀，简言之，即是在通天地万物人我为"一"之基础上的对自然宇宙的敬畏和崇拜，是无私无欲地亲爱亲人，关爱他人和社会。只有通天地万物人我为"一"，即将自然宇宙之"生生之道"与人内在良善之"仁"完全打通，才可能心有所主，一刻不放逸，这就做到了"敬"，也才能真正去爱亲人、爱他人、爱万物。可见，"敬天爱人"的关键，不在外在的人们是否祭天敬祖和爱人助人的举止（因为有可能是被裹挟着而做、盲目地去做，等等），而在内在心性上能否把天地万物之"生生之道"与人之仁德之性合为一体，并成为人们外在现实行为的坚实基础。一个人只有在此基础上，所生发的"爱"才是真爱，才是永恒、持久、广泛的"仁爱"。

## 第二节　现代中国人为何难有"敬天爱人"的生命终极关怀

从对中国人"敬天爱人"之生命终极关怀的萌发、内容及发展的历史过程来看，它成为中国知识阶层、统治者，以及广大普通百姓共同的信仰和道德实践的主要原因是，"敬天爱人"之生命终极关怀有三个系统相互配合，采用了一种最具稳定性的鼎足而立的方式。1. "敬天爱人"之生命终极关怀有一个超越性理念系统在支撑，它要解决的是人们为何要"敬天爱人"。其超越性的价值承诺何在？传统中国人是从两条路径获得这种超越性价值之源的。一为内在的心性之学，即将"敬天爱人"之生命终极关怀建基于人之内在心性、良知、良心、仁爱等之上。二为外在的本体之学，即把"敬天爱人"之生命终极关怀与自然大化、宇宙之本相沟通，以本根、本体的超越性、神圣性、本源性和永恒性为人间的道德观念及道德行为奠立价值基础，属于这方面的观念有天、理、道、诚等。所以，"敬天爱人"的生命终极关怀，拥有了内外两方面的超越性价值基础。2. "敬天爱人"的生命终极关怀有着一系列传统的观念予以细化。在中国古代，伦理与道德虽密不可分，但意义上还是有所区别的。"道德"主要指人对"道"（天道、天理）之所获和所得，因此古人言"德"是"道"之"舍"。这构成人的道德品质，形成人的道德素养，如仁爱之心，如良知良能，如恭、宽、信、敏、惠等。而"伦理"主要指人伦之理，即人们由血缘关系产生亲缘关系、由亲缘关系产生地缘关系、由地缘关系产生人缘关系时所遵行之"理"（规则），如孝悌忠义，如礼智信等。当然，伦之理与道之德在许多方面是交叉重合的，它们共同组成了儒家有强大吸附力的生命终极关怀的观念系统。就"敬天爱人"之生命终极关怀而言，"敬天"是道德，是人在敬畏和崇仰"天"的过程中获得的各种德行，如敬与诚，如良知与良心等；而"爱人"则是伦理，是人们在人伦关系中、人际关系中所应该遵循的各种准则，如忠、孝、悌等。3. "敬天爱人"之生命终极关怀还有一个强大的辅助系统。"敬天爱人"是一种生命的终极关怀，要现实化为"实践理性"，成为广大民众的行为准则，就必须有一个支撑系统，其作用在把"敬天爱人"的理念和规范转化为一般民众的生活习俗，并形成某种社会性惩戒力量，使违反者受到谴责和惩罚。在中国古代，这种支撑系统十分庞大且效果显著，如家族家庭的系统、寺庙神社的系统、私塾学校的系统等。

但是，到了当代社会，一切都已发生了巨大的变化，中国传统的"敬天爱人"的生命终极关怀受到了强烈的冲击。从知识论的角度而言，每个现代人也许都知道应该去"敬天"，去沟通人与自然宇宙的关系，去获得一种生态型的生活，去注意环境保护，以实现可持续发展；人们也愿意去"爱人"，去亲爱父母兄弟姐妹，去爱大众乃至社会，以得到家庭内部的和谐、人际关系的和谐和整个社会的和谐。但是，知识论上的觉解，并不必然导致"敬天爱人"的现实行为，以至人们经常有知与行脱节之叹。知道应该去做，并不等于人们必然会去做。举目望去，现代社会"敬天爱人"者固然有，但不"敬天爱人"者却比比皆是。

为何现代人难以真正获得"敬天爱人"之生命终极关怀呢？为何现代人即使知晓应该"敬天爱人"却难以落实于现实的行动呢？这可以从传统社会的人与当代社会的人在"敬天爱人"终极关怀的区别上获得一些启迪。首先，社会生活发生了巨变，由农业社会进入了工商社会，农业社会靠天吃饭的存在方式已一去不返，工商社会的人征服自然、改造自然的能力空前强大，所以，农业社会的人与"天地"自然而然的亲和性也一去不返了，加之神秘主义的思维方式已被科学的理性思维所替代，"敬天爱人"之生命终极关怀也就难以进入现代人的思想深层。

其次，中国古代社会最大数量的普通百姓皆认可忠孝悌信、仁爱诚信义等生命终极关怀派生出来的规范，并能够遵循它去行、去生活，以走向爱人爱物，关键在其从"天"、"天命"、"天志"、"天神"等的敬畏与崇仰中获得了一种生命终极关怀的最高理念，由此生发出践履的坚定性。也就是说，他们从"敬天"中可以获得实践道德规范的支撑和基础。近代（1840年鸦片战争）之后，这种情况在逐渐地改变。因为与神秘思维及宗族生活相对的科学主义开始从西方引入中国；及至现代，随着新式教育的普及，中国人生产生活方式的巨变，在中国长期延续的有着极强生命力的对"天"的信仰已大为动摇。因为科学已经证明，所谓神秘性之"天"，不过是裹于地球之外的大气层；被作为"天神"存在最重要证据的雷电风雨等不过是种种自然天象罢了。于是，人们对"天"的敬畏、对"天意"的服从等都被归入应该破除和消灭的迷信范畴。这种神圣之"天"坍塌的结果，是中国长期延续的生命终极关怀所产生的一系列规范所由树立的最高理念的破灭，而缺乏"敬天"支撑的生命终极关怀的规范如"爱人"等，尽管可以长期保存在文献中，颂扬于大众传媒里，甚至不停地出现在许多政治人物、学校教育的话语内，但却难以成为人们自觉践履的德行。也就是说，这些规范人们可听却不会遵循，因为它们都不具有神圣性，不具备某种超越性带来的普遍敬畏心理的支撑。不能否认，现代社会中亦有很多"敬天爱人"的楷模，许多人也在做着"敬天爱人"之事；但也不能不看到，更多的人在遵循"敬天爱人"之生命终极关怀方面是被动的、不自觉的，乃至完全拒绝接受，更不要说去做了。

再次，如果说，作为古代中国生命终极关怀之外在价值之源的"天"在近代以后，主要是受到自然科学（如天文学）的挑战，而逐渐归于衰落；那么，作为"爱人"之内在价值之源的"良心"、"良知"、"人性善"等，则受到社会科学，尤其是其中的经验主义、实证主义方法的挑战，也渐渐丧失了其先验性和神圣性。因为，把"良知"、"良能"、"良心"等视为人之天赋善性，在科学方法论看来是一个无法确证的假设。人们既可以说人有天赋善性，亦可以说人天赋即是恶性，两种对立的观点均可以在现实中的人群里找到例证。所以，人天赋为善的观点在近现代人眼中，已逐渐成为一个无法证实的假问题，而"良知"作为"爱人"之生命终极关怀价值之源的地位亦随之坍塌。这就是诸如"敬天爱人"等中国式生命终极关怀在近现代一直受到怀疑乃至否定思潮困扰的深层原因，亦是其在现代中国人生活中影响越来越小的主要缘故。"爱人"的信念及德性丧失之后，许多人转而信奉人性恶，"人对人就像狼一样"，人与人的竞争、社会中的竞争就是"你死我活"、"弱肉强食"。如此，社会怎不出现种种乱象？人们怎能不感觉到交往的困难？人们又怎能不痛感生存之不易？这是传统生命终极关怀如"敬天爱人"之不足？抑是科学主义之祸？是社会发展要以遗弃传统的"敬天爱人"之生命终极关怀为代价？还是传统生命终极关怀应该也必须寿终正寝？这些都是十分严重而现实感非常强的问题，需要每一个中国人去深思熟虑，进而在生命教育中加以解决。

## 第三节　现代中国人如何具备"敬天爱人"的信念并化之于践履

从中国传统的"敬天爱人"之生命终极关怀的建立、发展、巩固，并最后瓦解的过程中，我们能获得哪些有益的现代启迪呢？最重要的一点是，我们应该清醒地意识到，在当代中国树立"敬天爱人"之生命终极关怀绝非仅仅是道德规范的教育、道德楷模的树立和宣传问题，它同时必须包括理念系统的创立和认同，道德范畴系统的创新和普及，以及社会礼俗系统的再建构，只有同时从这三方面努力，当代"敬天爱人"生命终极关怀的建构才有成功的可能和希望。

第一，从"敬天爱人"生命终极关怀的理念系统的树立来看，若仍求之于传统社会那神秘性的"天"、"神"等，显然是不行的，在有现代科学知识的现代人面前，如此教育肯定效果不大。笔者认为，必须树立新的理念系统。比如，可以创建名之为"生命本体"的道德价值之源，以作为"敬天爱人"之生命终极关怀的基础。

实际上，传统文化中"敬天"之"天"，其本质就在"生生之道"，它恰恰与人伦道德之"仁"相通为一。所以，古人的"敬天"也即是对人类神圣生命的敬畏。现代人要真正获得对大自然的环保态度，与自然和谐相处，即走向现代的"敬天"，就必须恢复人们对天地宇宙具有内在生命力的体认，而且这种自然生命与人的有机生命在本质上也是"一"。这样，人们就可以意识到，自己面对的万物并非一堆"死物"，而是内蕴勃勃生机、有着旺盛生命力的宇宙。尤其重要的是，让人们从敬畏"大生命"的基础上——无论是人类的生命还是万物的生命——重树"敬天爱人"之生命终极关怀。这样，我们就可能做到：当我们没有什么的时候不能没有良知，当我们有什么的时候不能有恶念。

第二，在现代社会推展"敬天爱人"之生命终极关怀最根本的还在解决"人之生活与生命之间的紧张"问题。如前所述，所谓人生包括生命与生活两大方面。生命是人生的存在方面，指生命体的存活过程；生活是人生的感受方面，是人们当下此在的活动与感觉。如果说，生活的品格是个我的、当下的；那么，生命的品格则是普遍的和历史的。人们若能够从个我性的生活走向普遍性的生命存在，从当下此在的生活迈进永恒无限的生命洪流，那么，便可以寻找到生活的意义与生命的价值，便可以达到"敬天爱人"的境界。遗憾的是，在目前许多人的生活实践中，这一切都出了大问题。市场经济的本质就是调动个人之主动性、积极性，倡导每个人都有独特的生存与生活的方式。人们从事经济活动，所获是自己的，享乐也是自我的，一切责任亦需自我来负。于是，生活的个我化空前凸显，人们一般皆只注意到生活的当下此在而不管生命的历史延续性。这时，金钱的拥有和物质的享受必然成为人们关注的中心。人们以为"拥有"，而且是物质性的拥有便是人生的一切，无拥有即是人生的失败，乃至痛感生活无意义，生命无价值。这样，人们把生活中的拥有等同于、混淆于生命存在本身，这是现代人生中的一大误区。应该意识到，无论是金钱财富的物质性拥有，还是权力地位的社会性拥有，一则拥有的数量与质量有多有少，有好有坏；二则，凡是生活中的拥有无不都易于失去和消解。只有生命才是普遍与永恒，只有去求取生命中的所获，如爱、如敬、如情、如义，等等，才是长久的心灵幸福。所以，要让现代人意识到，人不仅仅是"个我"的，还一直是"类我"的。从生活的角度看，生命是个我的；而从生命存在的角度看，则是类我的。比如，人是由父精母血构成，传承的是民族历史的文化，也只能在社会中才能存在与发展，等等。现代人在充分发挥个我生命潜能的同时，应该也必须从个我之生命中体会到类我生命的存在。

第三，在弘扬"敬天爱人"之生命终极关怀方面，中国人应该处理好"感恩"与"报恩"的关系，这是提倡现代"爱人"精神中的重要方面。中国人一般都有着浓厚的"报恩"观：父母生我养我，所以，我们要知恩报恩；师长教我育我，因此，我们必须知恩报恩；朋友帮我助我，故而我们应该知恩图报；等等。所以，在漫长的中国历史上，有为父母治病而卧冰求鱼、割肉为药引的孝子；也有为朋友两肋插刀，不惜牺牲生命的豪杰之士；还有持"一日为师，终身为父"的观念，一生随侍在老师身边的读书人；等等。

细细观察，报恩观建立的基础是：有一个实在的对象，或者是父母、师长，或者是朋友；而且他们都有恩于我，故我也要回报之。应该看到，报恩的观念是无可非议的，因为它反映的是人之常情，是人之自然本性使然，而且它还使生活中亲情与友情盎然；但是我们还是要清醒地意识到，一个人只有报恩的观念是远远不够的，在我们的人生中，还必须拥有"感恩"的观念。

感恩观与报恩观不同，它不是对一个特定的实在对象的感激和报答，而是对某种冥冥中之抽象物的全身心的感谢；而且，与报恩的状态不同，人们也并没有从这种冥冥之物中获得什么，人们的这种感谢不源于自己得到了许多，而纯粹是出于对超越之物的虔诚信仰。在电影中和小说里，常可看见这样的细节：天主教徒在就餐前，均要双手合十，低头喃喃祷告：感谢上帝，赐给我们盐、水、面包。然后，他们划完十字，才拿起刀叉享用食物。本来，盐、水、面包是最简单的食物，且是自己赚来的，又何谢之有？况且，"上帝"乃冥冥中不可知、不可感之物，又何必且何能感谢之？但是，有感恩心态者，并不求有一个实在的对象，也不在乎那个对象是否直接施予了恩惠给他；这种感谢是超越看得见摸得着的实在世界，也是与互换式的报答截然不同的。他们的看法是：感恩就是感恩，不为了什么，也不求这样做能得到什么。

放眼观望中国的社会，拥有报恩观念者可以说比比皆是。对己有恩必涌泉相报是一般人的处世原则，况且对象是给予我们生命的父母、教给我们本领的老师和心心相印的朋友。当然，另一种情况也大量存在：有许多忘恩负义者，你帮助了他，你有恩于他，但事情一过，他便忘得一干二净，或装做记不起来了。还有些人甚至置父母之恩于不顾，流于禽兽不如。这当然都是些特例，但即便那些有着强烈报恩观念者，从人生的境界而言也还是远远不够的。

因为拘于报恩者，必是有恩于己才施报；而无恩于己则可以毫无感激之意与相助之行，许多人视此为天经地义。可是，现代社会与古代社会已有本质不同，人们之间的交往空前频繁，不可能仅仅局限在一个家庭、家族和村落之内生活。因此，我们与之交往的许多人都不是亲人、师长和朋友。无论我们愿意还是不愿意，喜欢还是不喜欢，我们常常要到陌生的地方去，与大量的陌生人与陌生的事物打交道。如果你只有报恩观，对他人之事毫无兴趣，也绝不援之以手，那么，他人对你的事也必然无兴趣，也不会施予帮助。这样一来，可以肯定的是，你自己的人生不会很顺利，你会孤单、寂寞、无聊，乃至觉得生活没有意思，这就非常糟糕了。所以，现代社会中的人，除了要保持报恩观来维系亲属、师生、朋友的关系之外，还必须拥有感恩的观念。

因为有着感恩观念者，不一定要有恩于己才施报。它是从人们对冥冥中之抽象物的无保留的感激之情扩充而成的一种胸襟：为我们在世间的任何所获（无论获得的是好还是不太好）而感激；为我们生而为人（无论是何肤色也无论贫富贵贱）而感激；为我们拥有如此之多（无论拥有的是多还是少）而感激；为我们周遭的一山一水一草一木一动物（无论是否属于我们）而感激。这种感激是一种超越了与个我有关之人与物的心灵之情，它可凝聚成人们超越功利地关心他人、无私地帮助他人的行为，这就是有着现代终极关怀者才能达到的人生境界。如此，别人对你也必然是关心的、也是愿意援之以手的，这样一来，人们的生活将充满阳光，人们的人生将非常顺利，人们的朋友将遍天下，人们的生命也将朝气蓬勃。在这种情况下，中国传统之"敬天爱人"的生命终极关怀也就在现代人当中得到了相当程度的恢复。

总之，在21世纪，人类面临着许多重大的问题。人类运用智慧的品格和科技的手段，实现了生活水准的大幅提升；而现在，人类更应该运用人所具有的生命终极关怀的品格，去获得生命存在的高品质，这就需要我们大力弘扬中华民族"敬天爱人"之生命终极关怀的精神。而要具备"敬天爱人"之生命终极关怀，首先应该对"敬天爱人"从敬、天、爱、人四个方面分别作细致的分疏，认识到"敬天爱人"本身是一个内涵丰富、历史悠久的概念。从其基本意义出发，我们应该着力培养执著不放逸地去体认天地"好生之德"与人之内在心性之"仁"的合一性，从而达到亲爱亲人、关爱他人、爱护天下之物。这就使人们既从内在之精神层面，也从外在之行为方面发扬和光大"敬天爱人"之生命终极关怀。每一个有素质的现代人都应该努力地不仅从知识的层面理解"敬天爱人"，更必须从生命的存在面体会"敬天爱人"的深层含义，从而既能以身作则，又可将"敬天爱人"之生命终极关怀贯之以全社会，获得更有品质的生活，抵御不良生活习性的侵扰。这项任务十分艰巨，我们每一个人都应秉承这样一种无止境的追求精神,"敬天爱人",充实自我,服务社会,为人与自我、人与人、人与社会、人与自然达到更为和谐的境界,也为现代人获得更为幸福的生命和快乐的生活而努力。

**【建议参考资料】**

1. 宋元人. 四书五经[M]. 北京:中国书店出版社,2011.
2. 朱熹. 四书章句集注[M]. 北京:中华书局,1983.
3. 朱熹. 朱子全书[M]. 嚴佐之,刘永翔,主编. 合肥:安徽教育出版社,2010.
4. 周敦颐. 周敦颐集[M]. 梁绍辉,徐苏铭,校. 长沙:岳麓书社,2007.
5. 陆九渊. 陆九渊集[M]. 钟哲,点校. 北京:中华书局,1980.
6. 王阳明. 王阳明全集[M]. 吴光,编校. 杭州:浙江古籍出版社,2011.
7. 林语堂. 人生不过如此[M]. 西安:陕西师范大学出版社,2007.
8. 林语堂. 中国人的智慧[M]. 西安:陕西师范大学出版社,2007.
9. 梁漱溟. 人生的艺术[M]. 西安:陕西师范大学出版社,2007.
10. 林语堂. 吾国与吾民[M]. 西安:陕西师范大学出版社,2003.

**【问题与思考】**

1. 何谓"终极关怀"?其在人的生命长河中的作用是什么?
2. 中国人独特的终极关怀是什么?其内涵有那些?
3. 中国传统的终极关怀为何会在现当代瓦解?如何正确认识这种现象?
4. 现代人为何难以有"终极关怀"?如何重建我们"敬天爱人"之生命的终极关怀?

# 第八章 "死"是"生"的导师

**【本章提要】**

　　自有生命之物产生以来,便有了死亡现象;人类出现之后,才有所谓死亡观念。死亡是有生之物生命终止的现象,而死亡观念则是人们对死亡这种现象的性质与状态的看法、评判和概念系统。这一章我们要讨论的是,在生命教育的过程中,我们对死亡如果不是一般的知识性的分析,而是在逻辑性了解的基础上,达到一种高妙之境,且能够穿透生死问题,使我们能够更好地安排"生"、更坦然地面对"死",则就构成了所谓的"生死智慧"。现代中国人急需构建以"由死观生"及"生命既是实体性存在也是关系性存在"为核心价值的生死观,并涵养成高妙的生死智慧,来解决我们面对的生死问题,获得幸福之生与安乐之死。

**【学习重点】**

1. 学习如何面对日常生活里经常会碰到的有关生死的问题。
2. 学会如何面对自我之死的实存。
3. 学会由死观生地安排我们对待生活的态度。
4. 确立健康的生死观和高妙的生死智慧,以获得正确的生命价值、生活态度,以及人生正确的方向。

**【重要术语】**

　　生命实相　由死观生　珍惜生命　向死的存在　生死智慧　死亡尊严　来世　生命觉解法　幸存者的心态　超越死亡　临终关怀　生命体验法　实体性生命　关系性生命　个我生命　类我生命　大其心　阴间与阳间　"三不朽"　生死齐一　往生

## 第一节　生命的实相

　　前七章谈了中国生命教育的发展历程及核心问题,并对生活、生命、人生,以及生命的终极关怀等诸问题进行了深入探讨,本章则进入人生的终点站——死亡。人人都拥有生命,但我们知不知道"生命的本真"呢?这需要我们暂时从"生"的喧嚣中超脱出来,静心地去体会生命:其实我们每个人的一生就像是乘上"生命列车",手持一张"单程车票",生命就是一次一去不回的"旅行",且究其一生没有彩排,只有一次正式演出。德国人算人生有效时光以60年为标准,其中睡觉用去了20年,看电视、上网用去了13年,购物娱乐等活动用去了1年半,交通堵塞耽误了2年又4个月,打电话聊天浪费了1年,因对方无人接电话又浪费了6个月,赌博用去了1年又8个月,参加竞选、投票、游行、年轻时打架斗殴、成家后家庭吵架、有小孩后骂骂孩子等丢掉了4年又3个月,找东西1年,看乱七八糟的广告用掉2年,打官司浪费3年,上厕所1年……最后结果,真正用于工作学习的时间为9年8个月左右。可见,人生时光短暂,而有效的生命时间则更是有限。

大哲尼采说"参透'为何',才能迎接'任何'。"所以,一个人仅仅关注"生",未必能很好地"生";只有透悟了"死",并能立于"死"的视角观察"生"者,才能更好地"生"。这就叫立于生命的"终点"来看人生的"中点",自"死"而得"生",此之谓"由死观生"。也就是说,认识生命的本真,非得从体认死亡出发不可。我们可以做一个活动来计算一下自己的生命时光。

第一步:取一张有0—100的刻度的长纸条,并假设每一个人都能活到100岁,而这张纸条就代表你100岁的生命岁月。第二步:每个人都把自己已经走过的人生岁月撕下来抛掉,因为活过了的岁月已一去不返了,比如我活了二十岁了,可以撕掉二十格。第三步:请仔细思考一下,一般人们用来通过奋斗达到事业有成和生活幸福的时光大概是哪一个年龄段呢?一般来说,八十岁以后是颐养天年的时光,现在我们把八十以后时光的纸条折起来(表示时光还是你自己的)。第四步:现在我们手中的这段代表时光的纸条就是你人生中的有效时光。但是,一个人不能不吃不睡吧,所以光睡觉至少还要折掉手中纸条三分之一的时间段。第五步:我们再仔细看看剩下的不长的纸条,算一算自我真正有效的人生时光,然后写下在这段不长的宝贵的人生时光中,自己最想做的能够带来幸福与快乐的三件事,并与大家来分享。

在做完这个活动后,人们往往会写出这样的文字,"我觉得我的一生中要做的三件事情是:创业、孝敬父母、旅游";"我今天才发现自己的人生有效时光是如此之短,我要做的三件事情是:获得美好的爱情、找到好工作、陪伴父母";"在剩下的人生时光中,我要赚钱来孝顺父母,我要养好身体享受人生,我要找到一个情投意合的终身伴侣"……

从中我们可以发现,此时人们的想法似乎有一些是相同的,但也有一些是不同的,这都是个人的追求。可是,为什么人们会在此时想到一些比较长远的价值呢?一些我们平时生活中几乎忘记了的那些价值为何特别重要起来了呢?我们在日常的生活中,许多人不太知晓人生时光的重要性,对时间的稀缺性、不可逆性及珍贵性没有感性的认识。而生命时光计算法,关键在预设了"由死观生"的视野,让我们警觉生命的有限性,从俯瞰有限且有效时光的高度来达到掌控时间、珍惜生命、善用此生的目的。通过这样的方法，我们能够体验生命之可贵、生命时光之不能倒转和有限性，从而珍惜生命，珍惜不可逆转的人生时光，以奋发努力，获得人生最重要的那些价值。所以，在时光有限性的前提下，我们的追求似乎有了改变，我们不再以吃喝玩乐、金钱色欲是求。而时光有限性的背后，恰恰是死亡的存在，所以说，死亡的实存虽然是一种让我们胆战心惊的事情，但死亡观念却似乎又让我们的人生找到了方向和追求的目标。

德国大哲海德格尔说："生命是向死而存在的。"这是什么意思呢？这句话指出了生命本真的另一特点是：人的本质是由自身的存在过程创造的，存在是在选择中实现的，而选择是在人唯一的不变因素——死亡的观照下进行的。因为有"死"之存在，生命为有限，所以人们作出种种选择，在有限中追求无限，做该做之事，不做不该做之事。如果人类没有"死"或不知"死"，则无需作选择，无选择即无行动，无行动哪有生活？人之生命实已停止。所以，人的生命过程就是在死亡观照下的一步步进行选择和行动的过程，并从中获得价值，彰显意义，此即所谓"向死而生"。

所以，我们必须明白：死亡不是"无常"而是"正常"，死亡与生命密不可分，生命之意义是由死亡而确立的，这就是生命的本真。一个能把死亡想透的人，一定是个在生活中豁达、超然的人。所以，死亡并非只是负面的存在，其对我们的人生有着积极的意义，关键在于我们如何看待，如何去体认。

海德格尔又说："何时死亡的不确定性和死亡的确实可知结伴同行。日常的向死存在赋予这种不确定性以确定性，并以这种方式来闪避这种确定性。"① 这是什么意思呢？从生命本真的角度来看人类之死亡有两种特别的性质：一是死亡的必至性，人生中任何事件都可以改变，唯有死亡是不变的，其在必到时一定会降临，所以，每一个人都是"向死的存在"，此之谓"死亡的确定性"；但另一方面，从一个个具体的人而言，死亡究竟在何时何地降临又是不确定的，于是，人们常常以死亡的不确定性遮蔽死亡的确定性，这是一种鸵鸟式的"自欺"心理，表现于人们沉溺在日常生活中而忘怀了死亡的本己性，此之谓"闪避"。这将导致两种后果：一是由于人们不思死，亦不知死，从而在人生之中迷失了方向，无法构建生活中的正确态度与为人处事的基本原则；二是因为人们生时不思死，从而导致了对死亡的无知，而一当真正面对死亡时（亲人与自我），必会惊慌失措，痛苦万分，乃至好不甘心、死不瞑目；当然更无法超越死亡，获得永生与不朽。大哲的话可谓是振聋发聩，意味深长啊。

从总体上看，许多中国人缺乏心灵与精神的力量来面对死亡，尤其是缺乏心灵的力量与生死的智慧来消弭死亡负面的影响。所以，现代中国人必须要拥有心

---

① 海德格尔. 存在与时间［M］. 陈嘉映，王庆节，译. 北京：三联书店，1987：296.

灵的力量与精神的食粮——生死智慧——来应对死亡的存在和降临。

## 第二节 涵养生死智慧

人类从动物的"存与亡"到作为人的"生与死",是一次真正的历史性飞跃。动物仅有"存"与"亡",而作为人第一次有了自觉之"存"的意识时,此"存"便转为"生";第一次自觉到"亡"时,此"亡"便转为"死",世界上之生死问题由此开始。人类为追求更好地"生",不断改进生产工具,提高生产效率,创设社会制度,发展文明与文化;而人类为了推迟"死"的降临,则努力提高健康水平,发展出医药、卫生、保健、体育等方法;并且还为了追求有品质的"死",又发展出了哲学与宗教的系统,等等。可见,人类的发展史,从本质上看就是一部"求生抗死"的历史。当然,一切生物都本能地恋生畏死,但人之外的生物是没有生死意识的,所以,只能任生任死的自然化;唯人有生死意识,在死亡面前产生了深深的震撼,并萌发了喜"生"悲"死"之情,从而激励自己求生的意识以呵护、延续、张扬生命,躲避、抗拒乃至超越死亡。

那么,一提到死亡,我们的脑海中会出现什么想法?有人会说:"我平时经历过死亡的场景,一想到死,我好害怕、好恐惧、好焦虑。"也有人会说:"一提到死,我会产生一种人生如梦的感觉,既然我们必会死,我们为何要在生前努力奋斗呢?"还有人会说:"我弄不明白死亡是什么,我觉得人类在死亡面前好无知、好无力。"其实,生死问题在某种意义上就是存在与虚无的问题,因为生理上的活着或者死去,对人来说只是一种自然发生的过程,它本身是没有意义的,其意义来源于我们对它的关切,如生的渴望和死的恐惧。所以,人最重要的是如何生如何死,而不必知道生与死之间的距离有多远。

人们这些想到死亡时的感觉都是真实的,死亡带给我们的问题是多种多样、复杂无比的。为何人们对死亡有如此多的疑问、如此多的不同感觉呢?其实,死亡在本质上是不可知的,活着的人不知死,而逝者又不能言说;死亡是人类认知的"彼岸",是我们无法真正知晓的东西。所以,各种宗教及文化都有对死亡的不同表述。不过,虽然我们不知"死",但在面对死亡时,人类还是应该且必须追求死亡之尊严的。

在电影《非诚勿扰2》中有这样一段"墓地谈话"。剧中人物李香山突然知道自己得了一种黑色素瘤,这是一种恶性肿瘤,自知在人世已日子不多了。一天,他与好友秦奋来到一个墓园中,他说:"什么呀,整个一大通铺。活着扎人堆里,死了还是人挤人。"意思是说,他极不情愿逝后进墓园。香山又说:"奋,其实我不怕死,但是怕生不如死。"秦奋沉默了一会说:"去海边吧,趁着还能动。"香山说:"我能相信你吗,朋友?"秦奋说:"你有选择吗?除了我。"后来,在影片的后半部,秦奋主持了一场"人生告别会",让李香山生前领略了追悼会的场景，知道了人们对他的评价，也获得了应对死亡的智慧。

在这个电影片断中，实际上谈到了一个问题，我们应该用什么样的心态、什么样的智慧，来应对现实中突然降临的生死场景。什么叫"我承诺给你尊严"？难道死亡还有所谓尊严吗？有的，上面我们已谈到，人们是不可能真正害怕死亡的，因为死亡是不可感知的，任何的害怕和恐惧都要人感知到之后才能产生。所以，人们害怕死亡，实际上是对死亡的现象及形貌的恐惧。因此，香山才会说"其实我不怕死，但是怕生不如死"。我们要追求的"尊严之死"，首先指的是，我们在死亡的过程中尽量少受痛苦。因为在现代社会，当死亡降临时，大多数人皆是由于患了某种严重的疾病，在医院里进行复杂的治疗，这将产生令人难以忍受的痛楚。如果人们是在钻心之痛的过程中死去，一定是非常不安的，丧失了一切生时的自尊与自信，那是谈不上有任何尊严的。其次，尊严之死指的是这样一种死法，人们能把所要交代的心事全部对有关的人倾诉完，然后安然瞑目。最后，尊严之死还意味着人们能按自己的心愿、自我的意识去迎接死亡。因为弥留者处于一种最软弱的状态，常常丧失了自我的主张与意识，这时外人最容易忽视乃至无视临终者的需要和愿望。当完全违背临终者的意愿采取某种引发极大痛苦的医疗措施时，临终者是没有获得尊严之死的。此外，当临终者心愿未了，生前死后之事皆未能安排妥当，他当然也是没有尊严就逝去的。那么，李香山在秦奋的帮助下，基本上是实现了尊严之死的：他召开了一个生前告别会，把该说的、该感激的话都说完了；并且最后自我选择了告别这个世界的时间与方式。其实，一个人如果获得了尊严之死，将拥有极大的面对生死场景的心灵力量。所以，我们是无法选择生的，那时的我们想必是又皱又丑；但我们也许可以把握自己的死亡，让其变得美好、从容甚至惊艳。

我们当然不能提倡李香山最后自我蹈海的选择，但"人生告别会"所营造的氛围确实是一个好的结局，实质上是让人们在生前便先行到死亡中去，从而明白如下的生死之道：我们不仅要追求生活中的所获，更应该追求生命中的所获。在前几章，都已经谈到"人生"实际上由两大部分构成：一是"生命"，二是"生活"。生命是人生的存在面，生活是人生的感受面。我们讲"生命"，意味着人生之过去、现在、将来的合体。没有过去的生命，你不可能有现在的生命；若没有未来的生命，你是一个死人，所以，生命是一条"流"。而我们讲的"生活"，是指当下此在的感受，过去的生活感受已经过去了，未来的生活感受还没有开始，所以，人之生活是一个"点"。一般而言，人生包括生活与生命，生活追求物质享受，生命追求情感精神；生活追求当下的感官刺激，生命则追求幸福长久。李香山在自己的"人生告别会"上说："屡次被人爱过，也屡次爱过人，到头了还得说自己不知珍重，辜负了许多人的盛情和美意……。活着是种修行，李香山此生修行，没修出什么好事来，人太忙了，忙挣钱，忙喝酒，忙着闹感情危机，把大好时光全忙活过去了。"这是什么意思呢？站在死亡的立场看生前的一切，李香山觉得挣钱、喝酒、感情危机等世俗的追求，是浪费了大好的人生时光，而"爱"和"情"等才是我们最值得追求的价值。李香山又说："感谢各位装点陪衬了我的一生，今天又送了我一程，你们的情，你们的好，我都认下了，都拷进脑子里了。我将带着这些记忆，走过火葬场。我没了，这些信息还在，随烟散播，和光同尘，作为来世相谢的依据，假如有来世的话。"当一个人面对死亡时，平时特别看重的金钱、地位、权势、美色等都不重要了，因为这些物质性的东西都是转瞬即逝的，因为人们生带不来，死也带不走啊！诚所谓"去天堂的车没有行李架"。那么，究竟有无"来世"呢？人们热切地盼望有，但又心虚，不知有没有！应该说，那个"来世"可能不是一种实在的存在，而是某种精神及心灵的空间。所以，人类情感与精神性的东西是可以刻骨铭心、情谊永存的，是可以不朽的。

　　如果我们不是在直接面对死亡时才明白这个道理，而是在活得很好、很健康时就明白这些，那要怎么做呢？我们要把每一天当成最后一天去过，才能珍惜我们的生命、生活与人生。实事求是地说，人生在世，不能不去获得这获得那、不能不想着赚钱、积累财富，也不能不去追求享受，也不是不要去获得权力，这些是我们人的生活中重要的所求和所获；但生活中的所获是短暂的、易失去的，所以，我们同时必须明白，人生中最重要的东西并不在金钱、享乐和权力，除了这些生活中的所求与所获外，我们必须从生活走向生命，从而明白：人之生命在于创造，在于你为这个丰富多彩的世界增添了一些什么，一如我们的前辈先贤所做的那样。这些才是人之生活与生命中最重要的内涵，也是最为宝贵的东西：因为这些价值是永恒的，获取了这些，我们也就营造出了"来世"，并永恒存在于这个"来世"之中。

　　从这样一种视角，我们再来看电影《非诚勿扰2》中秦奋向梁笑笑求婚的片断，不会有新的感觉吗？秦奋经历了李香山的人生告别会，并亲眼目睹李香山蹈海，在这种"由死观生"的氛围下，秦奋与梁笑笑的情爱观有了极大的改变。秦奋向梁笑笑求婚时说："一辈子很短，我愿意和你将错就错。"因为李香山在"人生告别会"上说过这样的话："婚姻怎么选都是错的，长久的婚姻就是将错就错。"二人终于结成了幸福的一对。

　　那么，为何他们会改变并最终成为幸福的一对？因为有了死亡的背景，他们更加珍惜生命时光；有对死亡的体认，他们更明白了爱情究竟是什么，等等。所以，面对死亡，我们是不是感觉到时不我待？是不是觉得尽孝要即时、事业要抓紧、家庭很重要、生活要快乐、人生要幸福？

　　2012年5·12四川汶川特大地震后，有一则短信被广为转发：

　　　　活着真好，莫在意钱多钱少，

汶川的震波，分不清你是乞丐和富豪；
活着真好，莫计较权大权小，
汶川震塌的楼板，不认识你头顶着几尺官帽；
活着真好，莫为身外之物、世态炎凉烦恼，
汶川的废墟，掩埋了多少豪情壮志，俗事纷扰；
活着真好，记住汶川这分分秒秒，
幸存的生命，再次演绎了爱的伟大、情的崇高；
请记住我在时时刻刻为你祈祷，
珍惜这份情，这份爱，你会活得更好！

由"死"才能透悟"生"的真正含义——"活着真好！"这是四川汶川特大地震后，人们对生命最强烈的眷恋。所有的功名利禄、世态炎凉在生命面前都显得那样灰暗、那样微不足道。我们有什么理由不珍惜自己的生命呢？

2010年7月3日，笔者第四次赴汶川地震灾区，送去了我们的新著《生命教育公民读本》一书，不仅看到了崇州街子镇高墩村灾民安置点的新貌，而且对村民王久平在欢迎会上所说的一段话深为感动：

大家上午好！

今天成都市为我们地震灾区送来了《生命教育公民读本》。在这里，我代表街子镇高墩安置点所有的妇女，向关心我们的各级领导，真诚地说一声谢谢！感谢你们为我们提供这么好的精神食粮。5·12汶川地震后，使我们明白了生命的可贵，也使我们更懂得了，什么荣华富贵、金钱和地位，真是太渺小了，只有人的生命和健康、深情与感动，才是最最重要的。所以，我们活着的人应该好好把握自己，珍惜现在，一定善待自己，好好享受现有的生活，应该更加地懂得享受人生，享受人与人之间那种真情！

这就是"由死观生"智慧的功效。因为，人们由死观生的结果一定是：人生中最大的价值是创造，是亲情友情人情和爱情。因为任何物的东西都会朽坏，唯有精神与情感可以不朽而永存。明白了这个道理并贯之以人生的实践，便可以让我们在短暂的一生中创造出更大更多的意义与价值，让人生更辉煌，并获得了面对死神时的坦然与心安，因为我们有了在"来世"的永恒。一位亲往火葬场去体验死亡的网友写道："思考死亡会让那些无法逾越的苦痛变得渺小，因为知道有一个终极结尾在等待自己，这样才会对生命、亲情、爱情、友爱、真诚等热爱得坚定，才会有质量地获得生命的完美……"这也是印度诗人、思想家泰戈尔所说的"生如夏花之灿烂，死如秋叶之静美"的意思。另有一位北京社会职业管理学院实习生石念生写道："在殡仪馆工作的那段期间每天都会有不同的人离开这个世界，有的只在这个世界生存了一天，还有的老人活了100多岁，每个人的寿命是不等的。我有时会感叹生命的脆弱，但我们却无能为力，下一秒将会发生什么我们都不知道，但是在这有限的生命里怎样发挥出最大的价值是由我们自己决定的。爱斯基摩人每天都过得很快乐，因为他们把每一天都当做生命的最后一天来度过，他们没有时间想那些不开心的事情，唯一要做的就是充分地利用好每一天，不让自己在生命终止时感到后悔。有人说世界上'后悔药'的产品说明是这样的——产品名称：后悔药；成分：南极光，北极水，赤道冰；保质期：昨天。所以说我们根本就没有任何后悔的机会，既然这样就更应该把握好每一天。有很多事情是我们不能决定的，例如我们不能决定自己的出身是否显赫，不能决定我们的寿命是多长，但是我们能够决定的是我们应该用怎样的心态去面对生活，应该在生命这张白纸上涂上什么颜色，在生命终结的那一刻要交出怎样的一幅画卷。碌碌无为、浑浑噩噩的一生是可悲的，越挫越勇才是现在的主题，每个人的一生都不是完美的，但就是因为人生的不完美才会使人们为追求完美的人生而奋斗！青春在拼搏中闪亮，人生在奋斗中豪迈！即使是昙花一现又如何？至少我们盛开过、美丽过……"因此，是"生"让"死"超脱，是"死"让"生"不朽；生命的出现纯粹是偶然，而生命的终结却是必然。生当何去，死亦何归？这是我们每一个人都要严肃认真对待的"生死大事"。

　　所以，人要"从死往回活"，那才能活得明白。当我们奋斗过、努力过、追求过、回味过、真爱过时，就没有什么后悔，没有遗憾，我们要努力丰富生活的每一天，怀着一颗感恩的心成就每一天。

　　由此，我们也可以获得一种"消解死亡恐惧的生命觉解法"。人不可能怕"死"本身，那是怕不了的；而是怕"死"的观念和死的形貌。我们要学会在"死"的背景下成长起来，懂得生命的可贵。我们每个人在生活中都会有这样的经验：我们对越不熟悉的东西与环境，就越容易产生担心与害怕的心理；而我们越熟悉的事物与地方，我们也就越能安心和无惧。如果说，这个世界上有一个我们最不熟悉、最无知的事物的话，那么它就是"死"了。所以，人类最害怕的事物不是别的什么，也就是"死"这个东西了。台湾成功大学教授赵可式博士问临终病人，为何恐惧"死"？其中一个病人答道："毕竟我没有死过，我不知道死亡是个什么样的东西，是什么滋味及景象？死后会到哪里去？全都不知道。"所以，人们对死亡的害怕，第一个方面就是"对未知的恐惧"。但是，人们对"死"的未知，实际上正显示出"死亡"本质的一面，即：活着的人是不可能经验"死"的。人的意识、观念、认知的领域已经因我们的感官与思维而划定了确定的范围，人是无法越出一步去知道更多东西的；而人之"死"，是人的所有生理器官的衰竭与停止，如此的话，我们又如何能知"死"？所以，可以这样说，人都是活人，"死"与我们毫不相干，因为"死"者没有任何感觉与知觉，这就是古希腊哲人的看法。中国古代的哲人也讲"生不知死，死不知生"，又何必怕死？又焉能怕死？试想一下，我们什么都不知晓了，拿什么去害怕呀？"恐惧"是一种人的心理活动，它带给人一种无助的、担心的、焦灼的痛苦，其产生的基础是我们活着的机体；而"死亡"一旦降临，活的机体已不复存在，我们又焉能"恐惧"？因此，人们怕死，实质上不是对一种实存事物的怕，而是对抽象的观念的害怕，由此，人们也许可以获得一种消解死亡恐惧的方式：我活着时，死亡未来临，即便临终前的刹那，我们还是活人，不知"死"，又何必怕"死"？而当我死去时，我无知无觉，我已经不能怕了，因为我没有什么可供自己产生害怕情绪的基础和前提。这些可以说是一种哲学上的生死智慧，所以，哲学在某种程度上被认为是"死亡的练习"，学习生死智慧是摆脱死亡恐惧的重要途径。伊壁鸠鲁教导人们说："当我们存在时，死亡不存在；死亡存在时，我们已不存在了……"。人生的核心问题是如何在现实世界中追求快乐、幸福的生活，死亡对于人而言根本不是一个问题。帕斯卡尔指出："不去想它，然后坦然自若地接受——这是对付死亡最好的方法。"斯宾诺莎则说："自由的人绝少思想到死，他的智慧不是死的默念，而是生的沉思。"亚里士多德说："我们应该尽力使我们自己不朽。"雅斯贝尔斯认为："学习如何去生，和学习如何去死，实际上是一回事。"生死学家萝丝也说："死如同生一样，是人类存在、成长及发展的一部分……它是我们生命整体的一部分，它赋予人类存在的意义。它给我们今生的时间规定界限，催迫我们在我们能够使用的那段时间里，干一番创造性的事业……因此，从正面的积极意义来看，死亡的意义可说就是'成长的最后阶段'，也就是说'你是什么，以及你所作为的一切，都在你的死亡中达到了最高潮。'"在中国古代思想家看来，人是从"无"中来又回到"无"中去的，有生就有死，"死"是人的"故乡"，而"生"则是人们背井离乡在外游荡。人总是要回家的，回家当然是好事，又有什么可害怕的呢？人过好每一天，就是过好一辈子。

　　此外，由死观生的智慧还可以培养我们用一种"幸存者的心态"来应对世间万象。所谓幸存者即是在大灾大难甚至死亡胁迫下躲过来、挺过来者。从狭义的角度来看，幸存者似乎只是芸芸众生中的一小部分，但广义来看则不然，我们每一个人都可以说是生活中的幸存者，因为人总是要死的，而死亡在何时降临也无法准确预测，我们在这样的生活实存中应该升华出幸存者的心态。也就是说，在生活过程中，要有死亡的意识，否则我们抓不住生活，丰富不了生命。我们要以人人必死的生活实相来时时警示生活的有限性，以一个幸存者的心态来对待生活中的每一天、每一时、每一个生活的事件、每个与他人交往的时刻。这样，我们才可能真正超越忧、烦、畏、痛苦与不幸的状态，全身心地拥抱生命，享受生活。不仅接受生命中的幸福，也甘愿承受生活的痛苦与挫折。一个人不执著于"生"，才会有真正的"生"；不执著于"死"才有真正坦然的"死"。生死皆自我承担，自做主宰，才能获得生死皆自由的理想境地。有一名经历过5·12四川

# 生命教育

汶川特大地震的人说:"每一个生者都是幸存者。从 5 月 12 日开始,我们的生存都是劫后余生。事后才知道,我们只是经历了一场有惊无险的地震,在遥远的汶川,城市夷为平地、楼房轰然倒塌。多少张鲜活的面孔瞬间定格在永恒的记忆里、多少场正在上演的浪漫爱情也戛然而止,画上句号。大地不经意地抖一抖,却让您的儿女遭受非人的痛苦。惨不忍睹的场面,让我们的双眼一次次地朦胧。在灾难突如其来的时候,生命总是如此脆弱、不堪一击。人生的成与败、得与失,在此刻也显得那么渺小、苍白……经历过这场地震的洗礼,我们对生活的态度也在一瞬间作出了很多改变。曾经金钱充斥着我们的良心,名利迷离了我们的双眸,道义被遗忘在某个角落,良心被无知掩埋,感情变得一文不值……只有在此刻,我们深深体会到了生命的神圣与可贵,生命是不能重来的,但我们的人生可以重新来过。为什么有些话在我们来不及说的时候才想说,有些事在我们来不及做的时候才想到去做呢?于是我们才开始醒悟了,我们抛弃了人世间累赘、浮华的东西,没有了虚情假意,也淡泊了金钱名利,只崇尚道义、良心、亲情、人情。我们内心深处散发出了人类最本性的善良芳香,我们被某些人、某些事融融感动着,我们冷漠的双眼也流下了热情的眼泪。一次地震,让我们失去很多、又让我们得到很多。又是一夜无眠,心系灾区人民,可我们又能为他们做些什么呢。我们唯有祈祷生者坚强、逝者安息!"① 这种向死而生的生活态度是非常重要的。人不能只是一个看客,感慨万端之后就又照常挥霍生命。我们不能到死亡降临的时候才知道去珍惜生命,我们要把每一天都当成生命中的最后一天去活。生命不可重来,我们也难以增加生命的长度,但如果我们抱持一种珍惜生命、珍惜时光的态度,便可以增加生命的厚度、高度与宽度。

因此,我们要善于从生命的残缺,甚至凋零中理解生活的圆满。生命状态是在比较中才能突显其存在之性质的,一个人仅仅局限在自我生活中难以了解其真实状况。许多人为何身在福中不知福,更无"惜福"的观念?就是缺乏比较生活的视角。如果我们同残疾人生活一段时间,便会知道自己四肢健全是多么可贵;如果我们去悉心照顾病患者,便会从心底感谢这一"生活的老师",因为他们以身示现,让我们知晓自己的生活状态是多么的幸福,让我们明白"珍惜当下"的重要与必要;如果我们还能与临终者待上一小会儿,我们想必会更珍惜自我之生命与生活,更懂得如何善用此生,怎样去把握人与人相识的缘分。这即是我们从与残缺生命的比照中得到了生活的圆满,也在相当程度上消解了生活中的痛苦与不幸。因此,人的一辈子就是一次对人生的体验,没有后悔药,没有回程票,有些东西错过了就是错过了。所以,要把握时机,即使最后不成功,但起码

---

① 佚名. 地震后抛却了浮华,留下的只有真爱 [EB/OL]. [2008 - 05 - 20]. http://lhnews.zjoe.com.cn/lhrews/system/2008/05/20/010464565.shtml.

有了努力，体验到了奋斗努力的感觉，甚至品尝失败的滋味也是不错的，至少我们在人生之路上可以"吃一堑，长一智"。

## 第三节　超越死亡

最后，我们还应该从"由死观生"出发，最终达到"超越死亡"的境界。其实，死亡对任何人之人生皆是最大的威胁，面对死亡，我们会问：我们这一辈子值吗？我的人生有价值与意义吗？死是什么呢？有没有超越死亡的途径呢？这是我们终极的灵性问题。

一个有着正常生活者，都会把死亡视为人生最大最深的悲剧。中国人则对死亡表示出一种特别的恐惧，所以，民间百姓皆奉行一种"好死不如赖活"的人生观，即便生活品质再低，再艰难，也要活下去。因为死亡不仅让人产生极度的恐惧，而且还会导致撕心裂肺般的肉体痛苦，死还意味着我们生前拥有的一切顷刻间化为乌有，不仅是物质的丧失，更是生命及一切人际关系的丧失，同时还伴随着不知死后将何之的恐惧。这样一些生死的预期，使人们皆表现为喜生厌死，这是很正常的现象。

那么，面对死亡，我们究竟会出现哪些问题呢？在现实生活中，我们常常会看到和听到许多面对死亡者，显露出强烈的不安和焦虑，对死亡万分恐惧与痛苦，除其平时的人生观有问题外，往往起因于心中放不下某件事：或者有个重要的工作没有完成，或者对亲人将来的生活感到担心，或者觉得自己这么早就死去实在是不应该，等等。所以，现代医学的最新发展之一——临终关怀，在对临终者进行生理与心理的治疗过程中，满足临终者曾经有过的和现在新产生的心愿是其最重要的工作内容之一，其目就是要使他们死而无憾。一个人只有死时没有任何放心不下的东西，才可能达到较高的死亡品质。当然，如果临终者在此时还能找到一条超越死亡之路，他们的死亡品质就可以得到进一步的提升。那是一条什么样的路呢？这是人类终极性的问题。

我们再来看看《非诚勿扰2》中香山谈死亡这一片断。李香山说："反正我是不能再抱怨生活了，该得到的我都得到了，不该得到的，我也得到了。"他觉得自己活的这一辈子值，但是，李香山又执著地追问"死是什么"的问题，其实也就是在寻找超越死亡之路。北海道农民邬桑："怕死吗，香山？"李香山答："怕，像走夜路、敲黑门，你不知道门后是五彩世界，还是万丈深渊；怕一脚踏空，怕不是结果，而是开始。"香山问："死是什么？你知道点什么？"邬桑说："有光，跟着光走，老人们都这么说。"香山又说："死是另一种存在，相对于生，只会生活是一种残缺。"

这样一些对话，都是大家在寻找超越死亡之路的企图。这时，香山的女儿读了诗《见与不见》（原诗名为《班扎古鲁白玛的沉默》）：

你见，或者不见我，

我就在那里，

不悲不喜。

你念，或者不念我，

情就在那里，

不来不去。

你爱，或者不爱我，

爱就在那里，

不增不减。

你跟，或者不跟我，

我的手就在你手里，

不舍不弃。

来我的怀里，

或者，

让我住进你的心里，

默然，相爱，

寂静，欢喜，

  从这首诗中，李香山及大家似乎获得了超越死亡的途径，这是一种最高的生死智慧——死后回到人们的怀里、住进人们的心中——死亡的黑暗背景衬托出了生命的光彩。在这样的背景下，我们可以清楚地了解"消解死亡痛苦的生命体验法"。其关键在于：一是改变我们以生命为实体性的狭隘认识，意识到人类的生命不仅是实体，更是关系性生命；二是突破个我生命的限囿，意识到人类的生命还是"类我"的。立于这样一种全面和有机的生命观，就可以把自我之小生命与他人之生命，乃至宇宙的大生命加以沟通并融汇为一、合成一体。这样，我们就能够体会到这样的真理：生命具有共通性，"死"不是毁灭，而是新生、再生、共生——从而永生。所以，死亡是"中止"而非"终止"。

  明嘉靖七年（1528 年），一代大儒王阳明重病于越返归，舟行至江西南安府青龙铺将临终，门人周积问遗言，"先生微哂曰：'此心光明，亦复何言？'顷之，瞑目而逝"①。"此心光明"亦即阳明子之精神生命与"天理良知"合为一体，从而超越了生死，于是，无有生死恐惧。王阳明的生死智慧在于：如果人们在一生中能够复返"天理良知"之本，由有限之个我现实生命去与无限之宇宙本体生命合一，借助于后者，个人之生命也就无限了，如此便可以超越死亡而永恒，昼夜生死，这就解决了生死的困顿。1588 年阳明后学的罗汝芳行将就终，益王

---

①  王阳明. 王阳明全集［M］. 吴光，编校. 上海：上海古籍出版社，1995：1324.

府的左长史万言策求字，罗汝芳写道："此道炳然宇宙，原不隔乎分尘，故人己相通，形神相入，不待言说。古今自直达也。后来见之不到，往往执诸言诠，善求者一切放下。放下，胸目中更有何物可有耶？愿同志共无惑焉。盱江七十四翁罗汝芳顿首书。"真是以与"道"合一、一切"放下"为精神支柱，淡然面对生死之关。万言策出来碰上了建昌知府袁世忠，叹云："先生当弥留之际，志意坚定，言动不失故常，字势遒劲，行列端整，且计日反真如归故宅，一切放下宗旨，进于忘言也已。"① 阳明子以"此心光明"面对生死之际，罗汝芳以"计日反真如归旧宅"静对生死之关，他们都达到了生死坦然之境。这种生死的回归之路是：个我的生命体消亡了，但生命力（仁）回归了生命的大本大源（生生之道），从而"死"（个体生命）转化为"生"（生命本体之生生不息之道）。所以，一个人若仅仅从实体性生命和个我生命的视角来观察，必会觉察生命由形成、孕育、出生、成长、成熟、衰老、死亡等阶段组构而成；而死亡则意味着生命的毁灭，这成为人生的最大痛苦。不过，我们如果能够跃出实体性生命及个我生命的限囿，从生命整体和关系的高度来看一看，这时我们就能发现：所谓生命的毁灭仅仅是实体生命、个体生命的消解，而绝不是"类我生命"和关系性生命的完结。恰恰相反，实体性生命及个体生命的死亡正是类我生命创生的一种形式。所以，与其说"死"是生命的终结，毋宁说"死"是生命再生的中介。也就是说，我们每个人虽然都会"死"，都必"死"，但此"死"是实体生命及个体生命的"死"，而我们的关系性生命、类我生命便渗入整体宇宙生命的创生过程中去了。我们身体的分解，实使更多的生命在繁殖；我们的生命信息仍然在世间保存；我们的"死"实形成了滚滚不息生命洪流中的一朵美丽永恒的浪花。所以，对于浩瀚的宇宙来说，人也只是一个匆匆的过客，生命实在太短暂，我们人类无法改变死亡的结局；但我们人却可以用心去感受生命、感受活着时的喜怒哀乐。我们要常以一颗感恩的心对待自己身边的人和物，我们要以一种敏锐的感觉去感受一切。那么，在死亡降临的那一刻，我们便可以从容面对，可以毫无遗憾地说：我们活过，真实地活过，幸福快乐地活过。

因此，我们每个人都要学会"大其心"的人生方法，跃出个我的生命躯壳与经验，立于宇宙之整体来体会生命的类我及关系性本质；并从自我之死的执著中跃升出来，由此，便可以"死"亦是一种"生"来获得心灵的解脱，并察觉到他人之"生"又何尝不是自我之"生"的一种状态？如此，又何有"死"？无"死"，又何必要怕"死"、拒"死"、不安心于"死"呢？这一观念可称之为消解死亡恐惧的生命体验法。

其实，在中国民间社会根深蒂固的"生在阳间，死归阴间"的观念就是一

---

① 罗汝芳. 罗汝芳集［M］. 南京：凤凰出版社，2007：851.

种从生命的类我性、关系性来超越死亡的智慧,其实质在于沟通生者与逝者的存在空间,以之来安慰生者。传统中国社会中的人,往往视生命与生活是非个我的,而是家庭与家族大生命中的一个环节,所以其生存活动不仅是,甚至主要的不是为了自我个人的生活享乐,而是增加家庭、家族的人口与财富,"为祖宗增光"。所以,死不过就是从"阳间"进入"阴间",成为祖坟山里的坟墓或祠堂内的"牌位",自我仍然是家庭家族血脉中的一环,还可以为家庭和家族的延续作贡献。这样,他们在面对死亡时,就可因为子女儿孙生命的延续和家族的兴旺产生一种欣慰感,对死也就不那么恐惧了,此之谓"阴间与阳间"的生死智慧,其基础就在于生命的类我性与关系性。所以,有人说:死不是生命的句号,而是一串言已尽而意无穷的省略号。

而中国古代儒家的生死智慧是"三不朽"(立德、立功、立言),是"杀身成仁,舍生取义",这也是立足于人类生命的类我性与关系性基础之上的。那些有着远大人生理想者,会把个我生命与民族、国家的大生命相沟通,树立起"修身齐家治国平天下"的理念,这样他们就能由民族与国家的强盛发达而获得精神安慰,乃至勇于赴死,获得对死亡的蔑视和超越,如此又何有死亡之恐惧?此之谓"三不朽"的生死智慧:崇高的品德可以使人世世代代传颂,建功立业可以让民众长久受益,精辟的言论具有永恒的价值,故而三者都能使人超越短暂的生理生命的局限性,恒久地活在人世间。当然,这只是一种精神性的存在。

中国古代道家则从生命的类我性和关系性出发,发展出"生死齐一"的生死智慧。对于那些有极高的精神修为者,他们往往按中国道家的观念去做,视人之生与死如气之聚和散,亦如昼夜轮替,"方生方死,方死方生";这样,人们就可以做到"死生无变乎已",让精神"游乎尘垢之外,逍遥乎无为之业",终则"入于不死不生"之超然之境,获得绝对的生死自由。真正拥有这样的生死观,又怎会不甘心于"死"呢?所以,庄子"妻死",却能"鼓盆而歌":"庄子妻死,惠子吊之,庄子则方箕踞鼓盆而歌。惠子曰:'与人居,长子老身死,不哭亦足矣,又鼓盆而歌,不亦甚乎!'庄子曰:'不然。是其始死也,我独何能无慨然!察其始而本无生;非徒无生也,而本无形;非徒无形也,而本无气。杂乎芒忽之间,变而有气,气变而有形,形变而有生。今又变而之死。是相与为春秋冬夏四时行也。人且偃然寝于巨室,而我噭噭然随而哭之,自以为不通乎命,故止也。'"①

佛教则以"往生"为其生死智慧,"往生"之"生"正是沟通了生与死,正是以生命的关系性和类我性为前提的。如果人们信仰佛教,则视现实的人生为"苦海",而"死"不过是轮回"六道"之中介。人若进一步坚持修德积善,青

---

① 庄周. 庄子全译 [M]. 张耿光,译注. 贵阳:贵州人民出版社1991:305.

灯黄卷晨钟暮鼓一生，终则"悟空断苦，涅槃清静"，超脱轮回，就可以入不生不死之"西方极乐世界"，此之谓"往生"的生死智慧。拥有这样的生死观念，并持守一生，亦可以从根本上解决人们的生死问题。

中国传统的生死智慧，高、中、低齐全，千百年来给亿万中国人以对付生死问题的观念性的资源，也在相当大程度上解决了人们的生死问题。一个文化素养不高者，通常可以从民间的"阴间"与"阳间"的死亡观念中去汲取智慧，从而通过生命的类我性和关系性达到对死亡的超越；一个有极高道德境界者，可以从儒家"立德、立功、立言"的"三不朽"中获得超越死亡的智慧；一个有高超人生艺术者可以从中国古代道家"生死一体"的智慧去超越死亡；一个有宗教情操者可以从佛家"了生死"的智慧中获得超越死亡的途径，等等。他们因此而不同程度地透悟到生死的本质，获得了生死的大智慧，可以坦然而平静地走向死亡。

如果细思考中国传统超越死亡的智慧，可细分出三个步骤：一是从个我生命走向类我生命，也就是说，将个我之生命与亲人之生命相沟通，将自我与家庭家族融会贯通而为一，这样，个我之生命虽然必在某时某地归于结束，但类我之生命通过血脉却在家庭家族中绵延不绝，此之谓"虽死犹生"，做到这一点的关键，正在践履"孝"道。二是从实体生命走向关系性生命，也就是说，将个我之生命融入社会国家之大生命中，治国平天下，从而载之史册，传之久远，是为不朽，此谓"虽死犹荣"，做到这一点的关键，正在尽其"忠"。三是从个我生命、实体生命走向类我生命、关系性生命合成之超越性的精神生命，即沟通天人，将"小我"之生命汇入自然宇宙之"大生命"中，借助于后者之无穷无限性，获得自我生命的永恒，实现这一目标正在践履"仁"道，此为"虽死而永存"。三者都可以达到超越死亡、生命永恒之目的。所以，人的生命犹如一滴水，只有融入大海，才会永不干涸。舍弃小我成就大我，舍弃大我而成就无我。古人珍爱生活，更孜孜不倦地追求生命的不朽，通过"百世功，千秋利，万代名"而超越死亡，获得不朽。

总之，我们要真正获得有意义且幸福快乐的人生，就应该且必须构建"由死观生"的大智慧。一个具备合理死亡观的人，必能常常在思想意识上"先行到死"，站在人生的"终点"，来观人生的"中点"。活着的人虽然还没有到达人生的"终点"，但获得幸福与和谐人生的追求，则要求每个生者从思想意识上"先行到死"，由"死"来反观"生"。当人们从观念上先行一步，立于人生的"终点"，立于生死之界来反观我们的人生时，才能真正察觉自我的生命缺少了什么，人生中应该去追求什么；而且也会真正明白人生幸福与快乐的真实含义，人生痛苦与悲伤的真谛。由"死"观"生"的结果，可以使人们自我定位，使人生活中的一切均具备好坏、优劣、美丑、是非的价值判断，这就为我们的人生确定了方向、性质和内容。另外，我们要从个我生命、实体生命走向类我生命、关系性生命，从而使个体生命、实体生命之"死"成为类我生命、关系性生命之"生生不息"中的某个环节，从而实现生命的永恒与不朽。这样，人们的生死困顿也就消弭于无形。做到这一点之关键，在回归"生生"之道以发显"仁"德。如此，生死皆存在皆快乐，是谓"乐天知命"，则人们何会痛苦于"死"之将临？所以，超越了生死，解决了生死的困惑，就会有确定的"生"之目标与准则，以及完完全全的"死"之坦然与安心。

**【建议参考资料】**

1. 靳凤林. 死，而后生：死亡现象学视阈中的生存伦理［M］. 北京：人民出版社，2005.
2. 傅伟勋. 死亡的尊严与生命的尊严［M］. 北京：北京大学出版社，2006.
3. 冯沪祥. 中西生死哲学［M］. 北京：北京大学出版社，2002.
4. 辜琮瑜. 最后一堂生死课［M］. 北京：世界图书出版公司，2011.
5. 李霞. 生死智慧——道家生命观研究［M］. 北京：人民出版社，2004.
6. 何兆雄. 实用生死学［M］. 北京：海洋出版社，2006.
7. 郑晓江，钮则诚. 解读生死［M］. 北京：社会科学文献出版社，2005.
8. 索甲仁波切. 西藏生死书［M］. 郑振煌，译. 杭州：浙江大学出版社，2011.
9. 库伯勒－罗斯，凯思乐. 当绿叶缓缓落下：与生死学大师的最后对话［M］. 张美惠，译. 成都：四川大学出版社，2008.
10. 穆迪. 死亡回忆：濒死体验访谈录［M］. 夏乐，译. 长春：吉林文史出版社，2007.
11. 段德智. 西方死亡哲学［M］. 北京：北京大学出版社，2006.
12. 李明. 生命存在与心灵超越——现代新儒家人生境界说研究［M］. 北京：人民出版社，2011.
13. 培根. 培根论人生［M］. 何新，译. 上海：上海人民出版社，1983.

**【问题与思考】**

1. 生命的本真是什么？为什么说死亡与生命密不可分，生命之意义是由死亡而确立的？
2. 何谓生死智慧？我们需要的生死智慧的主要内容是什么？
3. 怎样做到"由死观生"？如何从对死亡的认识中获得人生发展的目标与动力？
4. 如何消解死亡的恐惧与痛苦？
5. 如何超越死亡？中国传统的超越死亡之路是什么？现代中国人可以从中获得哪些有益的养分？
6. 试叙述自己的超越死亡之路，并说明为何是这样的一条路。

# 第九章　心理抚慰与生命关怀

**【本章提要】**

　　心理咨询、心理健康教育与生命教育有诸多的有机联系，本章将从生命教育的角度来探讨四川汶川特大地震之后的心理援助工作，说明许多有问题的灾民面临的并不仅仅是单纯的"心理"问题，而是自己目前的生命状态及所持守的人生观、价值观与现实遭际之间的观念冲突或意义冲突，因而可以说是一种生命困顿问题。因此，单纯的"同理"化的心理咨询和心理治疗，也许不能完全找到这些生命困顿的解决办法。而生命关怀（生命教育）坚持从人之生命的完整性，从人之身、心、灵、社会四个层面关注生命本身，寻找意义，重整价值，重建灾民之生活世界。因此，生命关怀（生命教育）可以弥补心理咨询及心理治疗所持守的"价值中立"原则之不足。

**【学习重点】**

　　1. 学习如何把生命教育的理念运用于现实生活之中。
　　2. 明确心理咨询与治疗与生命关怀（生命教育）相结合，才能获得好的效果。

**【重要术语】**

　　心理援助模式　生命关怀（生命教育）　生命导师　生死事大　人类的死亡类型　自然而死　突然死亡　预期死亡　生活意义　生命价值　意义治疗法　生死智慧　生命关怀中心　重建血缘亲缘生命　重整社会人际关系　重建超越性精神生命

　　本章将综合运用前述生命教育的理念与方法，来探讨如何在心理咨询和心理健康教育中贯彻生命关怀的观念与方法，以更好地解决现代人的问题。一般而言，现代社会已经出现了越来越复杂的生死问题，需要我们把生命教育与心理咨询及心理治疗相互结合。吴继红老师在《从大学生心理健康教育到生命教育的省思》（2011）一文中指出："生命教育可以提高学生的心理素质和心理承受能力，为他们成长、成才打下坚实的心理基础。通过加强生命教育，使学生积极面对生活中的困难与挫折，树立起勇于面对生活中一切问题的信心和勇气，以积极的态度寻求解决问题的技巧和方法。这正是从生命的本源和心灵深处来维护大学生的心理健康。实践也证明，重视生命教育，大学生的快乐指数和心理健康水平就有明显的提高与改善，无论是对防止大学生自杀自残，还是减轻大学生的心理压力，都具有显著的成效。由此可见，生命教育与心理健康教育并不是相互排斥的，两者相辅相成，目的都是为了促进学生全面、健康的发展。"为此，我们可以把目光聚焦在 2008 年四川汶川特大地震后出现的问题，看看如何把心理救助与生命教育有机地结合起来。

在 2008 年 5·12 四川汶川特大地震灾害之后，一些被认为有问题的灾民所面临的并不仅仅是单纯的"心理"问题，而是生命困顿问题。所以，在北川的心理援助过程中，实际上已经引入了生命关怀（生命教育），我们有必要将心理咨询及治疗与生命关怀（生命教育）相结合，两者携手并进、相互融合，以形成中国心理救助的独特模式。如此，心理咨询师都应该努力学习生死智慧、生命关怀（生命教育）的方法，既为地震灾区丧亲的遗属们提供哀伤抚慰之灵性照顾，也帮助他们重建生命意义与生活世界。这样，心理咨询师也就不仅仅是解决人们心理问题的"工匠"，还应该成为具备深厚人文素养的"生命导师"，一些新的途径与方法也应该贯彻于一般的心理抚慰、心理咨询的工作之中。

## 第一节　生死事大

人类的生死问题具有最大的普泛性和紧迫性，因为，人世间的生死困厄是人人都会遭遇到的严重问题。东晋大书法家、大学者王羲之在千古名篇《兰亭集序》中感叹道："古人云，'死生亦大矣。'岂不痛哉！"右军之痛，就痛在生死无常，人生如梦。这表达出了人类与生俱来的生死困顿，即人生过程中死亡降临之速及丧失一切的恐惧和焦虑。时至今日，我国也没能建立起基本的哀伤抚慰、临终关怀和生死教育的系统。

我们以发生在四川汶川的特大地震为例。2008 年 9 月 2 日，温家宝总理在四川省汶川县映秀镇表示，汶川地震遇难者人数已超过 8 万人，即死亡 69 000 多人和失踪 18 000 多人，二者相加一共是 87 000 多人。按此计算，估计至少引发 48 万人产生直接的"丧亲之痛"；又约有 80 万人产生间接的生死之痛。而死亡遗属们出现的惨痛、恐惧、无助、焦虑等负面的精神及心理状态，会对他们产生很大的"杀伤力"，急需社会有关方面对其进行"哀伤抚慰"。

人类死亡的类型可以有多种分法，但最值得我们关注的有三种。有些人因为身体好，生活平静，能够寿尽而终，这叫"自然而死"；另一些人却可能因为体质不行或突遇水火刀兵、地震等的伤害而死而亡，这叫"夭折"或"突然死亡"。在科学昌明之后，人类之死又有了另一种形式，即：由于医学的发展，可以运用技术手段预测绝症患者的生命期限，这种死亡的方式可以称做"预期死亡"。这三种死亡类型引发的死亡恐惧与悲伤的程度是不一样的。自然死亡者本人及家属的生死哀伤程度都较轻，因为他们活足了该活的年限，且有了相应的心理准备。突然死亡者本人近乎没有死亡的恐惧与痛苦，因为他们是在不知不觉中死去，根本没有任何感觉；但亲属们的死亡哀伤则特别强烈与持久，因为他们完全没有心理及精神上的准备。预期死亡者与自然死亡和突然死亡者又有不同，因为他们在确定了死期之后，每天都在死神阴影下生活，在意识特别清醒的状态下，他们对死亡怎不万分恐惧和痛苦？而亲属们的死亡哀伤相应地也相当强烈，持续的时间也较长。

由这样一种视角来考察，可以发现：四川汶川特大地震中出现的丧亲之痛，应该也归属于"夭折和突然死亡"的类型，但又有其特点。

其一，这一次大地震中的死者很多是中小学生，这造成了"白发人送黑发人"的惨状。人世间有许许多多的惨剧，但如果要举出最令人痛苦之事，也许就是丧亲之痛了，中国古人把"白发人送黑发人"视为人生最大的痛苦之一是有道理的。在某种意义上，人们对自我之死还能面对，因为它毕竟是我们人生中不可避免的结局；而突遇至亲、尤其是孩子的非正常去世，则往往无法接受，在心理及生理上会受到严重的创伤。据介绍，汶川大地震仅四川省就新增"三孤"人员1 349人，其中孤老645人，孤儿532人，孤残172人。另据四川省人口和计划生育委员会估计，地震中大约有7 000名独生子女遇难，16 000名伤残[1]。经受灾学校和四川省教育部门统计：在这次大地震中遇难和失踪的学生共计有5 335名。如花一般的生命，在还没有完全绽放之际便已然凋零，举国痛心疾首，而给家长们带来的心灵与精神的重创更是难以估量。

其二，突然死亡者非常集中，造成了遗属们巨大的生死哀伤。仅以北川县为例，据统计，2008年5月12日的大地震，令北川县20个乡镇、278个行政村、16.1万人全部受灾；因灾遇难、失踪19 956人，约占总人口的1/8[2]。另有4 311人失踪，26 916人受伤，6 075人因震致残，还有1 023个孩子成为孤儿，14.2万人无家可归。而在北川县曲山镇，生命的损失更是令人震撼：4万居民有2万多人遇难，亲友亡故家庭达到90%。所以，有一段流传当地的话说："震中在汶川，最痛在北川，北川是汶川大地震的缩影，曲山镇是北川地震的缩影。"如此集中的、大量的、突然的群体死亡事件，让该地区的民众产生了巨大的生死哀伤，且相互影响，酿成了更普遍、更深重的生死痛苦。

其三，在大地震中的死难者中，许多是尸无完尸，灰头土脸，其状惨不忍睹；且大多数死者没有时间、也没有条件获得一个正常的、体面的葬礼；有些甚

---

[1] 数据来自中国评论新闻网. http://www.chinareviewnews.com.
[2] 中国经济周刊编辑部. 北川！北川！[J]. 中国经济周刊, 2009.

至是"死不见尸"了，这一切都加重了丧亲者的死亡哀伤和痛苦。在中国民间社会中，丧葬及祭祀礼仪的重要功能之一就是减轻丧属的生死之痛，让生者获得一种情感上的慰藉。可是，这样一种丧葬的功能在大地震的特定场景下都不可能实现了，这又大大加深了丧属们生死哀伤的程度。

所以，胡锦涛总书记在 2008 年 5 月 22 日的中共中央政治局常委专题会议上提出要做好灾民的心理安慰和思想疏导。由此，中国开展了有史以来最大规模的心理援助行动。中科院心理所的心理援助队伍于 2008 年 5 月 15 日来到成都，最初巡回于四川各地开展紧急心理救援。自 6 月 1 日开始设立心理援助工作站，在绵竹市、北川中学、什邡市、德阳人民医院、绵阳市、四川司法警察学院、北川县等地分别建立了 7 个心理援助工作站。截至 2009 年 3 月底，中科院心理所共组织 1 000 多人次投入地震灾区心理援助工作，工作量累计达 15 000 天；实施大型团体干预 400 余次，个体干预 12 000 余人次，心理援助对象涉及中小学师生、机关干部、援助官兵、城乡群众、老人、妇女、孤残人员等各类人群；发放各类心理援助手册和书籍 15 万份，并在危机干预中心绵竹工作站建立了为灾区群众提供心理咨询服务的免费热线电话 100865，覆盖德阳、绵阳手机用户 200 万人；2009 年 6 月 17 日，绵阳北川心理援助站正式成立。应该说，这次援助行动已开展了卓有成效的工作，取得了巨大的成绩，为中国国家救灾、尤其是心理救助打下了坚实的基础，也获取了宝贵的经验，为世界救灾史增添了浓墨重彩的一笔。我们今后还应该好好总结，进一步推动这项工作的持续开展。

总之，生死问题是我们人生中最重大的问题，这在四川汶川特大地震之后表现得特别突出。我们可以发现，地震灾区的一些丧亲者长期无法接受至亲或好友的逝去，他们总是不能从死亡哀伤中超拔出来，从此生活郁郁寡欢，沉浸在无穷的哀思之中，这就把自己的生活也毁了，且常常过早地迈向了死途，甚至导致了自杀现象的出现，这就迫切需要我们大力开展地震灾区丧亲民众哀伤抚慰的心理救助与生命关怀。

## 第二节　生命教育视野下的生命关怀

虽然四川地震灾区已开展了中国有史以来最大规模的心理救助，但这次汶川大地震幸存者中还是出现了许多严重的心理与精神问题，如无法接受亲人之死的现实，心如死灰状态的出现，甚至自杀现象的产生，等等。如 2008 年 11 月 15 日晚，北川擂鼓镇男子杨俊杀死妻子陈菊后自杀，夫妻二人相拥离世，他们的家人及当地居民都称杨俊是因为震后产生了心理障碍。之前夫妻二人很恩爱，妻子生病时，杨俊陪侍妻子一周，天天陪着病妻出来晒太阳。但地震之后，杨俊整个人都变了①。

　　因此，在地震灾区的心理咨询与治疗应该与生命关怀、生命教育携手并进。其实，深入地去考察，我们可以发现，许多被认为有严重心理疾病的丧亲者，其根源并不是单纯的"心理"问题，而是自己所持守的生活模式和观念系统与现实遭际间发生了强烈的冲突，产生了极大的反差，导致了意义冲突和生活世界的崩塌，这实际上是人的生命困顿问题。生命关怀（生命教育）坚持从生命的完整性来关注生命本身，生命关怀（生命教育）不仅强调生命的和谐平衡，更加注重生命的意义赋予和价值赋予；不仅强调生理的血肉之躯的生命和心理感受的生命，更直呈生命的人文本质和人文意义，强调在文化中、在社会中安顿人的生命，寻找生活的意义和生命的价值。因此，在对北川灾民中丧亲遗属的哀伤抚慰过程中，有必要将心理咨询与治疗同生命关怀（生命教育）结合起来。具体而言，我们对灾区中有自杀倾向者，仅仅以心理抚慰的方式来解决是远远不够的，对自杀问题我们还应该深入到人性深处、文化影响、生命观、生死观等内在的层面去分析及解决。灾区丧亲遗属中的一些自杀死亡者，实际上正是无法解决他们面对的种种生命问题，非常可惜地走上了自绝之路。据报道，北川大地震亲历者、幸存者，原禹里乡党委书记、县农业局局长，后任北川县委农办主任董玉飞于2008年10月3日自杀身亡。他写给弟弟的遗书内容是，"卓楷弟：抗震救灾到安置重建，我每天都感到工作、生活压力实在太大……我的确支撑不下去了。我想好好休息一下……我走后，父母和嫂子只有难为你一人多加照顾了……另外，我有一个要求：你和嫂子，绝不要过问我自杀的事情……"从遗书中可以看出，工作压力是其走上自绝之路的主要原因，真实情况是这样吗？北川地震后百废待举之时，董玉飞受命统辖北川"农口"，130多天后，9·24罕见雷电闪击暴雨，摧毁了道路、桥梁、农田和房屋，给了他致命一击。因此，工作压力太大，信心被摧毁。但为什么又说生活中的压力也"太大"了呢？10月10日，北川县委首次对这起自杀事件作出了官方说明，认为：地震中独子遇难、工作任务繁重、抑郁症是导致其最终选择轻生的三大主要原因。正因为找到这样的原因，灾区的丧亲干部受到了国家特别的关爱，安排了较充足的休息时间，更进行了深入的心理抚慰的工作。然而，一位北川羌族自治县县委宣传部副部长冯翔同志，其8岁的儿子在地震中不幸遇难，2008年12月他被组织安排到井冈山参加"灾后重建干部主题培训"，行前进行了最好的心理抚慰，而且还为90名上山学习的干部专门配备了两名心理医生。但是，四个月后的一天，冯翔在家中自缢身亡，年仅33岁。

　　如果说，农办主任董玉飞因为工作繁重、心理抑郁的原因而自杀，那么为什

---

① 王晶城. 北川男子杀妻后自杀 夫妻床上相拥离世［N］. 天府早报，2008-11-18.

么做了充分心理抚慰且有了充足休息时间的冯翔副部长又自杀了呢？可见，我们不能仅仅从心理的角度去解释自杀问题，更不能仅仅以心理抚慰来解决自杀问题，事实证明这是不够的。我们要深入到文化观念、社会习俗，特别要从人类生命多重性原理去理解和解决自杀问题，这即是生命关怀（生命教育）的视角和方法，它可以与心理抚慰比翼共进，更好地为丧亲者服务，降低自杀率。

如前面几章的内容阐述的，人类生命除生理性实体生命之外，还有关系性的人文生命，其中又涵蕴着血缘性亲缘生命、人际性社会生命和超越性精神生命，是谓"人类生命的二维四重性"。我们可以通过这种人类生命的真谛来透视灾区丧亲者的生死困顿。先看董玉飞自杀的根本原因。他年仅12岁的儿子在地震中遇难，对这样一种人生中最大的痛苦，中国人的解决方法一般有两种：其一是"再生一个"，董正是丧失了儿子的实体生命，他想再生一个孩子来重建其实体生命。所以，地震后，酒量尚可的董玉飞突然戒酒，大家都理解董玉飞正在为再生一个孩子做准备。但是，2008年9月24日至29日，绵阳市区的404医院收治了一个住院病人董玉飞。出院记录上记载，董玉飞患有不算严重的慢性前列腺炎。吴明辉医师介绍说："这种病也不算大病，但是很难治愈。引发因素主要是憋尿、炎症扩散、过度疲劳、烟酒和性生活过多或不协调等。40%左右的病人会有性功能减退的症状。这种病症状虽轻，却很讨厌，主要是尿痛和射精痛，病人心情可能会因此忧郁。"前列腺炎是男人的难言之隐，会影响到男人的生育功能。笔者认为，董玉飞之所以自杀，并不是心理抑郁症，也不是工作压力太大，而是其想再生一个孩子来重建逝者亲人之实体生命的想法破灭了。那么，汶川地震后近一年冯翔副部长又为何自杀了呢？因为他的儿子被掩埋在曲山小学的废墟下，他什么也找不到了，冯翔副部长在博客中写道："我们无数次前来找寻，我们带着希望而来，带着绝望而去。我们知道，你要决绝地离开，回到天堂。儿子，我最爱的宝贝，天空又开始飘着细雨，你躺在冰冷的地下，不知道冷不冷。每当夜晚来临的时候，我担心你，孤零零地躺在那里，怕不怕？"所以，冯翔副部长也是丧失了儿子的实体生命，因为血缘亲缘生命还在，所以他痛不欲生；而且他连给儿子一个体面的葬礼、找到一个可以寄托哀思的场所都没有了。中国人解决人生三大痛苦的途径之二是：通过丧葬和祭祀来重建虚拟的去世亲人的实体生命，他也不可能办到了，所以，他选择了自杀。因此，笔者始终认为：不能把自杀者都推托到心理问题就完事了，要从人类生命二维四重性出发，进入到人性与生命的层面，深入到传统文化中的生死观去寻找导致自杀更为深层的原因，并采取相应的措施来加以解决。比如：要提供更好的医疗条件来让丧亲者实现他们再生一个孩子的愿望；要设立永久性的祭祀场所，让那些无法找到逝去亲人任何遗物者有一个物化的场所来宣泄他们的哀伤情绪，抒发他们的悲痛情感。这才既是对地震灾区丧亲者的心理救助，又是深入到其生命层面的生命关怀，是一条真正的治

"本"之道。

2011年5月,由中国科学院心理研究所主办的"汶川地震后三周年心理援助模式学术研讨会"在北川新县城召开,笔者巧遇了南京危机干预中心主任张纯,他曾经由中央组织部安排,对震区丧亲干部进行心理访谈,正是他对冯副部长进行了三个小时的访谈,并且觉得他没有患上抑郁症。冯翔有段话让他难以忘怀。冯副部长说:我天天想做梦,再看看孩子,可是梦不见啊。有一天,真的梦见了,我高声喊他,他却不理不睬。一直过了身,他突然回头说了一句话,"爸爸,我冷。"这句话像箭一般刺痛了他。冯部长后来对妻子说,现在我是在陪你,什么时候我要去陪孩子。冯翔自杀后,张纯主任又把录音取出来听,心中十分内疚,觉得自己有失误:为何没有看出他有心理抑郁症呢?笔者告诉他:冯副部长根本不是心理问题!他正是原有的生活模式与现今的生活状态发生了极大的冲撞,他是因为无法接受生命的重大挫折而自杀了,而不是抑郁症的问题。这就是生命教育的视野,是从生命的状态来观察及解决人们的生命困顿,包括自杀问题的。

实际上,在中国北川的心理援助过程中已经大规模地引入了生命关怀、生命教育的资源,如在2010年11月18日至20日举办的北川、安县中小学骨干教师生命教育专题培训中,由傅春胜博士及台湾生命教育专家纪洁芳老师等人到北川及安县的四个片区进行了中小学骨干教师生命教育专题培训,历时三天,共培训了200多名教师,并赠送安县46所学校276本书108片光碟,赠送北川42所学校256本书168片光碟,为北川、安县中小学生命教育提供了新颖的教学技术及丰富的教学资源。2011年2月26日,金色阳光工程第四期培训班在绵阳东津酒店顺利开班,其主要内容之一也是关于生命教育和生命关怀的,等等①。所以,李道友老师也指出:"在关注的主题上,生命教育比心理健康教育有更深的内涵。心理健康教育关注的很多主题同时也是生命教育正在关注的主题,如'贫困压力,人际困惑,厌世悲观、漠视生命'等。面对这些问题,在心理健康教育中,运用的大多是心理学的方法,如共情、宣泄、认知、理情分析等,为学生提供了一个出口和若干可能的解决方法。但生命教育显然不是着眼于此,它更重要的是探究这些问题所产生的生命问题,如贫困压力引起的有关贫困和生命价值的问题等。再如自杀和吸毒的问题,同样也是心理健康教育关注的问题,但生命教育对于其涉及的生命问题的哲学和世界观的讨论更深刻。因此,生命教育要比心理健康教育内涵更深、延伸更远。"② 这再一次说明,心理咨询、心理治疗、心理健

---

① 佚名. 抗震救灾大事记 [EB/OL]. [2011-05-12] http://yb.newssc.org/system/20110512/001253667.html.

② 李道友. 生命教育:心理健康教育的拓展与延伸——基于新时期心理健康教育发展趋势的思考 [J]. 出国与就业版(就业版),2011(24):182.

康教育必须要有生命教育的理念与方法，方能达到较好的效果。

## 第三节　生命关怀的主要原则与方法

生命关怀（生命教育）之理论基础除"生命二维四重性原理"之外，还有奥地利著名精神医学家、维也纳精神治疗法第三学派的代表人物维克多·弗兰克尔的"意义治疗法"，其中的关键是：如何在苦难中体会人生的意义与价值，从而避免走向自杀。

弗兰克尔医师是第二次世界大战中纳粹集中营的幸存者，他在苦难经历及长期的科学研究中，逐渐发展出了"意义治疗法"，主要是给那些在生活中受到巨大打击者寻找出意义与责任，让他们能从死亡的边缘走回来，重新扬起生活的风帆。实际上，人生的正面状态固然有意义和价值，而人生的负面状态又何尝没有意义和价值呢？人生存于世，顺利幸福快乐的时光可能并不多，倒是痛苦失败挫折的时候更多。当人们没有足够的心理承受力时，苦恼就特别多；但人们若能把这些人生的负面状态都视为人生过程中必得承受的部分，而且是人生中宝贵的经历和不可或缺的组成部分时，就能够勇敢地接受这些挑战，经受住磨炼，生命因此也就更加丰富，心情也会转变，承受痛苦和灾难的能力也就大大地增强了。

弗兰克尔医生说："忙碌而积极的生活，其目的在于使人有机会了解创造性工作的价值；悠闲而退隐的生活，则使人有机会体验美、艺术或大自然，并引为一种成就。至于既乏创意又不悠闲的生活，也有其目的：它使人有机会提升其人格情操，并在备受外力拘限的情境下选择其生活态度。集中营俘虏虽与悠闲的生活和创意的生活无缘，但人世间有意义的，并不只是创意和悠闲而已。如果人生真的有意义，痛苦自应有其意义。痛苦正如命运和死亡一样，是生命中无可抹杀的一部分。没有痛苦和死亡，人的生命就无法完整。"① 所以，弗兰克尔认为：人们"发现生命意义有三种不同的途径，即通过创造或工作；通过某种经历感受或与某人相遇相爱；通过对不可避免的苦难所采取的态度"②。这即是从创造中获得价值，从体验中获得价值，从改变态度中获得价值。所以，在现代社会，人们怎样正确地对待生活中的挫折、痛苦与逆境已成为重大的问题，这是导致人们自杀的重要原因。我们要在生命关怀（生命教育）中让人们从生活的感觉走向生命的存在，也就是说，要从生命的意义上去理解生活中的感觉，获得价值与意义感，从而使人们能够提升对待人生挫折与痛苦的能力，以避免走向自杀的不归之途。

---

① 弗兰克. 活出意义来［M］. 沈锦慧，赵可式，译. 北京：三联书店，1998.
② 刘翔平. 寻找生命的意义——弗兰克尔的意义治疗学说［M］. 武汉：湖北教育出版社，1999：58-59.

那么，对灾区丧亲者或一般的丧亲者生命关怀的主要原则与方法是什么呢？

第一，生命关怀主要运用的是生死智慧，我们必须确立一个基本的原则，即：在生死智慧上无对错之分。比如，有一位丧失孩子的父亲写了一封寄往阴间的家书："泪水洗刷了大地，洗刷了我的一生，梦想已破碎……路上车多，要走慢点。"另一位母亲为了让"孩子到了天堂，也有个身份"，打算将孩子的共青团团员证，随同骨灰一起安葬，不肯交出。最后是孩子的父亲说服了她，如今，这一"团员证"，已交给了成都市档案馆。还有一位悲痛的母亲发出了一张寄往天堂的儿童节贺卡："你一直都是妈妈的好女儿。下辈子，你还是妈妈的好女儿。"对这样一些丧失孩子的遗属而言，绝对不能说：没有什么"天堂"，没有死后的世界。这样说，那是在求"真"，而在生死问题上是没有"真"，只求"善"的。所以，在生命关怀中，我们要借助人类精神之超越性，由逝者生命永存来安慰丧亲者。对于普通民众来讲，丧亲，尤其是丧失孩子的父母，即便没有"天堂"，也要在他们万分悲痛的时候，告诉他们有一个"天堂"，孩子们都去了"天堂"。我们应根据遗属不同的文化程度及宗教背景，提供倾听、观念抚慰、陪伴、讲座，提供有关书籍等形式的服务，而主要的内容则是：生死智慧的讲解、心理的抚慰、哀伤情绪的释放、痛苦心情的转移，等等。

第二，为了实现生命关怀的目的，除了在观念及文化上为遗属们提供尽可能多的智慧性资源外，社会性的硬件建设亦非常重要。应该在医院或社区广泛设立"生命关怀中心"、"心理热线电话站"等，比如中国宋庆龄基金会与诺基亚（中国）投资有限公司共同启动实施"金色阳光工程"项目，计划在三年内共建成并运营心理咨询中心2个，心理热线呼叫中心1个，现已在四川省绵阳市和北川县建成并运营12355心理咨询热线中心和心理咨询中心等。但组成人员应该更加广泛，不仅要有心理治疗师，还要引入宗教师、哲学家、医生、护士、义务工作者等，来共同参与到生命关怀中心的工作之中，以取得最佳的效果。

第三，重构人们血缘亲缘生命之生命关怀的模式。地震之后，四川省为了帮助遇难孩子家庭平复悲伤、还绝望的父母以希望，于2009年7月出台了《关于汶川特大地震中有成员伤亡家庭再生育的决定》，还拨出了专门的款项。此后，不少灾后失去子女的家庭选择了母亲再次怀孕。据四川省人口计生部门震后统计，灾区子女死亡并有生育意愿的计划生育家庭共计6 000余个；已有超过2 000位失去孩子或子女伤残的母亲怀孕并生子，她们的怀孕年龄大部分在35岁至45岁。另据《广州日报》报道：2012年5月12日，四川汶川民众集体纪念汶川地震四周年。四年来，汶川县地震中丧子的两百多名母亲中已有三分之二重新生育。其余三分之一的母亲因为年龄和经济状况几乎失去再生育的可能。很多母亲

■ 生命教育

失去子女，人生如失去动力①。通过科学的方法，让地震中丧亲者再次怀孕产子，实现中国人强烈的血缘亲缘生命的重建愿望，可以说，这是最好的心理抚慰，也是最佳的生命关怀模式。

第四，重整人们社会人际关系生命的生命关怀模式。在2009年中国科学院心理研究所心理援助《北川工作站工作简要总结》中有这样的话："我们的工作针对广大的群众，通过发放资料、广播讲座、欢庆节日，引发大多数群众激发潜力，充满活力。比如在永兴板房开展'暖春北川'的春节联欢，正在实施的灾区群众生产自救'丝网花工程计划'，'板房园艺治疗'计划。"其中的"暖春北川"春节联欢就是属于重建灾民社会人际关系生命的活动。又比如"蓝十字心理援助——绵阳站博客"中所记录的，2011年3月5日，由中科院心理研究所心理援助北川工作站、金色阳光工程心理咨询中心北川站、北川县永昌镇回龙社区共同主办的"幸福生活，从新开始，地震丧子妇女茶话会"在北川新县城青少年活动中心举行。"茶话会由围坐在一起的30名妇女讲述目前面临的困难作为开场，逐步深入到丧子带给自己生活各方面的影响，让母亲们抒发心中的苦闷，同时由傅春胜老师做情绪疏导，最后将茶话会主题引到对未来美好生活的期待上。""茶话会结束后，在工作站志愿者组织下，对30名丧子妇女开展了'展望未来，走向新生活'团体活动。活动由'大风吹'作为热身，现场气氛活跃后，将他们随机分为4组并选出各组小组长，由小组共同完成一幅'北川美好新生活'的主题绘画，然后进行'合力吹气球'活动，考验团队合作默契度，同时通过压爆气球来宣泄心中的负面情绪。在各小组分享展示了各组的绘画作品后，通过'兔子舞'来进行放松。整个团体活动结束后，由傅春胜老师及郑瑶副部长分发精美纪念品。"笔者认为，这次活动相当成功，其关键正是结合了心理抚慰与生命关怀。应该说，"抒发心中的苦闷"是心理救助，而围绕"展望未来，走向新生活"的各项活动是属于生命关怀，本质上是重建灾民人际社会生命的生命关怀活动。

第五，重建灾区丧亲者超越性精神生命的生命关怀模式。一般而言，中国人解决生死问题的独特性在于：对于大多数普通的中国人而言，面对阴阳相隔的逝者，往往是通过虔诚的祭祀，人们从生命精神上与逝者联系在一起，从而获得精神上的抚慰和安身立命之基。所以，关注和安排好灾区丧亲者的祭祀活动是生命关怀的重要一环。为此，应该呼吁立即建立"四川汶川地震遇难者纪念墙"，让丧亲者（尤其是找不到遇难亲属遗体者）有一个祭祀亲人、寄托哀思的永久之地，这是深层之精神生命的关怀。实际上，社会若能正确地理解、引导并帮助灾区丧亲者实施文明的祭祀活动，能有效地降低灾民，特别是丧亲灾民的自杀率。

---

① 武威. 二百丧子母亲七成再当妈［N］. 广州日报，2012-05-13.

综上所述，人类曾经依靠科技的力量极大地提高了生活的品质，时至21世纪，人类更为迫切的是应该想一想如何尽快提升我们的死亡品质，以达到生死品质皆较高的理想境地。四川汶川特大地震已经并将继续造成灾区人民严重的生死问题，为此，心理救助与生命关怀（生命教育）应该携手并进，成为中国北川心理救助的独特模式。生命关怀的本质是：在润物细无声的丰富多彩的活动中，在充分展示自我才艺等的社交性活动中舒缓心中的哀伤，为灾民、特别是丧亲者重建生命之基，重整人际社会生命，构建整个生活价值的世界。为此，我们应该运用生命二维四重性原理，运用"意义治疗法"，贯彻生死智慧上无对错之分的原则，在观念及文化上为遗属们提供尽可能多元的生死智慧的资源和心理咨询及生命关怀的硬件设施，以之去努力重构灾区丧亲家属的血缘亲缘生命、人际社会生命和精神性超越生命，使之能够珍爱生命、感恩生活、培育德性、呵护大自然，获得一种超越生死的人生终极性的不朽存在，以之消解丧亲导致的深层次的哀伤情绪，处理好自我面对的社会与人生的各种问题，走出人生的阴霾，开始新的幸福生活。

**【建议参考资料】**

1. 弗兰克. 活出意义来［M］. 沈锦慧，赵可式，译. 北京：三联书店，1998.
2. 刘翔平. 寻找生命的意义——弗兰克尔的意义治疗学说［M］. 武汉：湖北教育出版社，1999.
3. BIAD 传媒《建筑创作》，北京减灾协会. 用艺术抚慰心灵［M］. 天津：天津大学出版社，2008.
4. 孟宪武. 优逝：全人全程全家临终关怀方案［M］. 杭州：浙江大学出版社，2005.
5. 科尔 C A，内比，科尔 D M. 死亡课：关于死亡、临终和丧亲之痛［M］. 榕励，译. 北京：中国人民大学出版社，2011.
6. 徐宗良. 面对死亡——死亡伦理［M］. 上海：上海科技教育出版社，2011.
7. 库伯勒－罗斯，凯斯勒. 人生的功课［M］. 徐黄兆，译. 北京：中央编译出版社，2011.
8. 吴能表. 生命伦理学［M］. 重庆：西南师范大学出版社，2008.
9. 季羡林. 季羡林谈人生［M］. 北京：当代中国出版社，2006.
10. 季羡林. 我的人生感悟［M］. 北京：中国青年出版社，2006.

**【问题与思考】**

1. 何谓心理抚慰与生命关怀？二者可以结合起来吗？如何结合？
2. 人类的死亡类型有哪些？各自的特点是什么？为什么说四川汶川特大地震造成的死亡又有特别的特征？
3. 生命教育（生命关怀）在解释及解决自杀的问题上可以做什么？
4. 结合实际情况，试叙述生命关怀的主要原则与方法。

# 第十章　中小学生命教育课程的设计与教学方法

【本章提要】

本章在前述生命教育的基本理念及理论的基础上，进一步去探讨生命教育课程的设计与生命教育教学方法的问题。生命教育课与一般知识性的课程有本质的不同，关注的是对象的生命成长问题，所以，第一，生命教育课的教材编写及讲授都应该由学生之生命困顿切入而非由既有的知识体系出发；第二，应该从独特的"生命个体"而非一般的"类生命"出发来设计并讲授生命教育的课程，目的是使学习对象能够做到"知行合一"；第三，生命教育课的成功与否，不取决于课后老师或督导的评价、理论上的分析判断、学生的考试成绩，而完全取决于学习对象在生命上是否成长了，其生命的困顿是否解决了。所以，生命教育课最终的评判是学生的生命品质是否提升了。

【学习重点】

1. 学会区分知识性课程与生命性课程的不同性质。
2. 初步掌握生命教育课程的设计理念和具体的设计过程，并进一步学习生命教育教学的独特方法。

【重要术语】

生命教育课程　生命教育的宗旨　生命教育的目标与内容　生命教育课程模式　知识性的课程　生命性的课程　挫折与逆境　感恩与大爱　关注生命困顿　关注生命个体　关注生命成长　生命教育课教学法　生命教育课体验法

从 2010 年开始，生命教育在我国已上升到国家教育发展战略的高度，生命教育在中国已进入了崭新的发展阶段。如果说，2008 年以前生命教育在中国还处于一个研究、宣传和初步推广的阶段；那么在这之后，就应该进入如何构筑课程体系、形成具体课程、进入中小学和大学课堂的阶段。但是，虽然进行生命教育已被列入《国家中长期教育改革和发展规划纲要（2010—2020 年）》的战略主题之中，目前却没有在国家（教育部）的层面提出一个规范性的具体的发展计划，尤其是生命教育的基本内容、目标体系、课程建设、教材编写、师资培训等都没有具体的规定，各地区于是各行其是，在中国生命教育的发展上形成了"各打各的鼓、各唱各的戏"的局面，甚至造成了鱼龙混杂的现象，让许多学校和老师无所适从，甚至有走偏的危险。比如，全国各地生命教育发展很不平衡，许多学校处于摸索阶段，许多老师也没有受过专门的训练，开出的生命教育课有时成了素质拓展课、心理健康课、德育课，或者对等于生命化教育、阳光教育、生本教育，等等，出现了许多的问题。闫守轩和李秀梅指出：中小学生命教育课程开发存在的主要问题表现在课程理论与实践基础不足，如缺乏生命哲学基础；缺乏发展心理学的基础；缺乏实践支撑。所以，改进中小学生命教育课程开发的基本思路与策略是：完善课程的理论与实践基础，确立明晰的课程定位和独立的课程设置，构建分阶段、层次化的课程目标与内容体系，注重课程实施中的活动体验①。可见，我们必须确立生命教育课程设计的基本思路和基本方法，在此基础上编写出中小学生命教育的具体教材。

## 第一节 生命教育课程设计实例

我们应该根据对生命教育的宗旨、目标和内容的研究与理解，来精心设计生命教育的课程，并具体化为生命教育课的内容和模式，而且让老师们掌握生命教育课堂教学的方法。生命教育课与老师们一般熟悉的知识性的课程有完全不同的性质，要从把握性质的不同入手来设计生命教育的课程，并采取不同的方法来上好相关的课程②。

比如，由笔者主持的在中小学推广的生命教育课程设计包括13个专题26节课：

1. 逆风飞扬——关于挫折的生命教育课
2. 大爱，让生命美丽——关于感恩的生命教育课
3. 快乐每一天——关于生活品质的生命教育课
4. 生命因责任而精彩——关于责任的生命教育课
5. "托起生命之舟"——关于生命与安全的生命教育课
6. 有志一同——关于团队精神的生命教育课
7. 追求生命的神圣与崇高——关于信仰的生命教育课
8. 幸福从"心"开始——关于幸福的生命教育课
9. 生命之花亮丽在哪里——关于生命价值的生命教育课

---

① 闫守轩，李秀梅. 中小学生命教育课程开发：问题与策略［J］. 教育理论与实践，2012（5）：38-40.
② 郑晓江. 生命教育十三讲［M］. 广州：中山大学出版社，2012.

10. 网络世界与现实天地——关于网瘾问题的生命教育课
11. 友谊与情爱——关于青少年情感问题的生命教育课
12. 成功就是做最好的自己——关于悦纳自我的生命教育课
13. 生如夏花之绚烂，死如秋叶之静美——关于生死问题的生命教育课

我们为中小学设计生命教育课程的宗旨是：从中小学生的生命困顿出发；为青少年培育生命的优秀品质，为他们生命的成长奠定坚实的基础。

## 一、逆风飞扬——关于挫折的生命教育课

（一）设计理念

"逆风飞扬"这一生命教育专题课程设计的初衷主要源于现在学生们抗挫折能力普遍较低的现象。学生们受到社会、家庭、教育等多重因素的影响，对挫折、逆境、困难承受不了，以至出现了许多对生命不尊重、不珍惜的现象。尤其是当今中学生要承受学业、人际关系、家庭、社会等方面的重重压力，很多同学一方面争强好胜、个性十足，另一方面却又有着经不起任何挫折和干扰的脆弱的"蛋壳心理"。本专题通过运用多元的视听媒体和故事等来引发学生们的思考和讨论，教师再进行引导和升华，培养中小学生的挫折认知能力，正确认识和对待人生中所遇到的挫折，进而提升学生生命的韧性和解决困难、跨越挫折的能力。

全课需2课时，90分钟，教学对象可为高中生，也可以为初中生、小学生。

（二）课程目标

1. 使学生们对挫折有正确的认识，了解挫折产生的原因。
2. 让同学们理解挫折是人生的必修课。在人的生命历程中，挫折既有好的一面也有坏的一面，好与坏的关键在于自己如何应对和转化。
3. 使全体同学掌握正确应对挫折的方法，努力做到"逆风飞扬"。

（三）课程的重点与难点

1. 重点：使学生们在活动中体验到遇到困难、挫折时的心情，并且能够采取必要的行动去应对挫折。
2. 难点：如何使学生们正确地看待人生中的挫折，挫折到来时能够理智地处理之，做到知行统一。

（四）课程准备

多媒体课件、纸笔。

（五）课程过程

1. 热身游戏，导入新课

老师：同学们，大家好！在正式开始上课之前，我们做一个热身游戏，游戏的名字叫"口足书法家"，就是请同学们在不用双手的情况下，在白纸上写出自己的名字。给大家2分钟的时间来完成，大家开动脑筋，试试看吧。

【分享讨论】

老师：同学们已经完成了自己在不用手的情况下所作的"书法作品"，感觉怎么样呢？愿意谈谈在游戏中有什么样的体验和感受吗？

同学甲：老师，我觉得没有手的感觉真是糟透了，不是用手写出的名字也真是难看啊。

老师：甲同学在不能用手的情况下是怎么把自己的名字写出来的呢？

同学甲：嗯，我首先想到了用嘴咬着笔来完成，可是觉得很不舒服，就改成了用手腕的部位夹着笔来写字，这过程真的不容易，但是写完后感觉很好。

老师：非常感谢甲同学的分享，虽然不是用手写的文字不够好看，但自己历经困难，又能很好地克服困难，确实应为自己的成功高兴。那么，还有没有同学有不同的看法和感受呢？

同学乙：我在做这个游戏的时候，突然联想到了那些残障人，他们没有手、没有脚，他们是怎么生活的呢？老师只是让我们不能用手，我们就已经觉得很困难，平时书写起来再简单不过的名字，现在都变得很不容易，跟他们比起来，我们真是很幸运啊。

（同学们踊跃发言，谈自己的感受）

老师：乙同学说通过游戏联想到了残障人士，对他们的不容易很同情，更是敬佩他们面对人生中挫折的勇气。同学们都说得非常好，已经猜到了老师设计这个小游戏的用意。人生中常常会遇到困难和挫折，关键是我们如何认识挫折，应对挫折。这就是我们要学习的本专题的内容——"逆风飞扬"。

2．教学过程

（1）视听媒体引发讨论

首先要给同学们看三段视频故事，然后我们一起来讨论。

①英国达人"苏珊大妈"的故事

视频展现的是来自苏格兰的一名乡村大妈苏珊，在英国ITV电视台的《英国达人》第一轮比赛中亮相演唱的实录。这位年龄有点大、长相有点糟、打扮有点老土、动作有些僵硬滑稽的选手在评委和全场观众的轻视和嘲笑中走来，但这位47岁的大妈，显然并不在意别人的取笑，大胆自信地亮开歌喉，演唱伊莲·佩姬的《我曾有梦》（ $I\ Dreamed\ a\ Dream$ ）的时候，所有人的眼睛都瞪大了，她震撼全场，获得了大家的钦佩，现在已经红透英伦，真正诠释了何为"人不可貌相"，外表平凡却满怀梦想、才华洋溢的她，用歌声改变了她的人生。

②"断臂钢琴王子"刘伟的故事

在中国达人秀的现场，刘伟空着袖管走了上来，坐到钢琴前，用脚演奏了一首《梦中的婚礼》，曲子结束，全场起立鼓掌。命运曾经给了刘伟一个美妙的开局，却迅速地吹响了终场哨。对刘伟而言，10岁时的记忆，永远是那么残缺不全，1997年，10岁的刘伟因触电意外失去双臂。但是，失去双臂的刘伟没有放弃，没有绝望，刘伟开始重新做回自己。半年以后，刘伟已经能够自己用脚刷牙、吃饭、写字。刘伟开始用脚来学习钢琴，可以想象这需要付出多大的努力，要知道很多正常人用手练了很多年都不一定会有起色。为了能够有收获，刘伟每天练琴时间超过7小时。他说："我从来没有把我当什么特殊群体，我觉得我跟别人没有任何不一样，我只觉得你们用手做的事情，我用脚做，只是换了一种方式而已，没有不一样。也没有人规定钢琴必须要用手来弹。"

③练"空手道"的故事

一位父亲每天都很烦恼，他的小孩都已经是青年了，却一点男子汉气概都没有。于是他去拜访一位老师傅，请求老师傅帮他训练小孩。老师傅说："你把小孩留在我这里三个月。在这三个月里，你不能来看他，我一定会把你的小孩训练成一个真正的男人。"

三个月过去了，小孩的父亲来接回小孩。老师傅安排了一场空手道比赛，向父亲展示这三个月的训练成果。被安排与小孩对打的是空手道的教练，教练一出手，小孩便立刻倒地。小孩刚倒地，便立刻又站起来迎接挑战，倒下去又站起来，来来回回总共十次。

老师傅问父亲："你小孩的表现够不够男子汉气概？"父亲回答说："我简直羞愧死了，想不到我送他来这里受训了三个月，我所看到的结果是他这么不经打。"老师傅说："我很遗憾你只看到表面的胜负，你没有看到你的儿子那种倒下去又立刻站起来的勇气和毅力吗？那才是真正的男子汉气概。"

生命中的每个挫折都有它的意义，只要站起来的次数比倒下去的次数多一次就是成功！

下面请同学们结合三段视频片段中讲述的故事，进行讨论与分享。

【讨论分享】

①三个故事中哪个故事给你留下的印象最深？为什么？
②反思自身有没有遇到过挫折？这些挫折事件给你带来什么样的影响？
③挫折对于人生的意义到底在哪里？

同学甲：我比较喜欢苏珊大妈的故事，很佩服她的勇气，当所有人都在嘲笑她又老又平庸的时候，她没有气馁服输，依然很勇敢地坚持在场上表演，用自己很强的实力征服了评委和观众，让人钦佩。我想我应该向她学习对于自己的梦要勇敢地追求，不在乎旁人的嘲笑和讥讽。

同学乙：我更喜欢"空手道的故事"，其实真的不应该以成败论英雄，虽然男孩一次次地被打倒，但却顽强地一次次站起来迎接挑战，他的意志力并没有输。挫折并不可怕，可怕的是一挫就折！在挫折面前，不要怕，只要站起来的次数比跌倒的次数多一次就是一种成功！

同学丙：刘伟的故事特别令我感动，很难想象如果我是他的话，会怎么生活。他面对困难的勇气和乐观的精神值得我们学习。小时候，我也和刘伟一样学习钢琴，起初我很喜欢，后来真的很辛苦，也不喜欢弹了。可是被父母逼着练习，一直很有怨言，直到我获得了钢琴十级的证书，觉得之前的辛苦没有白费，觉得很自豪。想想我学琴时的不容易，很难想像刘伟克服了多少困难啊。特别喜欢他说的"没有人规定钢琴必须要用手来弹"这句话，我想我今后也会以刘伟为榜样，不再畏惧困难和挫折了！

（同学们热烈讨论）

老师：感谢同学们用心去领悟短片中的意义，并且反省自身，用自己的生命故事与同学们分享收获了挫折后的生命成长。正如松下幸之助所说："人的一生，或多或少，总是难免有浮沉。不会永远如旭日东升，也不会永远痛苦潦倒。反复地一浮一沉，对于一个人来说，正是磨炼。"

那么我们反复提及的挫折到底是什么呢？我们应该如何认识挫折并正确地应对挫折呢？

（2）理论讲解

①认识挫折

挫折（逆境）就是人在实现目标的活动中，遇到环境里无法克服的障碍和干扰而产生的一种心理现象，是人的需要或动机没有得到满足而产生的紧张情绪和情感刺激。

②挫折产生的原因

自然因素：恶劣的气候、严重的自然灾害所造成的损失或失败、人之生老病死的过程等。

社会因素：政治、经济、法律、宗教、道德、风俗习惯、人际关系等。

家庭和学校因素：家庭变故、教育不当产生的紧张、焦虑和失落。

个人因素：生理因素、能力不足、意志薄弱、情绪低沉、不合理的要求、心理不健康等。

这就需要同学们区分开挫折产生的主观和客观的原因，区分哪些是可以避免的因素，积累经验，避免重蹈覆辙；哪些是不能改变的因素，不要害怕，努力想办法去解决它。

③认识挫折的两重性

挫折具有两重性，既有好的一面，也有坏的一面。挫折使我们实现目标的步伐停滞，甚至遭遇难以克服的困难，使我们身心饱受煎熬，这自然是坏事；但是挫折又能使人受到历练，积累经验，增长才干，提升生命的能量，正如培根所说，"奇迹多是在厄运中出现的"，说明挫折又是好事，关键在于我们如何使坏事变成好事。

④怎样正确对待挫折

挫折是人生的必修课，我们要直面挫折。

合理地宣泄我们的情绪，不让苦难引起的痛苦影响自我整体的精神世界，将其隔离在观念中的一个小范围内。

在不可避免的挫折面前，我们要善于与他人更大的苦难相比较，从而能够坦然地接受降临的苦难。

我们要善待自己，学会求助。要坚信：灾难总会过去，困难终究会被克服，幸福就在不远的前方。

我们要把挫折看成是生命蜕变成熟的必修课。

挫折面前，我们要记住"想一想，放一放，比一比，让一让"的方法。

老师：我想介绍国际超级激励大师约翰·库提斯①给大家认识，我们来看看他是如何应对残酷的命运和挫折的。

约翰·库提斯，因为先天发育问题，从小就被许多人视为"小妖怪"。小学时，调皮的小伙伴用塑胶胶带封住他的嘴后将他扔入垃圾桶，点上火差点把他烧死，幸亏被老师救了出来。

高中时有一次上幻灯课，库提斯突然感到腹部剧痛，必须马上去厕所，在光线黑暗的教室内，他每用双手"运动"一步，都感到掌心被扎得钻心的痛。爬出教室他才发现，一只手掌上扎了5个图钉，另一只手扎了6个。这些都是歧视他的同学做的。

17岁那年的一次考试中，他突然发现自己翘在背后的那双畸形且毫无知觉的双腿，被调皮的坏孩子用削铅笔刀割得血肉模糊，两个脚趾被切掉……不久，他因伤口感染，手术截去了毫无用处的"双腿"。库提斯对弟弟说："今晚我要结束自己的生命。"弟弟卢克说："也许我能帮你，我去把爸爸的手枪拿给你。"妈妈闻讯赶来，轻轻地亲吻着他的额头说："约翰，你是我们生命中所遇到的最可爱的孩子！永远都是。"爸爸也说："每个人都不能忘记自己的责任，你的责任就是要给别人做出榜样！"父母的爱，使库提斯放弃了自杀的念头。

因为库提斯是希腊血统，所以血液中充溢着竞争和拼搏的奥林匹克精神。他说，是对运动的热爱改变了他的命运。1994年，他获得澳大利亚残疾人网球赛冠军。在澳大利亚，他已在板球、橄榄球联盟、足球和橄榄球协会四个主要的体育机构中取得了二级教练证书。

约翰·库提斯的经典语句："不管你觉得自己多么不幸，这个世界总会有人比你更加不幸；不管你觉得自己多么了不起，这个世界总有人比你更加了不起。这

---

① 佚名.无腿超人——约翰·库提斯[EB/OL].[2010-03-01]. http://blog.163.com/no1guangming@126/blog/static/1385262292010211 43427.

个世界上每个人都有残疾,我很幸运,因为我知道我的残疾在哪里,那你知道你的残疾在哪里吗?在你拥有的每一天,别对自己说'不可能',如果我可以做到,你也一定可以。"

老师:所以,亲爱的同学们,当你遇到人生中的挫折和逆境的时候,请不要灰心丧气,和"钢琴达人"刘伟、约翰·库提斯等很多人相比我们其实已经拥有了很多,身体上的残疾并不可怕,可怕的是心灵上的残疾。

时间过得真快,相信同学们也和老师一样,在倾诉与倾听中收获满满,下面我们来一起回顾在本专题中我们师生共同凝结的闪光语句,让它们铭刻在我们的心里,永久珍藏。

3. 总结与归纳

(1)生命中的每个挫折都有它的意义;挫折并不可怕,可怕的是一"挫"就"折"。

(2)世界上最富有的人,是跌倒最多的人;世界上最勇敢的人,是每次跌倒都能爬起来的人!

(3)挫折是人生最好的老师,它能激发出无限的生命潜能。

(4)所有的挫折其实都是让心灵成长和生命走向成熟的机会。

(5)感谢逆境,感谢挫折,善待自己,珍惜生命!让我们的生存更为顺畅,我们生活更为幸福,我们的人生更加光明。

最后让我们伴随精美的视频《重生的鹰》,体味在挫折和逆境中获得新的成长和重生!愿大家成为勇敢无畏的雄鹰展翅翱翔,逆风飞扬!

视频:鹰的寿命和人类相近,平均能活七十年左右。但它的生活不是一帆风顺的,在它四十岁的时候,必须对命运作出痛苦的选择:临近四十岁的老鹰,自然的规律使它的爪子老化,无法有效地抓住猎物;它的喙变得又弯又长,几乎撞到了胸脯;它的羽毛也又厚又长,让它无法飞翔。

它只有两种选择:一种是等死,这是很容易的办法;另一种是重生,但要付出痛苦的代价。它要在这痛苦的过程中,努力地飞到山顶,在悬崖上筑巢,停留在那里150天,不得飞翔。它首先用它的喙敲击岩石,直到喙完全脱落。然后静静地等待喙再长出来,用新长出来的喙再把它老化的爪子一根一根地拔掉,等到它的指甲长出来后,再用指甲把它的羽毛一片片地拔掉。五个月过后,新生的羽毛长好后,它就可以过它剩下的三十年的岁月了。

(同学们聚精会神,若有所思)

老师:感谢同学们的认真倾听与积极互动!

4. 对"逆风飞扬"生命教育课专题的反思

本次的教学活动中,设计者要能够秉承生命教育的理念:坚信每一个学生都有能力面对自己生命中的一切问题,他们始终都是解决自己生命问题的专家。他们的身上有无限潜能，上课时要尊重并涵养每一个鲜活的生命个体，用生命去引领生命，用生命去呵护生命，用生命去润泽生命。为此，不是老师说，而是引导学生们大胆地说，认真地思考，互相启发。

在教学过程中根据"挫折"这一专题，运用丰富多元的视听媒体资源，构建一种活泼、生动、和谐的教学环境。通过设计与主题紧密相关的热身游戏"口足书画家"，让学生亲身体验丧失双手的感觉，激发学生的思考，学会正确面对困难与挫折，并珍惜拥有。游戏让课堂变得妙趣横生，使学生们怀着愉快的心情去学习，同时拉近学生与老师之间、学生与学生之间的距离。引入的视频和故事，建构师生共同的"生命在场"，互相倾听和诉说着自己的故事，得到共同的生命成长。课程中老师将话语权交给了学生，鼓励学生结合自身经验说出对挫折的认识和看法，再经过老师的细心引导，学生们便能自己领悟到老师要讲的道理，不再畏惧挫折，逆风飞扬！

5. 课后思考

（1）请同学们读一读司马迁《报任少卿书》中的选段"盖西伯拘而演《周易》；仲尼厄而作《春秋》；屈原放逐，乃赋《离骚》；左丘失明，厥有《国语》；孙子膑脚，《兵法》修列；不韦迁蜀，世传《吕览》。"

想一想你从中有怎样的发现和体悟？

（2）很多有所作为的人都曾身处逆境，遭遇挫折、失败，请你采访身边的人（如老师、同学、爸爸、妈妈、亲友……），了解他们从失败走向成功的事例：

①我采访的对象是（　　　　）。他（她）的故事是：

②从采访中，我明白了他（她）走出逆境，走向成熟，是因为：

③遇到挫折时，我要做到：

（3）观看2001年约翰·帕斯奎因指导的励志电影《叫我第一名》，想一想主人公是怎样克服困难走向成功的，我们能从他身上学到什么呢？

（该课由赵丹妮、郑晓江共同设计）

## 二、大爱，让生命美丽——关于感恩的生命教育课

（一）设计理念

为学生上"大爱，让生命美丽"的生命教育课，目的是让学生懂得自己的成长离不开家长、老师、社会关爱的道理；体验得到他人关爱的快乐和幸福，拥有感恩惜福的健康心态并努力学习，服务社会和他人。

1. 现在的学生没有经历过物质匮乏的时代，他们伴随着各种商品广告和电子游戏长大，自然形成了一种"个我主义"人生观。这种人生观容易导致一种无穷的攫取欲：无论拥有的是多还是少，都觉得不够多不够好。这使得很多孩子形成占有型的人格。缺乏爱心，不懂珍惜，喜欢攀比，花钱大手大脚。稍有不如

意，则对父母施以颜色，甚至以出走或自杀相威胁。

2. 家庭教育方面。现在的学生多数为独生子女，在家庭中处于核心，即使是非独生子女，在家庭中的地位也很高，在物质方面是有求必应，这进一步膨胀了孩子的物质渴求，使他们误认为对他们的照顾、关爱都是应该的，父母就应该替他们做所有的事情，并因此而形成依附型人格。

3. 学校的应试教育，以分数为中心。学生似乎是为考试而生，老师也是为考试而展开教学与训练，忽视学生品格的培养。学生的生活仅两点一线，即教室、家庭，他们很少走入社会，对社会上的人情冷暖、生活百态不能理解，更不要说体验了。学生无法理解他人的疾苦，所表现出来的自然就是冷漠。任其发展下去，必然使他们的人生误入歧途，无法体会到人世间的温馨与美好，更没有幸福可言。

通过这两堂课的引导，让学生们懂得生命的存在只有在相互关爱中才有可能，也只有在感恩过程中，自己的生命价值才能获得真正的提升，才会显示生命的美丽，辉煌自己的生命。

全课需2课时，90分钟，教学对象既可为高中生和初中生，降低难度后也可以为小学生。

（二）课程目标

1. 引导学生懂得自己的成长离不开家长、老师、社会关爱的道理，并体会得到他人关爱的快乐和幸福，拥有感恩惜福的健康心态。

2. 引导学生珍惜学习、生活的机会，孝敬父母，勤奋学习，服务社会。

3. 使学生不仅有感恩的想法，更有感恩的行为，养成说"谢谢"的习惯，能够做到努力回报他人和社会；不仅学会顺境感恩，更懂得逆境感恩，做到受恩不忘，助人不念。

（三）课程的重点与难点

1. 重点：通过感恩教育，使学生们变占有型人格为奉献型人格；变个人中心为"生命共同体"的感受，增长善心善行和孝心。

2. 难点：如何投入真挚饱满的感情，调动学生的感情；如何使学生不仅有感恩的想法，更有感恩的行为，养成说"谢谢"的习惯，能够做到珍惜学习机会，努力回报他人和社会；不仅学会顺境感恩，更懂得逆境感恩，做到受恩不忘，助人不念。

（四）课程准备

多媒体课件；多味花生，一人三颗左右。

（五）课程过程

1. 谈话导入新课

老师：同学们，大家好！首先请一个同学来谈谈同桌同学的优点。

学生甲：（沉默片刻）很多，一时说不上来。他听讲比较认真吧！

老师接着请甲的同桌乙回应甲的说法，然后，要求乙谈谈甲的优点。乙很腼腆地低着头，含笑不说话。然后回答：甲的优点就是知识面广，足球踢得好。

……

老师导入：通过甲乙两位同学的回答，我们发现他们相互间有一定的了解，能够互相关爱，发现彼此的优点和长处。遗憾的是，对于他人对自己的肯定和激励，他们都表现得比较含蓄。同学们想一想，生命中有多少关爱值得我们去感谢，我们怎样去表达感谢呢？这节课，老师就和同学们一起去探讨生命中如何学会自爱与爱人，学会感恩，懂得珍惜，并因此而能获得美好幸福的一生。

师生同念题目：大爱，让生命美丽。

2. 教学过程

（1）活动一：引导学生懂得自己的成长离不开家长、老师、社会关爱的道理并体会得到他人关爱的快乐和幸福，拥有感恩惜福的健康心态。

①按老师的引导，大家一起来品尝三颗多味花生。在舒缓的背景音乐烘托下，老师说："请大家全身放松，集中注意力，轻轻地把多味花生放在手心，眼睛看着它们，然后把它们放在耳边，静静地聆听，放在鼻尖闻一下，再放在唇间，然后用舌头轻轻地舔一下，最后，用牙齿咬最细最细的一口，细细地嚼，让它在嘴里回味，想一想，这颗花生是怎么长大的呢？是农民在春天播下了种子，精心管理，种子也拼命吸收阳光雨露和土壤中的各种营养，终于，种子发芽了，它把自己的根深深扎进土里，努力生长。可是，不久嫩叶上就长了虫子，农民又要忙着除虫……如此日复一日，终于到了收获的季节，农民将花生拔出来，到水里洗净上面的泥土，晒干，然后，千里迢迢由司机运到加工厂，工人用特制的调料加工后，经检验人员检验合格，装进专门设计好的包装袋中，再装进箱子里，运往各个销售网点。老师购买后，由同学们分发，最后才能到达我们嘴里。"

老师：有哪位同学愿意与大家分享自己的感受吗？

学生甲：好香。同样是花生，有的做成多味花生，有的是水煮了以后立刻就可以吃。人也是一样，同样是人，有的努力，就能取得好成绩，有的却不努力，可能就会失败。

学生乙：以前觉得多味花生是拿钱就可以买到的，没想到，要付出这么多人的劳动和创造，一定要珍惜。

老师：是啊，如果不思考，就会觉得一切都是应得的。例如，有些同学会这样想，"父母老师当然应该让我们快乐，供给我们生活物质，教我们知识，没什么好感谢的，别人的父母、老师还更好呢！父母和老师还管我们，限制我们的自由，多玩一会儿就得挨骂，很讨厌。父母不在家，老师不上课的日子是最快乐的日子。"其实，同学们，我们仔细想想，这是由于我们不理解父母和老师的爱心，曲解了她们的关爱。如果我们从另一个角度想想这个问题，就会发现，其实这些都不是想当然的，地震中有丧亲的孩子，还有很多留守儿童都得不到这些关爱，但他们还是要顽强地学习和生活。我们不要觉得自己拥有的一切都是理所当然的，不能等到"没了"，才知道什么是"没了"。我们应该怀有感恩的心，后悔在先，珍惜一切，感谢一切。

②师生谈感恩。

老师：在漫长的人生中，我们的成长离不开哪些人？

学生甲：成长离不开父母。

学生乙：还有老师和好朋友。

……

老师：是啊，这些人和我们一起构成了一个"生命共同体"，我们和自己的父母亲人是血缘共同体，和老师是精神共同体，和同学朋友是人际关系共同体。我们与他人的关系是"你中有我，我中有你"。他们给予我们的爱伴随着我们的成长，使我们幸福地生活，他们的爱值得我们珍惜和感谢。感恩就是对他人、社会和自然给予自己的恩惠和方便在心里产生认可并希望回馈的一种认识、一种情怀和行为。

③师生谈感恩的重要性：观看视频《母亲的勇气》，请同学们谈谈自己的父母和班主任，讨论为什么要感恩。

《母亲的勇气》是一则根据真实故事改编的公益广告。述说一位母亲（蔡莺妹）首次远离家乡到陌生的讲英语和西班牙语的国度，她一句英语与西班牙语都不会说。但为了见到女儿，她不仅独自搭乘飞机三天，甚至还多次转机，整个过程只能靠一张中文、英文、西文对照的小抄。在洛杉矶转机时，由于少填写了一张入境表、外人无法理解的一包准备给女儿炖鸡汤用的中药材，母亲被机场的工作人员带进询室接受询问，幸好有人帮助她，才顺利通过。这个短片展现了母亲的坚韧、勇敢，以及伟大的母爱。

学生甲：母亲太伟大了，她们为了子女，不顾一切，历经苦难，我爱妈妈。应该感谢母亲。

学生乙：做人就应该感恩，我们是"生命共同体"，"恩"本身就是一种感情的流露，没有什么东西是理所当然的。

学生们热烈讨论，有同学说，父亲不尊重自己，不喜欢父亲……

老师边放图片边解说：秋天了，成熟的果实却低下了头。它不是孤芳自赏，也不是在自我陶醉，更不是哀泣自己将跌落枝头。它是在想：我是怎样成熟的呢？不是风，我怕早已霉烂了；不是雨，我怕早已干瘪了；不是光，我怕早已苍白了；不是热，我怕早已憔悴了……

老师小结：我们应该懂得，第一，在我们个人成长过程中，无时无刻不在接受他人、社会的帮助和支持。但是，发现我们没有的东西比发现我们拥有的东西容易得多。有时候我们需要体会丧失才能懂得珍惜我们的拥有。因此，我们应该多多去感受自己已经得到的和拥有的东西，感谢他人、社会给予自己的恩惠和方便。学会感恩是学会做人的支点和走向成功的第一步。

第二，学会逆境感恩可以化解我们的仇和怨，把我们引向幸福。处于青春期同学的自立要求与父母和老师的管束总会发生矛盾，这些误会和矛盾是不可避免的。而电子游戏和电视中的暴力画面，会使有些同学误认为，暴力和脏话可以解决问题，以至于脾气暴躁，脏话频出。其实"冤冤相报何时了"，只有爱和感恩才能化解误会和矛盾，"仇必和而解"啊。因为，只有在感恩的氛围中，人们才能平心静气；在感恩的氛围中，才会从自己做起，从最细小的一件事做起；在感恩的氛围中，才能真正做到严于律己、宽以待人；在感恩的氛围中，人们才能正视错误，互相帮助；在感恩的氛围中，人们将不会感到自己的孤独。所以，我们要懂得，不仅在得到帮助和支持的情况下要感恩，更要正确对待逆境，当我们感觉自己被误解和歧视时，一定不能以牙还牙，只能以大爱和感恩的情怀去面对。那些使我们不开心的人和事，我们同样要感谢，他们的"恩"，让我们知道什么是生活的真实，什么是精神力量的可贵，什么是作为人要努力奋斗的，又是什么构成了生活的意义。它们让我们懂得"活着"就要学会：

感激伤害自己的人，因为他磨炼了我们的心志；感激欺骗自己的人，因为他增进了我们的智慧，让我们不再轻信；感激鞭打自己的人，因为他激发了我们的志气；感激遗弃我们的人，因为他教导我们应该独立；感激绊倒自己的人，因为他强化了我们的双腿；感激斥责自己的人，因为他提醒了我们的缺点，有则改之，无则加勉；感谢蔑视自己的人，因为他使我们的自尊觉醒；感谢欺负自己的人，因为他让我们明白了抗争。

这种感恩不是一种悲观，而是一种成长；不是一种退缩，而是一种成熟；也不是一种残酷，恰恰相反，这是一种生命成长的催化剂！所以，我们一定要清楚，我们曾经怎样不是最关键的，我们要成为什么样的人才最重要。固然，很多人知道自己不够努力，自控能力差，就是改不了。但这丝毫不意味这个人就应该是不努力的，或者就被允许轻易对别人发脾气，也不意味他可以不因此而承担责任。

第三，学会正确地比较。有人总羡慕别人的父母或老师，其实，也许自己的就是最好的，别人正羡慕着你的呢。同样的一枝玫瑰，有人说："花下有刺，真讨厌！"有人说："刺上有花，真美丽！"看到刺的人，挑着毛病、盯着不足，他们注定是不快乐的。而那看到花的人，则有着感恩的心灵，尽管刺扎手，但那些刺上盛开着的芬芳花朵，让他感受到幸福、美丽。所以，珍惜自己拥有的东西，懂得感恩的人才是快乐的、幸福的。我们要多比较谁的贡献多、付出多，而不是得到或占有的多，多体会奉献的幸福，多看看自己是否比以前进步了。

（2）活动二：小组讨论（五分钟）"为什么有人不感恩"。

小组代表甲发言：不感恩的人都是占有型人格，自我中心导致不知感恩，他们只要求别人爱自己，却不懂得关心别人。

小组代表乙发言：把感恩等同于报恩，认为自己还小，没有能力感恩，长大以后再回报。

小组代表丙发言：不懂得每个人的生命都是"生命共同体"的一分子的道理。

……

老师：至少有三个原因。一是有的家长溺爱孩子，使孩子有求必应，忽略了做人的责任。其实，即使是孩子也有自己的责任，在家里，作为家庭的一分子，应该做些力所能及的事，至少自己的生活要能够自理。二是市场经济条件下的金钱买卖关系，使人误以为钱能解决一切问题，因此而精于算计，忽略感情。三是渲染暴力的网络游戏、低级庸俗的网聊，让人忽略现实中情感交流的重要性，造成一些同学人际关系很淡漠，不懂感恩。

（3）活动三：感恩谁？

老师提问，自己作为家庭或学校中的一员，为家庭或学校做过些什么？

学生甲：我妈说只要我好好读书，健康成长就够了，就是在为家庭作贡献。不要我做什么。

学生乙：我自己整理自己的书桌和书橱。

热烈讨论……

老师：从大家的交流来看，我们为家庭或学校做得很不够。那么，我们来做一个角色扮演的小游戏，看看家长都为我们做了些什么。

角色扮演：假设你父亲出差，母亲运动扭伤了脚，不能下地。你扮演母亲，另一同学扮演你；你中午回家，发现不像平时那样，家里准备好了饭菜。请两个同学来演示一下。并请大家好好想想在这种情况下，你应该怎么做？如果你是母亲，你会有怎样的心情？

两位学生表演后，另外有同学举手发言。

学生甲：如果我碰到这种事，我不会像表演的同学那样，只顾自己肚子饿，不管妈妈的病情，我一定先照顾好妈妈，再去附近帮妈妈和自己买好饭。如果我是妈妈，我肯定很着急。

学生乙：我会立刻打电话让爸爸早些回来。

同学们回答各不相同。

老师：这个情景告诉我们要珍惜父母给予的关爱，不要把这些当成理所当然的，我们也应该关心父母。我们从呱呱坠地到长大成人，时刻牵动着父母的心。

到底母亲十月怀胎有多辛苦,建议大家明天可以绑一个鸡蛋在身上,好好保护这个鸡蛋,一周后把它原样放回,就会有所体会了。父母不断为我们无私奉献与付出,尽管有时对我们也很严厉,我们也应该理解。

(4)活动四:怎样感恩?

老师:感恩是否就是报恩呢?我给大家讲一个小故事。

一天,一个14岁的小姑娘把只考了62分的数学卷子给妈妈签字。她平时都是考80分左右的。

妈妈看了就问她:"为什么退步了?"

她说:"我不小心的嘛。"

妈妈说:"如果我工作不小心,就得不到一个月2 000元的工资啊。"

她气愤地摔了门就往外跑,一直怪妈妈没本事,她一次没考好还挨骂,想着想着就跑得更快了。渐渐地,天黑了,母亲不见她回家,就到处打电话询问,都没有结果。母亲只好饿着肚子焦急地四处寻找,嗓子都喊哑了。过了三个小时,小姑娘还是不愿回去,她又累又饿,走到一个面摊前,老板看她可怜,盛了一碗面给她吃。她狼吞虎咽吃下去后,不禁流下眼泪,扑通给老板跪下,称老板是大恩人。老板说:"我给你一碗面就成了恩人,你父母养大你,用了多少面和心血啊,你怎么对待她们的?"

同学们七嘴八舌地讨论着。

老师总结:故事里的老板是报恩的人吗?他说的话有道理吗?感恩不能等同于报恩,报恩,它只是感恩的一种形式。感恩是面向一切世人,报恩则多半是针对个人。感恩所崇尚的是公平,是利人利己,报恩所崇尚的是回馈、容易损公肥私。如果人们把针对某个特定目标的报恩,转变成回馈社会的感恩,那该多好啊!

做令人感激的事,它的起因一定不是为了得到回报,而是为了自己的生活更加丰富更加幸福,为了使身边的人得到或大或小的乐事。我们帮助他人时,应该少一点预设的期待,这样的话,那份对人的关怀会更自在。另外,感恩不仅仅是为了报恩,还因为有些恩泽是我们无法回报的,有些恩情更不是等量回报就能一笔还清的,惟有用纯真的心灵去感动去铭记,才能真正对得起给我们恩惠的人。所以,我们应该以大爱的思想、广阔的胸襟,不仅回报那些曾经帮助过自己的人,而且回报其他需要帮助的人,服务社会,这比单纯的报恩行为更有意义。

怎样感恩呢?感恩需要细心呵护,它应该来自平凡的生活,我们可以从下面这些做起。

①养成说谢谢的习惯。每晚睡觉前闭上眼睛,花几分钟想想那些自己对之感激的人和事。

②送一张表达感谢的纸条。如果你做了某件好事而收到了感谢信,那该多开

心啊。同理，当你想表达你的感激的时候，也许只是一张表达感谢的纸条也会让对方高兴。

③送出你的微笑。微笑是人类最美丽的语言，多一份微笑，能给自己带来好心情，也能让别人感觉阳光灿烂。

④感谢每一天。每天清晨醒来之后，带着感恩的心迎接新的一天吧，感谢自己还活着！

⑤免费行善。帮同学分析一道习题、公交车上让一次座……小小的善行却能够让你感受到自己的价值。

⑥送一个小礼物。不需要很昂贵或者罕见，一个小小的礼物往往可以表达很真诚的心意。

⑦向某人罗列你感谢他（她）的理由。列一个清单，表达你的感受，你为什么感激他（她）。

⑧公开地表达谢意。谁不喜欢公开地被赞扬？在朋友或家人闲谈之时，在你的演讲词中……找一个公开的场合表达你对某人的谢意。

⑨对不幸也心怀感激。感恩挫折与打击让你更加坚强，感恩亲人和朋友一直守候在你的身旁。

⑩让感恩不断传递。曾经帮助过你的人也许并不需要你的回报，你可以心怀感恩去帮助其他需要帮助的人，让感恩不断传递，世界将更加美丽。

3．总结与归纳

（1）感恩是一种生活态度，是因为我们生活在这个世界上，一切的事物都对我们有恩情！

（2）我们要有感恩惜福的健康心态，让困难磨炼我们，因为困难使我们更深刻地理解和珍惜学习和生活。

（3）我们要珍惜拥有的一切，孝顺父母，勤奋学习，服务他人、服务社会。

4．活动延伸

建议同学们阅读《弟子规》或看百家讲坛中对《弟子规》的讲解。亲爱的同学们，让我们从现在开始，学会表达爱，学会感恩，一起唱响《感恩的心》，愿感恩的心改变你的态度，愿诚恳的态度带动你的习惯，愿良好的习惯升华你的性格，愿健康的性格使你收获美丽的人生！获得幸福的一生。

师生同唱《感恩的心》，并打手语。

5．对"大爱，让生命美丽"课的反思

在本次教学活动中，师生能够敞开心扉谈论和体会爱与感恩，课堂气氛要做到开放和活跃。通过本次教学活动，使学生懂得爱与感恩的力量。更重要的是，通过本次的教学活动，引导学生学会感激一切，特别是逆境感恩。但是，要让学生真正感恩一切，明白生命的责任和使命，真正做到善待生命、热爱生活，还需要我们改变应试教育的做法。

6. 课后思考

（1）每天上学离开家之前拥抱一下父母，在每天的拥抱中去培养对父母的感恩之心。

（2）给自己认为最普通的朋友写一封感恩的信，用心去发现其实身边的每一个人都有自己值得感恩的地方。

（该课由马九福，郑晓江共同设计）

## 第二节　生命教育课的设计原则

生命教育课为何这样设计而不那样设计？是基于什么样的方法论的思考呢？

第一，关注生命困顿。生命教育课的教材编写及讲授都应该由学生之生命困顿切入而非由既有的知识体系出发。某市研究与开发的生命教育教材，其设计理念是"依据小学生的认知水平和行为能力，以让每一个儿童学会科学生活"为小学阶段生命教育课程目标，设计出版了《生命的呵护》为题的生命教育的教材。而"初中段是生命体验最丰富的阶段，所以这个阶段的生命教育以'认识自我、悦纳自我'为课程目标"，设计并出版了《生命的成长》的教材，内容围绕青春期的成长内容展开。又进而认为"依据高中生认知发展的特征和行动力取向，高中阶段是丰富精神世界的最关键年龄，必须完成从'心理弹性'走向'生命弹性'的过渡。基于生命成熟共性内容与基于生理生物性成熟个性内容的统一呈现，以'做最好的自己'为课程目标，设计出以《生命的经营》为题的'男儿课堂'和以《生命的完善》为题的'少女沙龙'。"① 这样设计生命教育的教材并安排课堂教学，就基本上没有跳出知识性课程设计的思维，仍然是从既有的理论体系构造出一套知识性的系统，并按学生的认知水平来编写教材、来讲授课程。其误区在于没有区分生命教育与知识性教育的本质不同，也没有立于生命教育的特点与规律来设计并讲授生命教育的课程。王小棉教授在《用生命教育唤醒孩子的生命自觉——提高生命教育实效性的关键环节》一文中指出："学生本身就是一个鲜活的生命实体，他的生活经历就是其生命存在的展示。因此，生命教育应该在学生的生命活动中进行，结合学生的生命成长课题，围绕着日常生活中学生遭遇的种种生命现象，运用活动和情境体验的形式和方法，引导学生去感受、思考、判断他们自身的经验，从中体验生命的宝贵，感悟生命的价值，理解生命的真谛。"

所以，生命教育课程的设计也许永远没有定式，一切以听课对象生命成长中的生命困顿的不同而变化。生命教育课的设计与知识性课程，如中小学里的语

---

① 中国宋庆龄基金会. 第七届中华青少年生命教育论坛会刊［C］. 2011. 12.

文、数学、英语、物理、化学；大学中的哲学、经济学、工程学、建筑学等，究竟有何不同？关键在其出发点与解决的问题不同。知识性的课程，主要是解决学习对象在知识上的增长问题，所以，其课程自身往往先有一个知识的体系，在课程设计中，一般遵循两点：一是学习对象的认知水平和行为能力的规律；二是贯彻知识性、逻辑性、由易入难、由浅入深的原则。在这样的基础上来编写教材并进行课堂教学，通过讲授该学科的主要概念、范畴、定理、公式、方法、学科的历史等，来传达系统的知识体系。而生命教育课的性质与知识性课程的设计显然有本质的不同，因为其主要解决的是学习对象的生命成长的问题，在生命的层面，人与人是不同的，人在各个时期的生命问题亦有不同的表现。所以，生命教育课的设计主要的不是从既有的理论体系出发，也不刻意追求讲授内容的逻辑关系、难易程度，而是直指学习对象的生命困顿，他们在生命成长过程中遭遇到什么问题？集中表现为什么样的状况？以此形成主题与内容来设计并讲授课程。所以，生命教育课没有固定的程序，没有固定的内容，甚至没有固定的知识点。比如，80后的青少年面对生活的感受主要是"郁闷"，并由此派生出一系列的生命困顿；90后的青少年面对生活的感受主要是"纠结"，也由此派生出一系列的生命困顿，这就是生命教育课程设计的主题。相应的，老师如果面对的是80后的青少年，则应该以"郁闷"为中心来讲授；面对90后的青少年则应该以"纠结"为核心来讲授。因为对象生命困顿的不同，课程主题与内容也就有了根本的变化。所以，生命教育课不追求理论的系统性，也没有固定的课程内容，一切都在变化当中，这样，对生命教育课的老师就提出了非常高的要求。他们应该不是书斋型的老师，不是仅仅在既有理论与知识体系中寻找课堂设计的资源，而必须直面他们的学生，面对千变万化的社会，直接切入学生变化中的生命困顿，通过课堂教学来帮助学生解决生命成长中的诸多复杂问题。

第二，关注生命个体。应该从独特的"生命个体"而非一般的"类生命"出发来设计并讲授生命教育的课程，教学的目的是使学习的对象能够做到"知行合一"。在知识性课程教学中，老师们是学士、硕士、博士毕业，在大学、研究院学了很多的知识，面对学生时他们是知识权威的化身，通过一定的科学性课程设计及讲授，把既定的知识传授给学生，并用复习及考试的手段让学生们接受。所以，不深入了解对象也无大碍，至多要了解他们的年龄、年级、已有知识的掌握程度等就可以了，这实质上是对"一般的生命"或"类生命"的了解。而生命教育课的老师不同，要从抽象的"人"深入到"个体的人"；从一般的"类生命"进入到独特的"个别的生命"。因为，人的生命成长的背景不同，人的生活经历也不一样，其产生的生命困顿也不同。当然，人们在大致相同的年龄阶段，也会有一些共同的生命感受和生命困顿，但老师却必须要特别关注学生们那些不同的生活经验、体验与生命中的问题。所以，老师除了要深入了解学生们一般的生命困顿，还必须去了解学生们个别的具体的生命困顿，以此来设计生命教育课程的内容，并进行灵活多样性的教学，才能达到良好的效果。

所以，知识性的课程追求的是学习对象对知识掌握的"齐"、"全"、"深"；而生命教育课追求的是学习对象能够达到知与行的合一。在知识性课堂，老师一般通过考试来检测学生们学习的效果，学生们如果考卷上得了高分甚至满分，那么，这就意味着课堂教学的成功。但在生命教育的课堂，学生仅仅知之"多"、知之"全"、知之"深"、考试得高分是远远不够的，生命教育课期望达到的效果是使学习对象了解某种或某类优秀的生命品质之后，能够在当下及将来的生活实践中具体去做、去实践，真正成为自我的生命品质。在生命教育的视野下，"知"而不"行"，实为不"知"。所以，生命教育课不仅仅是老师主讲与回答学生们的问题，而是要设计某种活动，让学生看某段视频，或者讲某一个故事，然后让学生们自己去想、去讨论、去分析，老师往往只是倾听者、鼓动者、引领者、提升者。因为，人之生命品质是一种天生的"萌芽"，后天的学习只是精心的培育，使其茁壮成长而已，只有这样，学习的对象才能真正达到知行合一，知晓了便会去行；而外在灌输式的教育，学习的对象可以在知识上觉解，但却难以知行合一，在具体的生活实践中去做。

第三，关注生命成长。生命教育课的成功与否，不取决于课后老师或督导的评价、理论上的分析判断、学生考试的成绩水平，完全取决于学习的对象在生命上是否成长了，其生命的困顿是否解决了，在生活中能否做到知行合一。所以，生命教育课成功与否的最终评判标准是学生的生命品质增长与否。这样，生命教育的课堂必须去"中心化"，老师与学生是平等的关系。因为教师与学生都是生命旅程中的"行者"，都没有到达生命的终点站，生命也都在成长过程之中。所以，教师并非权威，也许老师是知识上的权威，却非生命成长中的权威。在知识性的课程中，一般是老师知道什么便讲什么，以老师的知识背景、知识结构、知识掌握的内容为中心；而生命教育课程则是以学生生命成长的需要为中心，以能够帮助学生认知和体验生命成长中的品质为讲授的主要内容。

所以，在生命教育课堂中，有三不讲的原则：不了解授课对象不讲；课堂条件不具备不讲；准备不充分不讲。为什么要有三不讲原则呢？因为上一堂不成功或者半成功的生命教育课，比不上这堂课更糟糕。生命教育课是关系到学生生命成长的课，如果上不好或者引导不得法，那不仅达不到良好的效果，甚至可能使学生的生命受伤，产生严重的后果。所以，生命教育课的设计和讲授一定要避免两大误区：一是以为生命教育课就是用感人的课堂形式来赚取人们的眼泪，课堂上越感人就越成功；二是以为生命教育课就是设计各种活动来热闹热闹，活跃活跃课堂气氛。这是非常错误的认识与课程设计的原则。生命教育课的任何场景设计、活动设计、内容设计，都不是为了某种外在的目的，不是为感动而感动，不是为热闹而热闹，一切好的课堂场景、好的课程活动设计都必须围绕着一个中心：注入一种正向的生命观、生活观、人生价值观。生命教育课必须有价值注入，而非遵循心理咨询中的价值中立原则。但这种生命正向价值的注入又非生硬的、直截了当的、强势的，而是引导性注入，做到不露声色、入于无痕、自然而然。

总之，生命教育给教育注入了新的元素、新的血液，可以纠正以往教育发生的偏差，因为教育的价值不仅仅是授人以知识和技能，在最本质的意义上是使人成为人，引导每一个生命体走向更完整、更和谐、更幸福、更快乐的境界。所以，生命教育的确就是教育的生命力之所在；而且，其提供的新的教育教学的方式与方法，必将促进教育的健康发展。我们每一位老师，无论从事哪一科目的教育工作，都应该具备生命教育的素养，学会生命教育的教学方法，这就必须理解生命教育的真谛：我们不是"教书"，而是"教人"。也就是说，应该透过"书"而见"人"，穿过"知识"而深入学生"生命"的层面。

## 第三节　生命教育课几种主要的教学法

生命教育的对象既然是具体的生命个体，又必须能够透过人的生活表层而直达人之内在生命的存在，是一种培育德性与价值观的教育。所以，其具体方法与一般的课堂教学有很大的不同，现在介绍几种主要的方法。

### 一、生命时光计算法

为了让受教育者能够体验生命之可贵，生命时光之不能倒转和有限，从而珍惜生命，珍惜不可逆转的人生时光，以奋发努力，获得人生的成功，可以采用这种方法。（具体做法可以参考本书第八章）

央视《新闻调查》栏目"三生教育"专题部分记录下了云南省个旧市第三中学邓勤老师让班上的同学做的这个游戏，结果有一个学生的反映是："我以前一直认为时间是慢慢的，我们永远不可能用完它，想着这个时间没有尽头，生命很漫长，我可以今天不读书，那明天再来读书，年复一年地这样，反正我有青春，我可以去消耗它。但是现在觉得就这么短的时间了，好像也不能干那么多的事情。我就想我只能立这样一个目标，而为目标付出自己的艰辛努力。"这就是生命时光计算法所欲达到的目的。

在做这样一种游戏的过程中，还可以辅导性地讲授一些关于人生时光的实例。如：美国生物学家凯恩为人生算了一笔细账：以60岁为标准，共计21 915天，睡眠占用20年，吃饭占用6年，娱乐玩耍占用8年，穿衣梳洗占用5年，行路、旅游、堵车占用5年，生病3年，打电话1年，上卫生间1年，闲谈70天，擦鼻涕10天，剪手脚指甲10天……最后剩余的时间只有10年！德国人算人生也以60年为标准，睡觉同样是用去20年，看电视、上网用去13年，购物娱乐等活动花费1年半，交通堵塞耽误2年又4个月，打电话聊天浪费1年，因对方无人接电话结果又浪费6个月，赌博用去了1年又8个月，参加竞选、投票、游行、年轻时打架斗殴、成家后家庭吵架、有小孩后骂骂孩子等丢掉4年又3个月，找东西1年，看乱七八糟的广告用掉2年，打官司浪费3年，上厕所1年……最后结果，真正用于工作学习的时间为9年8个月左右。

许多人，尤其是青少年在日常生活中，从来不知人生时光的重要性，对时间的稀缺性、不可逆性及珍贵性没有感性认识。生命时光计算法，关键在让听众警觉生命的有限性，从俯瞰时光的高度来达到掌控时间、珍惜生命、善用今生的目的。

**二、生命状态比较法**

人生在世，生命状态有起有伏，表现在人生之路上有高潮有低谷，有幸福也有痛苦，而且总避免不了挫折与逆境。而现代社会的青少年许多在"温室"里长大，缺少抗压能力，成了所谓的"草莓一族"，外表光鲜，一碰就破。如何培养人们面对挫折能够逆境奋起的能力是生命教育中的重大课题。为此，可以采取"生命状态比较法"，如以下的实例。

台湾嘉义大学的陈芳玲教授曾经在一个读书会中，让每个学员都取一根铁丝，以人生的失落为主题，按自己生命过程的起伏来折铁丝，然后让大家分享各自的经验。

一位学员手中的铁丝开始折得比较平缓，他说这几年过得很平顺；然后铁丝突然折成下沉很深的凹的形状，他说这几年婚姻遭到重大的挫折。另一位学员折的铁丝一直往下凹，她说：三年前她诊断出癌症，公公婆婆为探望她双双在高速公路遇车祸而亡；不久，她儿子也被诊出患了血癌。前一位学员听到这样悲惨的故事，却发现她折的铁丝凹下的部分还没有他那么深，忙说：我要改过来。说着，他把铁丝凹下的部分改平一些。陈教授说："这个活动让他的伤口得到某种程度的抚平。在分享生命中失落的故事活动中，成员可以慢慢回顾生命中那些痛，并以今日之心境看当时的失落，有时学员会表示自己似乎夸大了伤痛；有时因分享别人的伤痛故事，而逐渐减轻自己的伤痛，特别是碰到比自己更不幸的人。"然后，陈教授又让大家把折好的铁丝倒过来，问大家发现了什么？有多位学员表示："当时的得失已很难区分，也许得失是相对存在的，没有失无法知道得。"陈教授又问："凹痕的最底端代表的意义是什么？"学员的回答是："黎明前的黑暗；再坏也是如此，没什么好怕；往上好转的开始。"陈教授最后要求学员将铁丝恢复原状，结果当然是不可能的，再让大家发表意见。学员们纷纷表示：生命一路走来，凡是走过必留痕迹；生命会好，但不会完全，伤口会好但不会不见，必留下疤痕。他们体验到这就是生命的本质①。

运用"生命状态比较法"的教学方法,通常要让听众明白:首先,人生状态的相对性存在,人生性质在比较中才能掌握。让自己感觉特别难受,以至无法接受的人生苦难也许远不如其他的人所经历的痛苦。所以,在比较的视野下,我们对自己现在承受的人生之痛是可以接受的。其次,人生状态是起伏不定的,所以,顺境与逆境、幸福与痛苦、快乐与难受都是在改变过程中的,当我们陷入人生低潮时,一定要坚信必会有人生高潮在等着我们。再次,人生走过必然会留下点什么,而无论是正面或负面的人生实存,都是我们人生中宝贵的经验。让我们吸取这些经验,避免将来的人生挫折。这三点就是我们每一个活着的人在生命教育过程中应该接受的挫折教育、苦难教育,以达到增强抗压能力、勇敢面对人生逆境的目的,这些都值得我们每一个人深思、体验和贯之以生活实践。

### 三、负重感恩教育法

感恩教育是生命教育中的重要内容之一,其本质是培育"孝道"。在中国传统文化中,"孝"是百善之先,一个在家能"孝"者,必能在社会国家事务中能"忠",所谓"移孝为忠"是也。而在现代社会,独生子女家庭越来越多,一个"小皇帝"往往有父母加祖父母、外祖父母六个人围着转,小孩子往往把一切得到的都视为必然,因为在家中的任何所得,如吃穿往行玩的各种物质条件及精神上无微不至的关怀都是十分充裕的,无需任何努力就会"从天上掉下来",甚至于什么东西都要"求"他或她来接受。如此一来,所谓感恩之心也就无从培养,所谓孝道的精神几乎荡然无存。"负重感恩法"就是针对这样的现实而设计的,主要是让学生们从父母给予自己的一切都是不容易的体验入手,来达到感激感谢感恩之孝道精神的培育。

可以取一只鸡蛋用绳袋装好,每一个学生都挂在脖子上保持一周,且不能打破。这一过程中能保持鸡蛋不破者可以体会到父母养育孩子要多么的小心翼翼;而在这一过程中把鸡蛋弄破的学生,更可以体会父母养育孩子的不易。或者取一些重物,绑在学生的腹部,保持数天,让学生们了解母亲怀胎十月是多么不容易。

也有一种计算生命成本的方法,让孩子们在课堂上计算自己从出生到现在,共花费了多少金钱。计算的结果一般数量巨大,然后告诉孩子们:父母花费的精力还要远远超过所付出的金钱。以此培育孩子们对自我生命成长之不易、自我生命之珍贵的体认,并在此基础上培养孩子们对父母和社会的感恩精神。

云南大学附中曾经在各个年级的学生中开展了为期一周的负重感恩,关爱母

---

① 林绮云,张盈堃.生死教育与辅导[M].台北:洪叶文化事业有限公司,2002:27-28.

亲的活动，具体做法是这样的：每个学生在腹部绑上约三公斤的东西，前面再用胶带绕上一个鸡蛋。之所以定为三公斤，因为这是母亲怀孩子的最后阶段的负重量。然后云南大学附中教师王瑞华告诉学生：要进行角色的置换，这时的你已经不是你，而是你十年前的母亲，她会怎样孕育着她的宝宝呢？这个活动要持续一段时间，学生们需要负重来学习和生活。有个学生不小心碰破了鸡蛋，他的感觉是："十月怀胎是很艰辛的。我们这个不小心一碰就碎了，母亲当然也应该是小心，非常非常小心，我们也体会到母亲这种痛苦。"

"负重感恩法"的实质是换位思考，让孩子们扮演母亲的角色来亲身体会做父母的不易，以及对孩子无私的爱。"负重感恩法"的关键在设身处地的体验，不能仅仅是课堂中的说教，也不能马虎了事。"负重感恩法"还必须有老师必要的辅导，引领孩子正确地体会感恩精神，并让孩子从对父母的感恩开始，也学会感恩社会。

### 四、由"死"观"生"法

生命教育的核心与难点皆在生死观的教育。生与死是人生的两极，死亡带给人类的不仅是毁灭性的惊恐，更在于在死亡面前，人们一切的世间努力似乎都毫无意义，都是不必要了。由此，人们可能陷入疯狂地满足肉欲之中而不能自拔。对死亡不正确的看法，将必然导致错误的人生态度和人生实践。所以，人们应该在生前，在活得很年轻、很健康的时候，就善于在思想观念上先行到"死"，立于"死"的基点来看人生，由此来建构正确及合理的生死观，并指导自我的人生之路，这就叫"直面生死，理解人生"，这是生命教育中的重点。

央视《新闻调查》栏目"三生教育"专题摄制组曾记录了云南省昆明市第一中学教师牟洁为高一年级上的一堂以生死问题为内容的生命教育课，牟老师让同学们观看新生命诞生的影片，然后结合各自的感受进行讨论。先告诉学生们：精子的成活期为五天，卵子必须在排卵后的二十四小时内受精，否则就会死去，这是一场生与死、成与败的特殊战斗。然后让同学们自由讨论。一个学生汇报说："我们小组总结出了这么几条：首先就是艰难，再一个就是神奇，然后还有漫长，还有充满挑战，然后给我们的感受就是我们来之不易，然后还有我爱我爹我妈，然后还有就是我爹我妈很伟大，然后最后一句就是珍惜来之不易的生命。"牟洁老师总结说："好，好。我们从生的开始，那么我们开始进入第二个环节，死的环节。"先放映根据汶川地震的一个真实故事改编而成的短片《震中童话》，让同学们感受到死神正一步步逼近被压在废墟中的孩子们。然后在课堂上，老师让同学们换位思考，假如自己是片中的主人公，将会怎样面对死亡。牟洁老师宣布："我们进入最后一个活动，叫做'临终遗言'，同学们请认真思考三分钟，老师会给大家一张小卡片，请写下如果当时你真的是主人公的话，有机会给大家写下自己最后想说的话时你所想表达的。"一位学生站起来说:"爸爸妈妈别难过,好好活下去,我爱你们,真的很爱你们。不论我在哪儿,我只想告诉你们,我今生做你们的女儿是幸福的,谢谢你们。"另一位学生说:"我写的是'生命历程是如此美好,即使多艰难,多坎坷,多无奈,即使死亡即将来临'。"

活动完成以后,老师问学生以前思考过死的问题吗?大家都说:"没有,从来没有过,太严肃了。"老师又问:"那你们觉得,在活的时候需要想一想死的事吗?"学生们的回答有两种:一是认为不需要,"因为感觉想死就是有点恐怖的感觉,然后人生应该快乐地活过每一天。"另一种回答是需要,"我觉得它(思考死亡)可以让我们看清楚,就是走过的这一段路,就是这15年,我们大家都在怀念着什么,挂念着什么,从而让我们知道,我们今后应该去更珍惜什么。如果真的有一天,如果就是此时此刻,我的生命马上就要结束了,我会特别记挂我的父母亲人、朋友、老师,那么今后的日子里面,我就会认真地对待这些东西"。

牟洁老师对这样一堂生死观的课有个总结:"当孩子们第一次看到原来这样一个生命的诞生历程,他们觉得非常神奇。到了最后,我们开始越来越进入沉重的话题,当面对自己的死亡的时候,他们也开始认真地思考起来了,所以我觉得也是一个心理学上的扰动。也许一节课,我们说的不能带给他们很多东西,但是起码我们扰动他们去思考很多人生的问题"。但牟洁老师又认为:"如果是初中或者是幼儿园,或者是小学,小孩子不应该这样上这个课,因为太直了,所以我们题目叫做直面生死。因为你是高中生了,你很快就要面临着自己的抉择,自己未来的人生规划,所以我觉得你有这个能力去承受这样一个课题,所以我们就选择这样一种方式。其实我们直面生死的课之后,还有理解人生的第二节课,人生还有很多东西,然后我们还会谈论一下幸福,这样一节课才是完整的,而不是断章取义地取一个死,或者取一个生,这样我觉得生命教育都是不完整的。"

可见,在具体运用"由死观生"的方法于生命教育的过程中时,一定要注意三点。首先,要破除对孩子不能谈生死问题的习见。虽然在孩子年龄尚小时就谈有关死亡的问题确实可能会有负面的影响,但是,问题的关键在于,学校与老师不谈,孩子们难道就不会从别的途径了解有关死亡的信息吗?现在孩子们获得信息的渠道比成年人更多更广,学校与老师不讲正确的生死观念,孩子们就会从别的信息来源中获得可能是错误的生死观,并有可能造成诸如自残、斗殴,甚至自杀、凶杀等恶果。这就是在生命教育中进行死亡教育之必要性的根本原因。有些家长认为,社会"不能低估学生的承受能力,他们常常比大人想象的坚强、通达。如果让学生对死亡过度禁忌,会让孩子对死亡产生神秘感和好奇心,甚至会带给他们一些关于死亡的不正确信息,误认为死亡是一件轻松、随意的事情,这样就可能让学生因为一些微不足道的事情放弃生命,还会降低孩子抗打击能力。对学生而言,让他们直面死亡要比回避死亡好"。

其次，在生命教育的过程中，对学生们进行生死观教育，虽然不可避免地要谈到有关"死"的方方面面的问题，但无论是出发点还是落脚点，都要体现"生"。谈死亡问题，是因为正确的人生观必须建立在对死亡有合理见解的基础之上；而对死亡问题的分析与探讨，也正在让学生们由对死亡的体认，来更加珍惜与热爱自我的生命，为人生的发展充上不竭的动力。

再次，要深刻地认识生命教育的核心就是生死观的教育，这不是消极的，而是积极的教育内容。因为死亡教育的最终目标是：面对生命，我们应敬畏、珍惜；面对死亡，我们应感悟而善待。让我们一起智慧地思考生死，构建生命的坚强、韧性与博爱，寻求生命的辉煌和永恒！

生命教育课，除了在课堂上讲授之外，更重要的是要走向社会，在社会的舞台上，在生活的大课堂里让受教育者去获得生命的领悟，所以生命教育实践课程的方法与途径很重要，兹介绍几种如下。

### 一、生命历程观摩法

任何一个人的生命都要生存，也要生活，这构成了完整的人生过程。而人生命成长的各个阶段，往往有一些"生命节点"，让孩子们走出校门，去实地考察生命的各种状态，从认识生命开始，到培育他们热爱及珍惜生命的态度。

比如到博物馆去参观，了解宇宙发生发展的历史，了解动物及人类生命的特质，以培养学生用宽广的视野来面对人生；也可以到医院里去参观并陪伴绝症病人，了解生命的脆弱与坚韧；到产房里观看产妇分娩，感受生命的痛苦之后的伟大；去康复中心观看残疾人的康复训练，甚至与残疾人在一起生活一天，以体验自我健全的生命是多么的幸福，而残缺的生命也可以做到很坚强；还可以组织学生去殡仪馆或烈士陵园去参观，以感受人类生与死的命运，接受生死观的教育，从而明了人的生命的唯一性，创造生命意义与价值的紧迫性，一个人只有真正理解了死亡，才可能从思想深处去真正热爱生命，珍惜生命；也可以组织学生观看具有生命教育意义的电影，如《隐形的翅膀》、《5·12 北川大地震纪实》、《新生命的诞生》（日本）、《有你真好》（韩国）、《马拉松小子》（韩国）、《入殓师》（日本）等，借助于这些震撼人心的有关生命的影视艺术，激发学生对生命苦难的领悟，树立战胜生命挫折的信心，坚定克服人生逆境的意志，以及建立取得人生辉煌的决心。

比如，北京市海淀区阜成路中学在全校校会上播出了一个学生自编自拍的DV 短片——《懂你，母亲》，短片用镜头记录了一位母亲勇敢地接受剖腹产的全过程。片子播出以后，带给同学们极大的视觉冲击和巨大的心灵震撼。同学们通过血淋淋的电视画面，了解了母亲生育的艰难，懂得了家长的不易。同学们纷纷把心中的万分感激之情，化为对母亲的理解和尊重。一个学生在给母亲的信里这样写道:"妈妈,您以前总说您肚子上的伤疤是上天赐给您的礼物。今天我终于明白了,为了生我,您忍受了皮开肉绽的痛苦。可我以前一直不懂得孝敬您。这次您生了重病,才有机会第一次为您洗脚。捧起您这一双长满老茧的双脚,就如同捧起您一生的劳累与艰辛。我知道,您只是一个普普通通的人,您不曾有过轰轰烈烈的事业,也不曾有过腰缠万贯的财富,您赶不上潮流,您甚至连电脑都不会用。但是您仍然是我最爱的人。您是我生命的创造者,是我人生的领路人。是我遇到风浪时平静的港湾,是我遇到挫折时的坚强后盾。千言万语说不尽儿女对您的感激之情。看着吧妈妈,我会用一生来报答您!"播放短片以后,很多同学发生了很大的变化。回家帮助家长干家务的多了,等吃等喝的人少了;尊重理解母亲的多了,和母亲耍态度的少了①。

在这些参观及体验活动之前,老师必须作一些交代和安排。例如,事先让同学们了解参观的目的与要求;参观时应该注意的事项等。尤其重要的是,每一次生命教育的体验活动结束后,都必须布置每一个学生写一篇观后感,并在集体活动过程中分享各自的收获,引发思考。所有这些生命教育的体验活动,关键在培养孩子们去感受生命的神圣与伟大,特别是让孩子们意识到:一个人一生中难以避免各种挫折与困难,我们一定要树立正确的人生观与价值观,并努力去克服困难,改变生命的种种困顿,以得到幸福与快乐。

**二、生命教育实体化建设法**

生命教育的教学,特别强调全方位的渗透性。要在人们日常生活的场景中,设计并建设各种具有生命教育内容的实物,让学生在平时的生活中,就能受到生命教育潜移默化的熏陶。

生命教育实体化建设法的重要载体是校园文化建设。有些校长认为,校园就是学生课余休息及上学与放学的通道而已,无需花费多少精力和金钱,只要道路宽敞、空间足够大就可以了。也有些校长认为,校园是一个学校的脸面,必须要做得有"面子",所以投入巨资建设豪华奢侈的校园。这两种认识都是十分错误的,实际上,校园应该纳入学校课程建设来考虑,成为学校整个课程建设的有机组成部分。当然,校园建设作为课程不是一般的课程,而是所谓"隐性课程",以与课堂中讲授的"显性课程"相对应。由这样的视角来看校园文化建设,就要有特别的观念、特别的建设方式。正如徐亚康在《把校园文化当隐性课程来建》一文中指出的:"校园文化的优势就在于,把有关的情境营造出来,让学生置身于其中,自由地、自主地进行选择和判断。学生自己感受、领悟到的积极的

---

① 杨昌毅. 谈谈对中学生进行生命教育的意义 [EB/OL]. [2010-01-05]. http://www.ssjy.org/content.asp? id=4894.

东西,会留下深刻印象,甚至影响终生。教育的'润物细无声',效果会'当春乃发生',这正是校园文化的特点和优势所在。"从生命教育的角度来看,校园文化建设应该体现出生命文化的内涵,表现生命的珍贵、生命的灿烂、生命的成长、生命的奋发,等等。让师生置身于充满生命文化气息的校园中,潜移默化地接受生命的教育。

比如,昆明宜良县永新小学以"三生教育"为主题进行校园文化的建设:"'三生教育'主题校园文化由5个各具特色而又相互联系的板块组成:一是'三生教育'理念墙。包括校徽、'一训三风'和办学目标、精神、思路、原则,还有学生宣言、三生教育奇果树、双Q坐标轴。二是'三生教育'笑脸墙。从永新小学一到六年级的学生中选取一百个孩子的笑脸,一百张笑脸一百种表情、一百种性格、一百种梦想。三是'三生教育'故事长廊。由49个精心创作的故事组成,故事图文并茂、生动活泼、内容丰富、意义深刻,每个故事结尾归纳总结提炼出'三生感悟',帮助学生理解和认识生命、生存和生活的意义,让学生从每个故事中得到新的感悟和体验。四是'三生教育'名人名言走廊。围绕'三生教育',选取古今中外的名人名言制作成画框悬挂在教学楼各层墙壁,尤其引人注目的是云南本土著名人物仇和、罗崇敏、金飞豹等的精彩语言也入选其中。五是'三生教育'儿歌楼梯栏。主要是倡导学生讲文明、懂礼貌、爱劳动、立志向等方面的内容,能让学生朗朗上口,自觉养成良好的行为习惯。"①

生命教育实体化建设法表现在社会上,可以是自然博物馆、野外生存基地、农业工业生产现场等。比如,北京天寿陵园内建有一个"生命教育馆",其主要内容分为五部分。第一部分为生命历程,分别从生命的生育、成长、教化、生命的归宿几个分部来展示。第二部分为生命典范,通过展示国内外自强不息的个体生命的典范、事迹和故事,让参观者认识到生命的无价,倡扬积极进取的人生哲学,教诲青少年要珍惜生命、尊重生命、珍爱生命、勇于奋斗。第三部分为生命智慧,介绍中国儒家、道家和历史上其他思想家及佛教、基督教等的生死智慧,教诲芸芸众生正确对待生死,珍爱生命,好好生活。第四部分为生命终结,展示了中国传统和现代所通行的生命终结的规程和各种相关的知识。第五部分为生命格言,选取古今中外著名人物有关生死方面的名言警句加以展示。北京天寿园"生命教育馆"是我国第一个生命教育馆,它提供了向大众进行生命教育的新窗口,对提升国人认识生命、理解生命、创造生命价值以及进一步提高生命质量有着重要的意义。据报道,该馆开放以来,已有四五万大中小学生及社会公民前去参观。从2011年开始,该馆已进行了全面改造,更加贴近普通人,尤其是

---

① 张惟祎. 陶晴调研永新小学"三生教育"主题校园文化建设 [EB/OL]. [2010 - 02 - 05]. http://blog.sina.com.cn/s/blog-5ccd94690100gxi8.html.

青少年生命成长之所需。

### 三、生命教育社会活动体验法

生命教育课，本质上是强调体验互动的，所以应该多搬到社会的大舞台上去。首先，要让受教育者按照一定的主题计划去做实地调查；其次，让调查者对调查材料进行分析、归类、总结；再次，让大家回到课堂进行讨论，分别汇报调查的结果及思考，分享经验，引发思想火花，老师再加以适当的点评和引导，以期让鲜活的生活素材酿成生命教育的"美酒"。

比如，湖北潜江市总口中学的柯爱红老师对五年级的学生设计并实施了《善待不完美》的生命教育课。

第一步是"体验艰辛，懂得善待"。她把学生分为四个小组，分别对社区、残联、网络、特殊学校进行观察及调查，然后每一个小组都进行汇报，分享所见所闻。再进行角色体验，让学生想象或模拟自己是一个残疾人该怎么办。比如讲台前放四桶水，让四位同学假设没有手，如何去把水桶提起来。也可以让学生体验双目失明的滋味等。老师的总结是：课外到课内的体验让我们深深感受到了残疾人生活的困难与艰辛，这是我们要理解的（板书：理解）。

第二步是"赞美顽强，学会欣赏"。在教室内利用多媒体播放残疾人自强不息的画面，如霍金、海伦·凯勒、贝多芬、张海迪等，尤其是让学生看后举一反三，列出自己生活中所观察到的自强不息的残疾人的故事，并互相交换看法。最后播放《千手观音》，学生们由衷地赞叹道：他们身体残疾，却用自强不息的精神、坚持不懈的努力，创造了不可思议的奇迹。虽然他们身体不完美，但他们创造了完美。

第三步是"拓展延伸，情感升华"。课堂演示社会对残疾人的关心和爱护的种种举动及设施，如残疾人学校、无障碍通道、洗浴间及残奥会、特奥会的完善设施等。老师讲授：善待不完美，不仅是我们这堂课的主题，也是全世界永恒的"爱"的主题，同时播放歌曲《让世界充满爱》，学生们则手拉手齐唱。老师最后总结：同学们，不完美的生命需要我们善待，我们的生命更需要我们珍爱。让我们敬重生命，让我们共同享受生命的精彩。

柯爱红老师对"善待不完美"的生命教育实践课程的教学反思是：这堂课目标有两个，"一是引导学生体谅、尊重、关爱生命的不完美；二是欣赏残疾人用顽强毅力做出的惊人创举，激发学生敬重生命的情感，提升学生的生命品质……在师生共同努力下，这节课较好地取得了预期效果，学生形成了爱惜生命、敬重生命的认识和情感。"[①]

---

① 柯爱红."生命教育"课例节选［J］.中国德育，2008（1）：54-55.

总之，生命教育的本质是一种个性化的、体验式的教育，其方法也应该多种多样，以上也只是就一些已有的成熟的方法进行了介绍和分析。其实，每一位教师在实施生命教育的过程中，都应该开动脑筋，创造性地使用上述教学方法，并在此基础上，创造自己的生命教育新方法，共同推进生命教育事业健康快速地发展。

**【建议参考资料】**

1. 刘志军. 生命的律动：生命教育实践探索［M］. 北京：中国社会科学出版社，2004.
2. 刘济良. 生命的沉思：生命教育理念解读［M］. 北京：中国社会科学出版社，2004.
3. 孟微微. 珍爱生命 学会感恩［M］. 广州：广东世界图书出版公司，2010.
4. 编写组. 生命的气质与个性［M］. 广州：广东世界图书出版公司，2010.
5. 王北生. 生命的畅想：生命教育视阈拓展［M］. 北京：中国社会科学出版社，2004.
6. 编写组. 个人与社会［M］. 广州：广东世界图书出版公司，2009.
7. 江峻任. 超越死亡［M］. 广州：广东世界图书出版公司，2009
8. 孟微微. 生命的价值和意义［M］. 广州：广东世界图书出版公司，2009.

**【问题与思考】**

1. 试着设计出两堂中学或小学的生命教育课，并说明为什么这样设计。
2. 生命教育课程与知识性的课程究竟有何不同？如何从这种不同之处来上好生命教育的课？
3. 生命教育课程独特的教学方法是什么？
4. 试研究出自己独特的生命教育方法，并在课程实践中具体实施。

# 第十一章　大学生命教育课程的设计与实施

## 【本章提要】

上一章讨论了中小学生命教育课的设计与教学方法的问题，本章则主要阐述在大学开设"生命教育"课的原因、宗旨、特色以及内容，并延伸探讨大学生命教育课（包括大学生和研究生）的主要教学方法与途径。

## 【学习重点】

1. 了解在大学生与研究生中开设生命教育课程的重要性与必要性。
2. 掌握大学生命教育课程设计的主要方法、内容与原则。

## 【重要术语】

大学生命教育课　教育的产业化　自杀现象　生死哲学　生死观教育　渗透式生命教育　何以为生　为何而生　生命的理解　人生的安排　"自然人"与"社会人"　研究生生命教育　讲会　精神家园　"求知"与"求道"　相与讲明　兼取众善　深通义理　以修其身

上一章，我们已讨论了中小学生命教育课程的设计与讲授方法的问题，这一章将继续讨论在大学中开设生命教育课程的相关问题。生命教育，顾名思义，即是关于生命的教育。现代人，尤其是青少年往往专注于当下实在的生活感觉，而淡化了生命的意识，有关生命的价值与意义、精神生命的求取等皆隐而不显，由此引发严重的自杀、自残、吸毒、伤害他人之现象。更严重的是许多人人生方向与目标不明，人生的意义与价值难觅，导致其生存品质极端低下。开设生命教育课就是要让受教育者从认识人之自然生命的特征入手，进而去体会自我之社会生命，意识到人之生命只有在社会中才能孕育和成长，从而必须处理好己与他、己与社会的关系；人们还要去体会自我的精神生命，意识到人之精神世界是与动物相区别的本质所在，故而在人生中要去丰富自我的精神生活、发展自我的知识水平、提升自我的文化素养、道德品质等；人们还要意识到超越生命的意义与价值，所谓超越生命，实质上即是超越死亡，超越生命意义的建构，也即是正确之生死观念的树立。而在大学中讲授生命教育课的相关内容，主要是基于青年学生在生活、生命与人生方面出现了许多严重的问题，希望在讲授过程中帮助学生处理好这些问题，从而获得幸福与成功的人生。

## 第一节 在大学开设生命教育课的主要背景

首先，当前教育中存在的某些问题需要我们认真反省。

教育的产业化及对金钱的追求已成当今中国教育最大的问题之一，随之而来的必然是功利性突显，忽视受教育者主体生命的丰富性及成长的复杂性。在校学生的一切存在价值都体现为考卷上的分数，一切的教育成果都反映在升学的比例和考取重点学校的人数，这同时成了教师福利收入高低的关键及学校社会地位重要与否的标志。伴随着这样一种追求，教育被简化成一系列量化指标和既定程序，因为升学及高考是统一的，所以，学校的教科书要统一、课程要统一、考试要统一、作息时间要统一、教学内容更要统一。这样，就把学生的生命成长简化成了统一规范的数字，学生们鲜活的生命变成了预定的教育教学的程序。这样的教育必然是忽视人文精神教育的，后果就是学生们对生命存在及价值的无知和漠视，他们缺失了对生命意义、道德人格和生死问题认知。当一个学生精神性萎缩、人文性丧失，沉于物欲，不会欣赏音乐，不想阅读经典，精神世界一片荒芜，有知识却没有文化，有观念却无素质。那么，他们就没有了生命价值的认知，没有了生存的信念；而没有了对生死的认知，也没有了存在的尊严。有一组数据需要我们高度重视：据新华社报道，中国2005年的犯罪总人数中80%是青少年，而其中暴力犯罪又占相当大的比例。再据2005年《中国青少年网瘾报告》所载，现在中国青少年患上网瘾的比例高达13.2%。

导致这些严重问题的原因当然是多方面的，具体到生命的角度，则是青少年淡漠了对生命的敬意和珍惜，把生命当做了物品，可以任意处置，甚至随手丢弃，从而没有了"生命是上天所赐"的神圣感，没有了"身体发肤受之父母，不敢毁伤"的感恩之心。对自己的生命不珍惜，也对他人的生命没有感觉。所以，要重构我国生命教育的价值认知体系，让青少年懂得生命的神圣和宝贵，培养其高尚的人文精神和道德人格，去珍爱自己的生命，也尊重别人的生命，承担自我的公民、家庭及社会责任。

其次，要对当前现实生活中存在的一些严重问题有清醒的认识。

我国已经出现了较为严重的自杀问题，而青少年自杀现象也越来越突出。据中国卫生部门在2003年9月10日"预防自杀日"公布的数字显示：我国每年约有28.7万人自杀死亡，约有200万人自杀未遂。自杀在中国人死亡原因中居第5位，15岁至34岁年龄段的青壮年中，自杀是死因首位。据悉，中国是世界上自杀率最高的国家之一，总的自杀率为23/10万，而国际平均自杀率仅为10/10万，中国自杀率是国际平均数的2.3倍。

特别要引起社会、学校、家长注意的是，近些年来，我国青少年的自杀率有升高的趋势，有人估计每年约有25万青少年自杀身亡，中国青少年自杀的比例，在国际上也处于中间偏上的位置。青少年的自杀不仅仅带来自杀者宝贵生命的丧失，更引发父母"白发人送黑发人"的巨大痛苦，还会引发许许多多的社会问题，对社会的和谐、家庭的和睦造成重大的危害。

北京大学儿童青少年卫生研究所于2006年5月17日公布的《中学生自杀现象调查分析报告》说明：中学生每5个人中就有一个人曾经考虑过自杀，占样本总数的20.4%，而为自杀作过计划的占6.5%。（自杀意念：在过去12个月内，曾经考虑过自杀；自杀计划：在过去12个月内，曾经为自杀作过计划）。也就是说，一个拥有2 000名学生的中学，就可能有约500人考虑过自杀；有约130人为自杀作过计划，这样的数据确实让人震惊。北京联合大学信息学院2002级学生程小龙在《大学生"轻生"现象的调查及其原因剖析》一文中指出：通过调查发现将近1/3的在校大学生曾有过自杀念头。他的文章认为，家长教育方式不合理、学校老师不能及时发现学生心理变化、大学生自己对生活没有目标和遇到困难时缺乏调节的能力是造成大学生产生自杀念头的重要原因。以此为根据，一个拥有3万学生的大学，就约有1万学生起过自杀的念头。如此高的比例，怎能不让教育界深刻地反省？全社会亟需找出办法来扼制自杀现象的频繁发生。

自杀现象一般都起因于：自己的生活中没有快乐，生活感觉非常差，而未来也没有改善的可能。所以，一些青少年以自杀来结束自己的生命。他们觉得，不快乐的人生还不如不"生"，人应该有选择死亡的权利，他们正是在使用这份权利。至于亲人因此而产生的无穷痛苦，他们也无能为力。从表面上看，是生活的苦难压倒了他们，但实际上则是轻弃生命的观念害了他们。如果仅仅从心理的层面来理解自杀问题，则可以推卸责任于医学，因为是没有及时发现自杀者的病因，没有及时吃药打针住院而导致这样的结果。而且，如果自杀仅仅是个人的心理问题，那么选择自杀则成为个人的自由权利问题，自杀者由此获得了合理的解释及自我的慰藉。但是，从生死哲学的视角来看，人不仅仅有自然的生理生命，更有血缘的亲缘生命、人际的社会生命，还有超越的精神生命。一个人选择自杀放弃的固然是自我的生命，但也是放弃人伦社会责任的表现，其引发的亲属的悲伤何其大，其造成的社会影响何其广。所以，生活确在"我"，改变生活的权利可以由自"我"来行使；但不能因为这一点而顺延地认为生命也在"我"，放弃生命也是"我"个人的权利。原因很简单，每个人的生命都是由父母孕育抚养，且只能在社会文明与文化中成长。因此之故，自杀者应该要受到社会舆论、人伦道德的谴责，也要受到自我良心的责备。可见，我们必须超越关于自杀问题解释的心理学模式，走向关于自杀问题解释的生死哲学模式；我们更要超越解决自杀问题的心理及精神医学的治疗模式，走向解决自杀问题的综合性生命教育的预防模式。这是在大学开设生命教育课的重要原因之一。

总之，在目前中国的学校教育中，青少年往往获得的是知识，一般的科学知识大都是为解决生活问题而设，培养的是知识技能，目的是就业谋生；而关于生命层面的教育，如生命意义、生命价值、生命责任、生命的永恒等观念的培养却付诸阙如。这样，青少年在人生过程中只在意生活的感觉，而体验不到生命存在的性质及意义，以至轻贱生命，用放弃生命的方式来解决生活中的问题，由此引发居高不下的自杀率。这即是关于自杀的生死哲学的解释及解决模式，因此，必须加强在校学生这方面的学习与掌握。

再次，通过开设生命教育课来恢复教育的真正功能。

现在的大学提供给学生的大都是关于生活能力的知识，当然也有关于生命能力的教育，可是，要么是置于次要的地位，要么是效果极差。学生的意义世界建构不了、信仰缺失、精神沙漠化，生命就无法安顿，生活便极易流于任意，从无所事事到犯罪伤人或自杀等状况都有可能发生。

成年人经过生活的磨炼，比较理性，可以"由死观生"建构自己的意义世界，承担起自我生命的责任。但青年人很少思考超越性的问题，他们如何构建自我的意义世界呢？学校、家长和社会为青少年们建立的价值观往往只是努力获取高分、努力上重点中学、努力考上重点大学，然后找到好工作，赚大钱或当高官，买房买车。可是，当他们无法获得好的成绩，无法升入好的中学或进入重点大学时，怎么办？现在的应试教育只有约10%的学生有较大的成功感，有约30%的学生感觉还过得去，而有约60%的学生都有程度不同的失败感。他们便只有听任其人生的天地塌陷，意义与价值全部隐晦不显，个人的行为便流于任意而为，甚或无恶不作了。因为这样的青少年，在学校里科学知识没有学好，做人的规矩也没学到，更没能建构价值和意义的世界。当其自觉或不自觉地被抛掷到滚滚红尘之中，他们能干什么？你能指望他干什么呢？其生活必然是随波逐流，行为必然是任意而为，打架斗殴、自残伤人等都有可能发生。令人担忧的是，当今社会中这种青少年不在少数。文佳指出："90后大学生个性张扬，总是充满自信，有很强的自我展示意愿，并希望被认可和尊重，但是却抗拒他人对自身存在的缺点进行剖析。90后大学生是充满梦想的一代，常常幻想自己在各种各样的环境中'战斗'，但是却缺少面对现实中失败的坚强，容易放弃。90后是不羁的一代，追求自由，他们渴望生活按照他们的方式去进行，对于旁人的建议，他们更愿意坚持自己的想法，固守自己的信念。90后是早熟的一代，他们通过各种媒体传播获得信息，并根据自己的特点，明确自己的需要，但是在落实自己的计划时总是很难坚持，做事能力跟自己的心情成正比，十分情绪化。"[①] 根据这些生

---

① 文佳. 90后大学生生命教育的探析与思考［J］. 现代教育科学，2012（4）：166 - 167.

命存在的特点来设计生命教育的课程，才能真正解决问题。

教育是为人们提供处理社会、人生、生活中各种事务的知识与能力的过程，现代的大学教育系统有一个非常大的缺陷，那就是生命教育的缺位，这已经抑制了现代人之生死品质的提升，并导致了严重的青少年自杀及伤害他人的问题。所以，有必要在大学全面地开展有关生命的教育，生命教育的核心是生死观的教育。要让青少年们对生命的孕育、生命的发展有所认识，从而使之对自我的生命及他人的生命抱持珍惜和尊重的态度，并让学生在受教育的过程中，培养对社会及他人的爱心，使大学生在人格上获得全面发展，尤其是尽量避免青少年自杀及杀人现象的频繁发生。

## 第二节  大学开设生命教育课的主要宗旨与目的

第一，通过生命教育课的开设让青年大学生能够真正体认生命、珍惜生命。生命教育，顾名思义，即是关于生命的教育。人之生命与动物不同，不仅有自然的生理性生命，更表现为血缘的亲缘生命、人际的社会生命，以及超越的精神生命；人与动物的生存也不一样，不仅有本能的活动，更有受到精神意识支配的感性生活。所以，生命教育即是关于人之生活、生命与人生问题的教育。

一般而言，人们在具体的生命展开及生活过程中，常常会出现两种偏向：一则只知生活而不知生命，把生活当做人生的全部。比如令现代社会头痛的日趋严重的自杀问题，一些青少年常常是将生活中的某些挫折、失意、痛苦等"生活中不可承受之重"，当成了"生命中不可承受之重"，于是，由生活感觉不好而放弃生命。又比如吸毒现象，人们吸食毒品，当然有各式各样的偶发因素，但共同的问题是：为了生活感觉中的飘飘欲仙，他们损害了生命机能、危害了生命健康，让自己的人生毁于一旦。自杀者因为生活感觉的不好而放弃生命，吸毒者为求生活感觉的好而残害生命，二者的性质表面上看似乎不同，但本质上都是把生活的感觉置于生命之上，置生命于不顾。另一种偏向则是只知生命不知生活。也有一些人，他们坚持保命哲学，刻意抑制自我的生活欲求，不知道生命必须要由生活来表现，人之生活的感受是多姿多彩的、变化无穷的，品尝各种生活的滋味也是生命中重要而不可或缺的人生目标。所以他们的人生动力不大，他们的奋发意识不够，他们勇于进取的观念也比较弱，他们的人生色彩当然就十分单一和暗淡。生命教育课本质上就是要让大学生们摆正生活与生命的位置，协调好两者的关系，既重生活感觉，更体会到生命的价值。

小学及中学的生物课、化学课、自然课，都从不同的方面谈到了生命现象，但却主要是自然状态下的生命，这远远不够，如果只让学生们停留在这一知识的层面，可能会酿出恶果。可见，在大学的生命教育课中，就是要让受教育者从认识人之自然生命的特征入手，进而去体会自我之血缘的亲缘生命、人际的社会生命和精神的超越生命。

第二，生命教育课为新的教学门类，不仅要有理论上的阐述，更教导学生如何面对人生，如何让生活与生命更有意义与价值，并处理好有关死亡的诸多问题，获得更佳的生死品质。这门课在国外及海外的许多大学已广泛地列入通识课程之中，成为必修或选修课程。这门课程因为是一门综合性课程，对教师的知识水平及授课能力要求都比较高，需要集体开设，要让那些长期在教学第一线、有着丰富的教学经验与理论上有丰富积累的教师来承担此课程，还需要配备必要的投影、电脑等教学资源。

第三，生命教育课应该立足于中华民族生命文化发展血脉的基础之上，探讨中国人，尤其是中国的青年大学生在新的世纪中如何获得更健康、更合理的生活方式，以及拥有更好的人生观、人生模式和死亡观。生命教育课应该从对现代人所遭遇的各式各样的生死问题之分析入手，追溯中国历史上先贤先哲的生死观及生死实践，尤其是他们卓越的生死智慧，以建构中国人科学且合意的人生原则、人生观念、人生理想、休闲观、养生观、生活观，以及死亡观，等等。所以，生命教育课尤其重在提出具有优秀民族传统内涵的各种合理且合意的生死观及人生的模式供青年大学生们选择，以适应新的世纪展现给现代人的生活方式多样化的趋势，从而提升青年学生的生存品质、生活品质，以及人生和死亡的品质。

## 第三节　反省大学生之生命困顿

在大学开设生命教育课，一定要建立在对大学生生命困顿的调查及研究的基础之上。而当代大学生之生命困顿主要表现在生命价值的缺失与生活意义的迷惘上。2010年，中国在校大学生人数已达到3 000万，比10年前增长了10倍。大多数的大学生人生目标坚定，学习积极性高，生活有序，正在茁壮成长，为未来作好了准备。但也有相当一部分大学生，在人生道路上迷失了方向，不知未来也不想未来，生命价值失落，生活处于迷惘之中，曾经的"天之骄子"们，顶着学业、就业、生活"三座大山"，被称为是中国社会压力最大的群体之一，出现了程度不同的生命困顿的现象。

从根本上而言，只有科学性知识教育而缺乏人文性生命教育的学生难以寻觅生命的价值和生活的意义。许多学生可以通过学习获得学位，他们学到了无数的公式，也能解很多复杂的题目，可是却不知晓生命的价值和意义在哪里。有一位学生写作业时遇到一点困难，他放下笔想了一个问题："这个作业交了又不一定是自己写的，写了又不一定会；会了又不一定会考，考了又不一定会过；过了又不一定能毕业，毕了业又不一定找得到工作；找得到工作又不一定找得到老婆，婆到老婆又不一定会生孩子；生了孩子又不一定养得活；养得活又不一定长得大，长得大又不一定会孝顺；会孝顺又不一定会念书，会念书又不一定考得上；考得上又不一定会做作业！天啊，那我交作业干什么啊！"这样一段内心的表白说明了什么呢？学生们把自己生命的历程和生活的过程全都设想了一遍，他是可以交作业、考试、毕业，然后找工作、娶老婆、生孩子……也就是说，到最后他还是只知"何以为生"，却不知"为何而生"的问题，缺失了生命的价值和生活意义之后的人生变成了一个无意义的循环，在这种情况下，学生们必然产生程度不同的生命困顿。

因此，许多大学生生命存在的"生态"是：80 后的大学生是"郁闷"，即常常有特别憋屈的感觉，特别闹心，但又感到无可奈何，不知如何是好，还没办法发泄，陷入特别茫然、无所适从的状态；而到了 90 后的大学生，则是所谓"纠结"，即常常心情低落、心境烦乱，感到样样不顺、心烦意乱，陷入某种无可奈何的境地，似乎五脏都搅到一块儿了，难于解开或理清。这种困惑或混乱状态可以用"囧"字来表达，大学生们欲求很多却无法实现，想要的东西没有，不想要的全来到，人生于是陷于混乱之中。

大学生本来应该以学为主，但学校中的学习似乎无法安顿其身心，生命困顿便越来越严重。据清华大学副校长袁驷介绍，清华大学学工部做过一次学风检查，其中有一门课，选课的学生至少有 40 人，3 次检查，每次上课的人数都比上一次少，最差的一次上课铃响的时候只来了五六个学生，最终教室里也就坐着 20 个学生。"不管是精品课还是别的课，也就 70% 的上座率，和课程的好坏无关。"原因何在呢？袁驷说："经济社会各方面的迅速发展所带来的环境变化，对人们的价值观带来很大的冲击，当代大学生不可避免地受到了市场经济和金钱价值观的影响。有些学生在学习上表现为学习目的不正确，学习态度功利化，甚至以能不能为自己创造更多物质条件为学习目标。"① 许多大学生老想着所学有无用处呢？在上小学、中学时，学生们上课往往比较认真，因为每一门课都直接对应着升学考试，学习成绩关系到能否上重点小学、中学，考上好的大学。而一当考入了大学，学生们的这种功利性的学习态度仍然自动地发挥着作用，许多大学生发现：所上的课似乎并不能让我找到工作，也不能让我赚大钱；而且社会不公正的存在，找工作、人生成功与否往往取决于背景与关系，既然如此，上课最好的选择是睡觉，以弥补"夜间打游戏、深夜吵闹后睡眠的不足"。所以，大学课堂睡觉的五境界之说："凡人"境界，今天又睡了一整节英语课，真爽；"得道"的境界，今天又一觉睡到了中午吃饭，真爽；"入仙"的境界，今天又睡得忘了吃中午饭，真不爽；"成佛"的境界，早上来的，天怎么这么快就黑了；"高级佛爷"的境界，醒来后发现饿得走不动路了，于是接着倒下再睡。而大学生最高的睡觉境界则是"抱着一张大学录取通知书来睡觉,醒来后发现，通知书变成了毕

---

① 李润．袁驷：当前高校普遍存在学风问题［N］．中国青年报，2008－12－06．

业证,证明我在这个地方睡过"。如此在大学中混日子,真是让人瞠目结舌!

而出现上述现象的关键在于,许多大学生接受教育的目的往往是获得好的工作、赚更多的钱、获取更大的权力。这样接受教育的追求皆散发着强烈的功利性,而大学中许多重要的学习环节和课程往往与直接的功利没有什么关系,结果许多学生只能是在大学里无所事事,天天上课睡觉了。所以,我们要在生命教育中,帮助大学生们重新审视原来的功利主义学习观,认识到教育的本质应是提高人的生活、生命与人生的品质,促进自我的全面发展,丰富生活,充实我们的精神世界,使我们成为人格健全、文化素质高,有理想有道德的"全人"。而现在挂在有些大学生嘴边的是无聊、郁闷、纠结、崩溃、杯具(悲剧)等词汇;践行的是功利主义、虚无主义、享乐主义、拜金主义和性解放等哲学;网游一族、麻豆一族等在校园中也比比皆是;还有所谓"橡皮人"的出现:无神经、无痛感、无反应,既不接受批评亦不接受赞美,像"橡皮"一样生存着。

许多大学生衡量成功的唯一标准是一个人能赚多少钱,拥有多少物质财富,拥有多少权力,这就产生了程度不同的生命困顿,而生命困顿最严重者将走向生命的自我终结。据《北京青年报》报道,目前我国大学生自杀率为每年十万分之二到十万分之四,大大低于全国人口每年十万分之二十三的自杀率。另据2007年《北京高校大学生自杀率问题研究报告》,从1997年到2005年,北京大学生自杀率平均为每年每10万人2.59人,低于全国人口自杀率,也明显低于每年每10万人7.5人的美国大学生自杀率。但是,大学生自杀造成的社会影响却十分巨大。再据中国社会调查所2006年对北京、上海、广州等地高校1 000名大学生展开的一项针对大学生心理方面的问卷调查显示,超过1/4的被访者曾经有过自杀念头。2008年,广东省的一项统计显示,研究生自杀率高于本科生。过去,学习压力、精神疾病、情感挫折分别是大学生自杀的前三大原因,现在就业压力逐渐成为大学生自杀的一个新诱因。我们应该深思,这是为什么?

此外,生命价值与生活意义严重流失产生的生命困顿会造成大学生们另一种人生悲剧——大学校园的暴力问题,这主要指大学生对他人之生命毫无尊重意识,轻率地甚至是毫无道理地伤害甚至杀害他人的生命。除了一些复杂的个人、社会、精神及心理疾病等因素外,仍然要从大学生的人生观、死亡观的角度,从生命存在与生活变化等方面去看待和分析这一问题,去寻求其原因,从而采取相应的措施来抑制现代大学中暴力问题上升的势头。

据调查,当遭到别人严重冒犯时,有7.4%的大学生"经常有"杀死别人的念头,"偶尔有"的占27.2%,没有的为71.1%。这组数据太让人担忧了。以一所三万人的大学为例,一年中假如有三百名学生遭到别人的严重冒犯,那么就有约二十一个学生想杀死对方,而其中若有一个付诸实施,后果不堪设想。何况现在的大学动辄数万学生,以这一概率算下来,结果十分惊人。比如2004年发生的"马加爵事件",2007 年发生的"女版马加爵张超"杀人碎尸案,2011 年 3 月发生的 9 名传销的大学生将"不听话的新人殴打致死,并抛尸珠江"等,都值得我们深思。

在当代教育中,许多学生仅仅成为知识灌输的对象,而没被视为一个身心灵都要获得成长的"生命体",许多学子的道德品质、文化素质、人格人性等都出现了程度不同的问题,有些还相当的严重,这就使其生命问题、生存问题和生活问题皆十分严重,少数人甚至走上残害自我及他人生命的道路。所以,应该在大学教育中尽快引入生命教育。

## 第四节 大学生命教育课的具体设计与主要内容

承上所述,因为在大学生中已经产生了或轻或重的生命困顿,所以,在中国的大学中引入生命教育的课程已是刻不容缓。回顾历史,中国最早进行比较严格意义上的生命教育的大学,应该是武汉大学与南昌大学。20 世纪 90 年代段德智教授在武汉大学开设选修课"死亡哲学",受到学生的热烈欢迎。笔者自 1994 年始,在南昌大学进行生命教育,最初局限于生死观教育,课名取为"中国死亡智慧"和"生死哲学",当时约有 200 余学生选修该课;1997 年,开设"生死哲学"的全校选修课时,第一学期有 1 360 余人选修,第二学期也有 1 230 余人选修,这个数字是当时全校学生的三分之一。这从侧面说明现代中国人对生命教育有着迫切的需求。现将中国已经开展了生命教育的部分大专院校的情况介绍如下。

1. 赵丹妮、张丽颖等老师从 2007 年开始,在长春医学高等专科学校开设了生命教育课程,其主要理念为:为保证医学人才培养质量,践行我国"以人为本,德育先行"的教育理念和该校"教以惠生、学以达仁"的办学理念,探索医学生人文素质教育的新方法,引进台湾和国内先进高校开展生命教育的相关理念和方法,结合大学生身心发展特点,利用医学院校特有的医学教育资源,选择大学阶段相关教育内容,设计开发了生命教育课程,进行了卓有成效的医学生生命教育实践活动。长春医专的生命教育课程从 2007 年至 2010 年 7 月,历经了三年的时间,分别对两个阶段、三个年级和三个系,以班级为单位,至今已有 24 个生命教育班级,受益学生约 1 208 人,累计学时 920 学时。从 2011 年开始,生命教育课成为全校的必修课,首先在医学系 2011 级新生中 15 个班级开展。使用的是自编的校本教材《医学生生命教育教程》,考核方式为:平时成绩(课堂表现、平时习作)+生命成长日记+生命教育心得=期末成绩。其特色是:按照生命教育特有的学科体系加以建构,如从生命的起源——生命的诞生——生命的成长——生命的境遇——生命的死亡——生命的意义等。将人的生命历程比喻成为生命四季,从出生、成长成熟,到衰老死亡,在整个人生过程中结合人生的一些重大议题,结合医学生的职业特点进行学习和讨论。共分为春夏秋冬四个篇章,分为10—15个专题。其教学效果是:从学生生命成长日记和学生生命感言中看到生命教育课程受到90%以上学生的欢迎。有许多学生表示"生命教育的经历会给自己带来终生的影响,生命教育课程可以结束,但生命教育是一生的功课,需一辈子的努力,生命不息,学习不止。"①

2. 黄瑜老师在广东商学院开设了"生死学与生命教育"全校公选课。其基本的理念是:大学生们在生存、生活以及生命方面出现不少严重问题,如自杀、暴力、堕胎等残蚀生命的现象,这些现象的反复出现在一定程度上降低了大学生们的生活及生命品质,并充分暴露了当前高等教育的某些弊端。如何帮助大学生们树立一种积极、健康的生命观、人生观是现代高等教育亟待解决的重大课题。结合广州地区大学生的特殊情况,《生死学与生命教育》课程于2009年被广东商学院确立为学校重点公选课程,并于2009—2010年度投入教学实践,一共开设了两个班级(80人/班)。课程一共分为五个部分,即"绪论"、"中外生死智慧"、"生死学的五大原理"、"生之幸福"、"逝之安乐"五个章节。一位上过课的学生的反映是:"带着对生与死的执著和好奇,我走进了生死学与生命教育的课堂。也许在短暂的九周学时里,我不能从课堂之中了解到生死学的深刻内涵,也不能像大师一样笑谈生死,但是生死学与生命教育课毫无悬念地震撼了我的内心,而这些震撼带来的对未来人生的思索足以让我一生受用。生死学与生命教育课教我以平常之心对待生活,不管是顺境还是逆境;它还让我学会正确对待生死的人生态度,学会关爱生命,尊重生命,并且推己及人,而最重要的是生死学与生命教育课让我更懂得了珍惜与感恩,而这一切让我受用一生。"②

3. 胡宜安老师在广州大学开设了"生死学"课程。"生死学"作为广州大学通识类选修课程,自2000年开出设今已十年有余,从未间断。课程面向全校学生,校属二级学院也开设有该门选修课程。目前,每学期开出一个班,学生限数150人,每周3学时,学期计36学时,修完2学分。主要内容为:生与死的本质、生死定义、生命与死亡的尊严与价值;生死意识即生死意识与文化创造、畏死体验与死亡恐惧、生死态度、濒死体验与临终心理;个体死亡,包括疾病、衰老、灾难、居丧体验;社会生死,包括战争、贫穷、堕胎、死刑、动物权利;优生优死,包括优死的起源及发展、临终关怀、安乐死、脑死亡与器官移植、丧葬礼俗;生死歧路,包括自杀的本质与分类、自杀的成因、慢性自杀、自杀预防;现代人的生与死,包括现代人的生活危机、现代人的死亡难题、沟通生死。

---

① 赵丹妮,张丽颖. 关于长春医专开设生命教育课程的介绍与思考[J]. 华北水利水电学院学报(社科版),2011(2):11.

② 黄瑜. 生命教育的实践与展开——以"生死学与生命教育"课为例[J]. 南京工业大学学报(社会科学版),2011(1):68.

其教学的基本方法与途径是：作业布置生活化、搭建互动平台、进行社会实践、课程考核生活化①。

4. 何仁富、汪丽华老师在浙江传媒学院开展生命教育。2008 年春，浙江传媒学院开设了全校公共选修课"生命学与生命教育"，2009 年这门课程进一步开设为下沙高教园区校际公选课，来自于大学城的 14 所高校学生选修了这门课程。2008 年春，开始在公共理论课《思想道德修养与法律基础》的教学中全面融入生命教育，生命教育的理念、内容、方式都被引入课堂教学。教学目的和要求是：（1）帮助学生树立正确的生命观和生活观；（2）帮助学生认知心理困惑与主要心理疾病；（3）帮助学生克服和化解一般心理困惑和生命困顿；（4）帮助学生认识生死，拓展生命的维度；（5）帮助学生正确认识挫折、失落、哀伤等人生负面事件，并积极形成爱、宽容、宽恕等正性品质。经过几年的实践摸索和理论思考，结合目前高校教学实际，已逐步形成了一条在一般高校可以推广落实的、面向全体学生的多维度生命教育模式，这一模式为生命教育、思想道德教育、心理健康教育"三育融合"模式②。

5. 黄德锋老师在南昌大学科技学院开设"大学生生命教育"的全校公选课。2007 年起连续三年开设了这门课程，第一个学期就有 130 人（学校由于教室规模的限制，一门课程最多只能选 150 人），到了以后几个学期，都是满满的全额。该课程分四大专题：大学生情感问题专题、大学生生命伤害专题、大学生素质拓展专题、大学生学习与就业专题，共 30 学时。有学生在作业里这样写道："偶然之间在学校的选修课上知道了生命教育课的存在，在抱着随意的心情听了几堂课之后，自己的心里却产生了一丝涟漪和感动，产生了对生命的真正的反思和对前程应该怎样面对的规划，对人生有了一种真正的认识。第一次学习生命教育，第一次感受到如此的震撼，第一次认真地审视了自己度过的 20 年的光阴，突然发现是这门课程让我重新思考了自己是如何对待生活与生命的，对待亲人与朋友的。而现在的我也试图感染我身边的人，让他们也能珍爱生命、珍爱生活。这门课程给予我们这样一个平台，一个可以让自己与自己心灵交流的平台，生活中很多事情我们可能会忽略，但在这里，我们能够静下心来体会人生。"③

6. 陈金香老师在景德镇陶瓷学院科技艺术学院开设"大学生生命教育"人文素质选修课。该课程共 16 个学时，1 学分，共分八个专题讲：第一讲，知识

---

① 胡宜安. 高校生命教育的基本原则及其实践建构 [J]. 南京工业大学学报（社会科学版），2011（1）：72.

② 何仁富, 汪丽华. 身心灵全人生命教育的探索——浙江传媒学院推动生命教育的探索与实践 [J]. 华北水利水电学院学报（社科版），2011（2）：5.

③ 黄德锋. 人生最有意义的课堂——大学生生命教育的课程教学的探索 [J]. 华北水利水电学院学报（社科版），2011（2）：9.

能否改变命运——从生命教育的视野来思考;第二讲,大学生生命教育的背景、本质和内容;第三讲,中国传统人生哲学与当代人之人生困顿;第四讲,叩问幸福生活;第五讲,人生选择的方法与技巧;第六讲,提升自我素质,获得成功人生;第七讲,"性爱"感觉"情爱"生命——关于大学生情感与恋爱问题的思考;第八讲,寻求生命的意义,获得成功的人生。学生们的体会是:"通过这一学期对'大学生生命教育'的学习,我学到了很多,对生命教育也有了更为深刻的理解,更坚定了我的观点,生命是人世间最为宝贵的财富。我们应该尽快广泛开设这门课,以便使更多的人了解生命的意义,意识到自己的价值,从而可以挽救更多人的生命,也有利于我国尽快建设成为社会主义和谐社会。"

7. 黄艳红老师在江西司法警官职业学院开设生命教育讲座和选修课。黄老师在多年的学生工作及思想政治课程教学中发现,现代大学生正处在第一次脱离父母羽翼的"二次断奶"期,他们需要独立面对学业、就业、人际关系、情感、生活、生死等各种人生事务的处理,备受着"何以为生"与"为何而生"的双重困扰。针对这种现状,她在全校面向学生开展了相关生命教育选修课和学术系列讲座等教学课程。生命教育选修课的学时为每两周 3 学时,一学期共有 27 学时的课程,选修人数近 100 人;生命教育系列讲座为一学期 4 次,每次约 1.5 小时。课程和讲座主要分为生命观教育、死亡观教育、事业观教育、情爱观教育、道德观教育、信仰教育、幸福教育、感恩教育等板块,贴近学生人生问题的实际现状,真正符合他们的实际需求。

8. 孙卫新、杜巍等老师在云南思茅师范高等专科学校开设"生命生存生活"三生教育课。该校已形成了三生教育的三个基点:基于认知的专题教学,基于体验的实践教育,基于熏陶的学校文化建设。为此,成立了"三生教育"领导小组,负责统筹组织和协调推进"三生教育"工作;也组建了"三生教育"教学团队,全面承担"三生教育"的专题教学、实践教育和教育研究工作。教学团队立足教材,超越教材,打造了集体备课、研讨、共享和反思的教研机制。2008 年 10 月至今,已开展 10 余次活动,包括:集体备课、研讨、共享、合作、反思和工作安排等内容。通过三生教育,有学生写道:"从小的方面说,可以使我们的言行举止得到规范,从大的方面说,可以使我们的心灵得到净化……课堂的内容都是从实际出发,很多问题也是我们将来必须面临的……让我迫不及待想把所有的课一次性都听完,并且把它完全地吸收。"[①]

9. 温州医学院生命教育的推广及研究活动。从 2009 年 6 月温州医学院专派一批老师参加了"中华青少年生命教育教师高级研修班暨海峡两岸大学生命教育

---

① 孙卫新,杜巍. "三生教育"的理念与实践——云南省思茅师专的校本化探索 [J]. 华北水利水电学院学报(社科版),2011 (2):7.

高峰论坛"（杭州）开始，先后请了纪洁芳教授、何仁富教授、欧阳康教授讲学和推广生命教育，终于在2011年度，在温州医学院生命教育团队的共同努力下，成功开设了36个学时的"大学生生命教育"选修课，课程内容分"生之智慧"、"生之探索"、"生之关怀"三个章节，具体包括"认知生命"、"情感体验"、"创造力培养"、"生涯规划"、"和谐社会"、"守护生命"、"走出悲伤"、"临终关怀"等学习单元。通过课堂的理论教学、互动体验及课后思考和实践，力求让学生感受生命的起源、生命的诞生、生命的成长、生命的境遇、生命的死亡和生命的意义，进而让学生学会关爱生命，尊重生命，并且推己及人。

10. 江西蓝天学院在高校思想政治课中渗透生命教育。朱清华老师曾经有两年在高校思想政治课教学中不断地将生命教育渗透其中，首先，抓住新生入校的好时机，在第一次课中对学生进行生命教育，从"调整自我，相信自我，挑战自我，超越自我"四个层次分析大学生生命与生活，包括大学生需要面对的亲情、友情、爱情等多方面关系的处理，朱清华老师还以自身的经历为例证，课后布置"大学生生涯规划"作业。其次，在每周的思想政治课中，朱清华老师前十分钟安排的是前一周的热点新闻播放，其中以与大学生的学习、生活、就业等相关的事例为主，并由学生评论，老师总结。最后，在思政课的有些章节中，朱清华老师充分进行相关的生命教育，如讲到爱情、婚姻、家庭时，将"大学生的情爱与性爱"作为重点讨论的内容，通过学生先自由发言，表达他们的爱情观，老师再分析，让学生更加懂得如何理性地做到"相爱时紧握彼此的双手，分别时轻松放开彼此的双手"。学生听后似有一种享受到一场"及时雨"之感。

11. 陈轶老师介绍了浙江丽水学院数理学院开设生命教育的基本情况。该校的生命教育课紧紧围绕"生命"这一核心，以"养成生命意识，追问生命意义、探寻生命价值、提升生命境界"为主线，组织生命教育课程的内容，并将这几个部分渗透于课程的各个方面，设置了以下生命教育课程的内容。

第一，生命教育与生命教育课程的潮流与实践。包括：（1）生命教育的历史及现状；（2）生命教育与生命教育课程的内涵；（3）生命教育与生命教育课程的目的与意义。

第二，探析生命的历程。包括：（1）生命的起源、个体的诞生；（2）人的身体结构与功能；（3）人的生理发展、衰老与死亡过程。

第三，奏响生命的乐章。包括：（1）体验生命的可贵；（2）领悟生命的价值；（3）担当生命的责任。

第四，应对生命的挑战。包括：（1）直面生命的困境；（2）启迪生命的智慧；（3）培养健康的心理；（4）构建积极的人生态度。

第五，拨开死亡的迷雾。包括：（1）死亡的科学界定；（2）死亡具有的特征；（3）如何面对自己和他人的死亡；（4）分享死亡的经验；（5）从死亡意识中获得生命的意义。

第六，获得发展的力量。包括：（1）与自我的对话；（2）与他人的交往；（3）与自然的交流；（4）与社会的沟通；（5）规划自我生涯，实现自我理想。

这六个单元从认识生命教育以及本课程的历史、现状等入手，培养学生养成生命意识，重视生命的意义与价值，积极面对生命的困境，直面死亡的现状，并从生命的各种关系分析中获得和谐的可持续发展的力量，规划自我的生涯，最终促进自我实现。各单元之间逻辑关系严密：由生命到个体，由抽象到具体，又由自我推至他我和社会，由内而外，由知到行，循序渐进，符合人的认识规律①。

12. 2006年以来，江西师范大学道德与人生研究所组建了六位老师为核心的教学团队，在大学开设了"生命教育与生死哲学"的全校公选课，突出了以下几个特点。

首先，在教学目的上，以提升人们对生命的理解和对人生的安排能力为目标。本课程所推行的生命教育，是一种人人都应该具备的生命存在之素质的教育，并非只有少数人才需掌握的"专业"；在内容上，它也统贯了各个学科的知识，呈现出"非专业性"的特征。其次，在考核手段上，以人生"受用"为标准。生命教育不是通常的那种传授一种知识并考核其是否被接受者掌握的教育，而是一种获得相关知识并必须贯之以生活的教育，它重在人生受用，而不是背诵记忆，因此，它的考核不是通常意义上的考试，而是自我受用。课程的开设争取做到让学生们有一点心灵触动，改变一点人生行为，增加一点生活快乐，染着一点生命亮色，提升一点生命境界，让学生们能从考试的泥潭中获得一些超脱。再次，在教育对象上，具有广泛的社会性。生命教育不是仅仅开设给大学生的，而是希望通过学生们的学习，也能广泛地影响到他们的朋友与父母，以及全社会各阶层人士。因为生命教育的本质就应该是广泛的社会性教育过程，它具有全民性。生命教育的重点应是要纯朴民风，创建优良的社会风气，消除社会上金钱、权力至上的不良习气，以及颓废的低迷之风，为青少年成长创造一个积极向上的、健康活泼的社会环境。最后，在教学理念上，其核心是：让青少年懂得如何处理"生命与生活的紧张"。在生命教育当中，要让青少年从个我的生活感觉走向理性之生命，再从生理之生命走向伦理生命，走向社会生命，走向精神生命，直至走向宇宙生命。

所以，应该在生命教育中让青少年意识到：人不仅仅是属于自己，还属于家人，属于社会，生命只有一次，失去便不能复生。人之生命是由父精母血构成，只有在社会中才能存在和发展。这样，青少年就可以意识到：我的生死绝非个人

---

① 陈轶. 科学发展观视野下的大学生生命教育策略构建［J］. 黑龙江高教研究，2012（4）：135-138.

私事，而是家庭的、社会的和大众的。此外，必须在生命教育中还告诉他们一个道理：对那些已经自杀者来说，他们也许是一种解脱，可是他们是否想过自己亲人的莫大痛苦和对社会造成的不良影响呢？所以，学校和家长的教育都要让每个孩子学会努力与别人相互沟通，个人生存奋斗的同时也要感觉到亲人和他人、社会的作用，从而使自我在生命层面上与所有的人和社会相关联，建构一种生命意识与社会责任感。也唯有从生命层面入手，才能使青少年学会承受困难与痛苦，寻找到生命之意义与价值，学会关爱社会和他人，从一个"自然人"过渡为全面的"社会人"。

为达到以上教学的宗旨与目的，具体的生命教育课安排了五大版块。

（1）"学会生死"版块，主要内容为：关于生命教育中几个问题的思考；中国传统人生哲学与当代之生死哲学；提升自我素质，获得成功人生；寻求人生的意义与价值，获得工作的成功与生活的快乐；人生选择的方法与技巧；叩问幸福生活；关于青少年自杀及暴力现象之生死哲学的反省；学会生死——解决生死问题的五大原理等。

（2）"学会做人"版块，主要内容为：儒家的"君子"人格；道家的"真人"人格；佛教的"菩萨"人格；"自强不息"与"厚德载物"的自我观；"不以物喜，不以己悲"的顺逆观；"见利思义"的义利观、荣辱观；"己所不欲，勿施于人"的人际观。

（3）"学会生活"版块，主要内容为：解读"生活"，厘清概念；树立自信，学会独立；不患得失，学会取舍；与人为善，学会宽容；直面挫折，学会坚强；抵御诱惑，学会珍惜；宁静致远，学会感激。

（4）"学会休闲"版块，主要内容为：第一部分，休闲的含义，包括人们对休闲的种种误解、关于休闲的种种界说、休闲的准确定义、休闲对生命意义；第二部分，我国休闲现状，包括休闲时间增加、休闲意识增强、休闲方式单调、休闲能力较低；第三部分，如何休闲，包括影响休闲的几个要素及休闲方式。

（5）"学会养生"版块，主要内容为："我命在我"，夭寿自取；法天则地，起居有时；均衡营养，饮食有节；体疗健身，有氧运动；平和心态，颐养百年；"尊道贵德"，生生不息。

从2011年开始，笔者领导的生命教育的团队开始了生命教育课程新的设计与探索，大概分以下几个主要的专题开设：

感悟生命——关于大学生生命价值和生命意义的思考

人无信不立——关于诚信的生命教育课

心宽天地阔——关于宽恕的生命教育课

生命的航向——关于生涯规划的生命教育课

我写我话我生命——战胜自卑、自我悦纳的生命教育课

拨动爱的音符——关于情感问题的生命教育课
人生何处不相逢——关于青少年人际关系的生命教育课
恰同学少年——关于生命的热情与梦想的生命教育课
灿烂人生——实现生命价值的生命教育课
双翼齐飞——关于青少年知识增长与生命成长的生命教育课
处处留心皆风景——关于珍惜的生命教育课
人生无处不飞花——关于生命中休闲的生命教育课
长生久视之道——关于生命中养生的生命教育课
将爱情进行到底——关于大学生情感的生命教育课
这些年的孤独——关于大学生孤独现状的生命教育课
死是生的导师——关于生死问题的生命教育课

这门课程在本科生中开设以后，已取得了良好效果，一位学生听课后写了一封信，内容如下：

郑教授：

您好！

非常荣幸成为您生命教育课堂的一员，通过您三个星期对生命教育的初步讲解使我受益匪浅，激发了我对生死哲学的浓厚兴趣，非常感谢您给我们带来的精彩讲解。

正因为如此我愿意让更多的大学生了解生命教育、学习生命教育，我觉得这是一门非常必要的人生必修课。因此，作为政法学院社会工作的学习委员，我自认为有责任让我班同学了解这门哲学。希望您能抽空给我们班开一个讲座，非常期待。

刘某某

一位学生听课后写的作业节选如下：

这门"生命教育与生死哲学"课让我有眼前有一亮的感觉。老师课中仍是有一套核心的理论，这套理论还可以搬到现实生活中用来解决现实问题！其实，作为一个有思想的青年来说，大道理我们都懂，但如何用大道理来解释生活中遇到的事却是我们欠缺的，这课正好弥补了这方面的缺憾，因此，我被深深地吸引住了。生命与生活的原理：生命是人生的存在面，是过去、现在、未来的一条"流"；生活是当前的一种感觉，过去的生活没有了，未来的尚未发生；莫把生活中的不如意强加给生命，变成生命中的不如意。当我听懂了老师的讲解后，我跑回寝室，对室友说："未来，无论我遇到了多大的挫折，我都一定不会轻生！"（罗某某，某大学地理科学系大三学生）

另一位听课的学生作业是这样写的：

大三下学期伊始，聆听了郑教授的"生命教育与生死哲学"课，明晰了生活和生命的联系与区别。懂得了人不仅有自然的生理生命，更表现为社会的生命、精神的生命和超越的生命……生活是人生的存在面，是过去和未来生活的联系流；生活是当下实在的一种感受，过去的生活已经结束，未来的生活还未开始……再结合自身，1999年，我因外伤而开始腰痛，2000年得知患上腰椎间盘突出。于是，先后到广东、北京等地寻医问诊。看着昔日的高中同学都在大学求知若渴，为各自美好的前程正努力奋斗着，而自己却休学在家，心里已经很不是滋味了；再加上病痛的折磨和此病康复的遥遥无期，我感到自己的一辈子已经没有多大的希望了。当时对生活已经失去了信念，对任何事情都失去了兴趣，觉得活着没有什么意义了。于是就开始想着法子了结自己，让自己无须再忍受这痛苦，得以解脱。尝试过窒息法、触电法，还想到过跳楼、卧轨，只是因为都没有成，所以现在还活着。从郑教授讲解的关于生活与生命的联系与区别中，我发现我是一个只知生活不知生命的人，没有把生活中遇到的问题解决好，反而用它来伤害自己无辜的生命……是郑教授让我看清了自己，让我发现了自身存在的问题。既然发现了问题，那么，接下来要做的就是如何解决问题了。虽然自己的身体是出现了疼痛、难受等不好的感觉，但绝不能因此就有轻生的念头，也不能因此而放弃了生活。要在生活和生命这两者之间寻找到一个平衡点，让生活有滋味，让生命之树常青！（廖某某，某大学生物系大三学生）

还有一位学生给笔者的电子邮件是这样写的：

尊敬的郑老师您好：我是某学院03级政教系的学生，我叫赵某某，几天前在方荫楼听您的"生死哲学"的讲座，真的觉得学习到了很多平时疏忽了的重要的东西。回来后我想了很多很多，因为自己最近的感情问题也遇到了一些波折，也曾在很伤心的时候想到过"死亡"，不过，听了您的话以后，我第一次认认真真地考虑了究竟什么是死亡，死亡又有什么意义。您说得真好，我们其实只是觉得生活上的感觉不如意，并没有去认真地思考过我们活着还有什么样的责任。我在看您放给我们看的照片和课件的时候，真想让我所有的朋友和家人也看一看，也好好想一想生活的意义。所以我想麻烦您，我能不能去您的办公室拷贝一下您那天讲座的课件，暑假回家时带回去给我妈妈和好朋友们都看一看。如果可以的话，您能给我回一个邮件告诉我您什么时候会在惟义楼办公室吗？或者您用邮件的附件形式发给我可以吗？（可能上传时会比较慢）麻烦您了，郑老师，谢谢您。祝您工作愉快！

还有一位选修了"生命教育与生死哲学"课的女生写道：

初上"生命教育与生死哲学"课我就喜欢上了，我想通过它能对生命的意义作进一步的了解。每次上课都认真听，用心领会，真的感悟颇深……人活在世上就是拥有生命去生活。生活像一粒粒芝麻，生命恰似一个香脆的大饼；芝麻附在大饼上，让饼更加香味十足。所以，不要让生活中的一些不如意来影响生命的存在，不要破坏这一关系的平衡……面对感情受挫而自杀的人就是把爱情视为了人生的全部，当爱情失去后，人生也就没有了意义，生命也就被剥夺了存在权。其实，这是一种狭隘的想法，爱情只是人生的一朵美丽的花而已，爱情之花谢了，还会再开，而且人生之树上还会开出事业之花、亲情之花、友情之花。不要因为一朵花谢了，就剥夺整株花的生存权。（杨某某，某大学生命科学院大三学生）

总之，在大学开设生命教育课，还是初步的，经验不足，也没有现成的教科书，而且生死问题是个性化特别强、变化性特别大的问题，这一切都需要教师不断地研究新问题，解决新问题，改进教学内容与形式，努力去完善这门课程，让青年学子们更受益。

## 第五节　如何对研究生进行生命教育

研究生已是心智较为成熟、有一定知识水平者，如何对他们进行生命教育，是提升大学教育品质的重大课题。近七八年来我们寻找到"讲会"的方法与途径来对研究生进行生命教育，取得了一定的效果。这说明在研究生教学活动中恢复儒家讲会传统，是为青年学子寻找精神家园，在提升青年学子的精神品质方面也有着重要的实践价值。实际上，从教育本身的发展来看，也应该在研究生的教育中使科学的知识性教育与人文性生命教育并重，以实现鸟之双翼、车之双轮式的协调发展。

### 一、儒家讲会的特征

与现代教育主要是"求知"不同，中国传统的"讲会"主要为"求道"；讲会是师友切磋中的自我德性的涵养；是身体力行地做"圣贤"。所以，今天的教育有功利化、实用化之偏，而要超越世俗之"求知"去"求道"，必须要有一种新的方式方法，其中之一应该就是中国传统中曾经有过的讲辨义理的模式——"讲会"比较合适。

"讲会"中的讲学与一般学校的学习有何差异呢？一般而言，儒家的讲会不是一般的知识传授，而主要是"讲诸己"，是讨论"身心性命之学"，是"求道"之"自得"而非"求知"之"游谈"；是"躬行"而非"空谈"，这不正好可以弥补当前教育之不足吗？所以，今天我们恢复讲会活动就是期望能够重新激发研究生们的求道意识，焕发他们的生命激情，用儒、释、道等文化传统来唤醒青年学子本有的生命情怀，真正为天下苍生起到安身立命的作用，这应该是现代生命教育的重要目标。

那么，作为现代对研究生进行生命教育的方法与途径的讲会之宗旨与目的是什么呢？在"讲会"中，我们应该恢复古之朋友"成德责善"的情谊。《易传》兑卦象辞"丽泽，兑，君子以朋友讲习"①；《论语》云"君子以文会友，以友辅仁"②；《孟子》中也有"友也者，友其德也"③。可见，朋友之意并非仅仅感情好而已，亦非物质及精神上的互助而已，更是一种进德修业的同道；朋友不应仅仅是趣味相投，更应该是"以友辅仁"、以道义为联属的关系。讲会中，诸师友同行同讲同食同宿，修身养性成德成人，其乐也融融。

笔者为了在现代大学研究生教育中重新恢复"讲会"传统，以进行生命教育，特立其宗旨为："相与讲明，兼取众善，深通义理，以修其身。"孔子有语云："古之学者为己，今之学者为人。"④ 大儒柳宗元尝曰："今之世，为人师者众笑之，举世不师，故道益离。"朱子亦有言道："师之所以教，弟子之所以学，则皆忘本逐末，怀利去义。"三位大哲所忧所虑之弊端，诚当世为甚矣！为扭转这种颓废的学风，笔者曾在 2006 年 9 月举办了"桂山讲会"，由江西师范大学伦理学专业硕士生导师、研究生和南昌大学中国哲学专业的硕士生导师、研究生二十余人做了一次"剑邑文化之旅"的讲会活动；2007 年 3 月至 4 月举办了"鹅湖讲会"；2007 年 10 月于吉水县举办了"石莲洞讲会"；2007 年 12 月在宜丰县普利禅寺举行了"洞山讲会"；2009 年 6 月至 2010 年 4 月之间举行了"姚江讲会"。2011 年 6 月举办了海内外专家学者及博士硕士生参加的"青原讲会"。这些讲会的基本形式是：外请二三位老师、好友（老师）五六人，携学生十七八，于古贤哲讲学修道之地去明义理、养心性，相聚讨论，"润物细无声"；诸生则济济一堂，学圣希贤，商量之，问辩之，甚或责难之。然后，师、友、生共悠游山水之间，访古贤哲之故地，体察当今之国计民生，吟诗作文，陶冶情性，"风乎舞雩，咏而归"。

总之，儒家的"讲会"具有悠久的历史及广泛的社会基础，有其独特之求道的内容和悠游山水之间的形式，在今日恢复儒家讲会的传统作为现代对研究生的一种生命教育的方法与途径，既是克服当前教育弊端之必需，对培育青年学子的道德人格与思想境界也是十分迫切的。

---

① 朱安群. 十三经直解 [M]. 南昌：江西人民出版社，1993：221
② 朱熹. 四书章句集注 [M]. 北京：中华书局，1983：140.
③ 朱熹. 四书章句集注 [M]. 北京：中华书局，1983：315.
④ 朱熹. 四书章句集注 [M]. 北京：中华书局，1983：155.

## 二、"姚江讲会"

"姚江讲会"的第一场于2009年6月21日下午在浙江余姚阳明故居"瑞云楼"开始。由徐春林博士主持，笔者以《"圣贤"与"狂者"：阳明子人生之求的沉思》开讲。李丕洋博士则以《阳明哲学之精神》为题开讲；何仁富教授以《新儒家对阳明学的继承与发展》开讲。每一次讲完，均有学生的提问及论辩。下午，参加讲会的一行二十余师生去古代阳明子讲学处"中天阁"吟诵阳明诗，如大家高声吟咏道："万里中秋月正晴，四山云霭忽然生。须臾浊雾随风散，依旧青天此月明。肯信良知原不昧，从他外物岂能撄！老夫今夜狂歌发，化作钧天满太清。"又云："处处中秋此月明，不知何处亦群英？须怜绝学经千载，莫负男儿过一生！影响尚疑朱仲晦，支离羞作郑康成。铿然舍瑟春风里，点也虽狂得我情。"后来，研究生程思在回忆这段讲会及吟诗过程时感慨万千，"中天阁前之朗诵，原以为无甚特别。然亲历之后，始觉其功效之广大，且有能浸润人之生命者。师生之间，各诵其篇，夹杂方言，可谓其乐也融融。系以诗曰：中天阁前群诗飞，遥祭夫子王学归。吾辈读书当奋起，不负绝学过一生。"

"姚江讲会"的第二场于2010年4月24日在浙江绍兴进行。这天的上午我们一行师生二十余人到了浙江绍兴阳明墓前。先是献花斟酒祭祀阳明子，然后由著名学者吴光先生主讲《阳明学之真精神》；再就是师生辩明学理，由老师或学生当场提问，互为回应。然后则是文艺活动，由徐春林老师拉二胡名曲，师生们诵读王阳明的诗文。"姚江讲会"第三场是该日的下午于会稽山阴兰亭举行。在"群贤毕至，少长咸集"的氛围中，笔者以《"死生亦大矣"——王羲之的生死困惑与阳明近溪之解答》为题发表演讲，然后是师生们的辩论，再就是大家齐声诵读《兰亭集序》，并在二胡伴奏下，挥毫书法，可谓是尽兴而归。第四场是在2010年4月25日上午在宁波的同泰嘉陵举行的。由沙力先生主讲《同泰嘉陵的建设与儒释道之真精神》；徐春林博士讲《阳明后学与儒学的民间化——以泰州学派为例》；陈寒鸣老师主讲《中国传统思想发展的主线及其特点》。诸老师讲完后，大家进行了热烈地讨论。第五场是在下午宁波的天一阁内举行的。由胡发贵先生主讲《中国文化与阳明学》；李丕洋博士主讲《王龙溪之心性修养工夫》，演讲完后，大家又进行了热烈的讨论。

姚江讲会虽然前后仅两天，但留给大家的是丰厚的收获。杨俊峰博士在《姚江纪行》一文中写道："暮春三月，我有幸与陈寒鸣老师共同参加了由江西师范大学郑晓江教授在浙江组织的'姚江讲会'。方今社会急剧变革、通行教育体制与模式日见其不足的情况下，郑教授致力于复兴传统的讲会这一学术交流和传播形式，可谓别具慧心。而我对于古人以文会友、以友辅仁的讲会之风，早已是神往已久，今得亲身参与，深感何幸如之！在热烈的讨论中，此次姚江讲会宣告落幕。这短短两天的时间，让我深感获益匪浅，同时又颇有些意犹未尽的遗憾。确实，在先贤游处之地，感古人之所感，思古人之所思，兼之以师友之讲论切磋，这种体验和收获是书斋研究与学院式教育所根本无法提供和比拟的。我想，大概这也正是古人所谓'为己之学'的精髓所在吧！"胡发贵先生亦有很深的感受，在《责善问道、论古辩今——姚江讲会印象》一文中写道："江西师大的郑晓江教授，近年来致力于传先贤讲学之遗风，创办了一种不同于时下学术研讨会议的问学形式——'讲会'。常先设一讲题，邀学界同好，携十数位莘莘学子，择一文化胜地，坐而论道，起而辩行，在反思先哲的智慧中，传承我们的文化，重温先人的光荣与激情。且每次讲会，都会推出一本专书，以为纪念。此种讲学活动，实为青年学者亲炙往圣前贤，提供了一个极好的平台与机会。"研究生苏江燕写道："讲会是一种传播方式，它传播的并不一定是具体的知识，更多的是一种交流。我们从先贤躬行实践中获得的感悟来启发和润泽自己，这是德行的培养，是真正的中国思想和文化传承的模式。讲会的实质是求道——寻求生命之道，获取安身立命的关怀。庄子说，'吾生也有涯，而知也无涯，以有涯求无涯，殆矣！'我们的生命是有限的，但知识却是无限的，我们需要'活到老，学到老'，但是更重要的是我们要追求生命的真谛，而生命的感悟是没有限制的，这让我们在有限的生命中得到无限的'道'，知识却不能使我们获得永生。讲会其实就是一种交流，大家各抒己见然后互相讨论，在这个过程中，我们可以获得别人的指导，也能够修正自己的错误，提高自己的认识水平和修养水平。"

### 三、对在大学研究生生命教育中恢复儒家讲会传统的思考

承上所述，老师们通过讲会明辨了一些重要的学术问题，而弟子们也接受了一场心灵的洗礼。应该说，讲会产生的效果是相当不错的。不过，从更为深层的意义来总结几次"讲会"的实践，并展望未来在生命教育中恢复儒学讲会传统的事业，可获得如下几点认识。

第一，讲会最重要的目的是期望参与者能从听讲及各种活动中悟透国学精义，获得心灵上的涵养和人生境界的提升。虽然讲会不可避免地要从讲授"闻见之知"入手，但最终是希望参与者达到"德性之知"的高度；所以，讲会中老师讲的内容与在课堂上的讲课要有本质区别，也就是说，讲会的内容应该是触动学子的心灵之学、生命之学，是培育其德性与境界之生命之学。

第二，在讲会的过程中一定要安排文艺及游览的活动。在姚江讲会中，精彩之处不仅仅是在讲授与论辩时，更在于全体到会听众同在中天阁、阳明墓前吟咏诗词的活动，以及讲会之余暇在各地之游玩。在中天阁、阳明墓前透显出的一种庄严而肃穆的氛围中，学生与老师共同朗诵大文人、大哲学家的作品，从知识性的中国古典诗词的学习中提升出来，达到了深沉之心灵感触的效果，笔者称之为"人生受用"。也就是说，"讲会"式的生命教育不是通常的那种传授一种知识并

考核学生是否接受的教育，而是一种获得"德性之知"并贯之以生命过程的教育，它重在人生受用，而不是背诵记忆。在大文人、大诗人墓前齐声吟诵古典诗词，无形中让学生们的心灵受到感染，精神得到了升华。所以，参加这次活动的研究生们都说：我们得到了心灵上、精神品质上的提升，而且实难用言词来表达。

总之，目前许多研究生已经出现了生命意义难觅、精神家园不知在何处的问题，我们应该在研究生的教育中恢复中国传统的"讲会"方式作为现代大学教育的一种重要的方法与途径，使青年学子在血脉上与中国优秀的传统文化相联通，在教师与学生之间知识传授、生命交融、人格感化的过程中让青年学子摆脱生命困顿，进德修业，教化社会，安顿身、心、灵，获得幸福与成功的人生。

【建议参考资料】

1. 郑晓江. 感悟生死［M］. 郑州：中州古籍出版社，2007.
2. 钮则诚. 生命教育——学理与体验［M］. 台北：扬智文化事业股份有限公司，2004.
3. 曾焕棠. 认识生死学——生死有涯［M］. 台北：扬智文化事业股份有限公司，2004.
4. 钮则诚. 生命教育——伦理与科学［M］. 台北：扬智文化事业股份有限公司，2004.
5. 范彼得. 死亡与永生101问答集［M］. 崔国瑜，译. 台北：扬智文化事业公司，2002.
6. 邬昆如. 人生哲学［M］. 北京：中国人民大学出版社，2005.
7. 吴灿华，詹万生. 人生哲学［M］. 北京：北京师范大学出版社，1987.
8. 杜亚泉. 杜亚泉著作两种：博史、人生哲学［M］. 北京：新星出版社，2007.
9. 朱鲁子. 现代人生哲学：人的宣言——人，要认识你自己［M］. 北京：清华大学出版社，2007.
10. 奥伊肯. 新人生哲学要义［M］. 张源，贾安伦，译. 北京：中国城市出版社，2002.
11. 张伟胜. 传统人生哲学智慧散论［M］. 杭州：浙江大学出版社，2006.
12. 郑晓江，詹世友. 西方人生精神［M］. 南宁：广西人民出版社，1997.

【问题与思考】

1. 试述大学开设生命教育课的意义。
2. 试确定在大学中开设生命教育课程的目标、主要内容和方法。
3. 试分析当前大学生所遭遇到的生命困顿。
4. 试设计两堂大学生的生命教育课并付诸实践，然后写出分析报告。
5. 如何在研究生中开展生命教育？

附录

# 体验、互动与感悟

## ——在香港的小学观摩生命教育课之收获与感想

中国的生命教育事业从20世纪末开始引入，经过一段时期的研究、探讨和推广，至21世纪初的2004—2006年达到一个高潮，辽宁、上海、黑龙江、湖南等省市相继颁布了有关生命教育的大纲或方案。而进入2008年以来，中国的生命教育事业明显升温，特别表现在云南省大力实施的"三生教育"（生命、生存、生活教育）。2010年7月29日正式公布实施的《国家中长期教育改革和发展规划纲要（2010—2020年）》在战略主题中明确提出了要"重视安全教育、生命教育、国防教育、可持续发展教育"。可见，生命教育已上升到国家教育发展战略的高度，至此，生命教育在中国已进入了崭新的发展阶段。如果说，2008年前生命教育在中国还处于一个研究、宣传和初步推广的阶段；那么，在这之后，就应该是一个如何构筑课程体系、形成具体课程、进入小学、中学和大学中的正式课堂的阶段。在这样一种背景下，参照与学习进行生命教育较早，也卓有成效的香港中小学校的经验就是非常必要与重要的了。

2012年1月12—14日，我们江西师范大学道德与人生研究所的十余位老师和硕士生同赴香港教育学院，参加了以生命教育的知、情、意、行为主题的"生命教育学术及专业实践会议"。主办者为践行会议的主题，特意在第二天的安排中让代表们分别去了三所中小学，现场观看大陆及港台的老师为孩子们上的生命教育公开课。我们一行来到了香港宝血会培灵小学，认真地听了该校老师上的一堂生命教育的示范课，感觉是大开眼界，获益匪浅。

本次课程单元的名称是"生命体验之旅——点亮心火"，这是一堂给小学六年级学生上的生命教育课，由朱慧珍老师、黄美娟老师、冯敏儿老师、林慧思老师主讲。课程设计的理念是：通过课程的讲授，"期望每一位培灵学生能够发挥潜能，服务社群，将来能立足社会做栋梁。我们更相信孩子的内心皆拥有一团爱的心火，随时随地可以燃亮自己，服务他人"。课程的目标是："透过筹划、执行、反思等不同服务学习的活动，从做中学，从学中思，付出自己爱的心火，燃亮自己，照耀别人的生命，让这份爱传出去。"从这堂生命教育课的宗旨与目的来看，实际上就是通过课程的讲授，培育学生们本有的爱心，并能够外化为服务社会、帮助他人的行为之中，这应该说是学生们生命成长中重要的一环。

在课程一开始，老师们就给我们很多神秘感。她们首先邀请上课的同学及参加观摩课的老师们一起来到操场上，然后同学们分成了五组，除了四位老师之外，还有三名社工也加入了辅导教师之列。只见操场上已经摆好了"水桶阵"，由5个方形水桶构成，水桶的上方罩着黑色的塑料袋，大家都不知道老师们"葫芦里卖的是什么药"，同学们也在低头窃窃私语，不知道里面装的是什么。朱慧珍老师拿着话筒说："这里面有某种神秘的液体，等会儿会流出来，请同学尽可能想办法不要让液体流出来。"当然，朱慧珍老师还对液体作了很幽默的描述，更加激起了同学们的好奇心。朱老师话音刚落，每个小组的老师伸手按了一下水桶里面的按钮，很快的，水从水桶侧面的小洞里喷漏出来。我们这才注意到，原来方形水桶上有二三十个比手指头略小的洞，水就是从那些洞里流出来的。估计同学们也都没有料到水会这样喷出来，有些学生下意识地躲开了，还有的同学当下呆在那里，不知道怎么办才好，当然，也有的同学立即过去用自己的手指把小洞堵上。很快的，学生们都调整了自己的反应，更多人加入了用手指堵洞的行列，直到全部都堵上了。我们看到一个细节：朱老师走上前去拿开学生的一只手，说：你的手脏不脏呀？水立即从洞口中喷射而出，学生们有的下意识地跳开以避开水流，但马上醒悟过来，手忙脚乱地调整好，互相协助，再次用手指把水成功地堵住，大伙都开心与会心地大笑起来，还带着一点点的成就感或成功感。

观看这个教学环节者都感悟到：香港老师们的设计真的是煞费苦心，尤其是水桶的设置，在水桶内应该有一个方形的蓄水缸，蓄水缸上有一个按钮；水桶的两面有很多的小洞，是特意凿开的。一堂课用心良苦啊：老师们肯花这么多的心思来做这样的准备，让小学生们在游戏的氛围中来学习助人与互助的道理，真是太令人敬佩了！

这个活动做完之后，朱慧珍老师请同学们分组讨论自己在刚才活动中的观察和体会。老师们和社工都分别加入到了每个小组，同学们纷纷谈了自己在活动中的感受，比如要互相协助、要有团队精神、要有技巧和办法等，老师也进行了相应的引导。

接着我们回到教室，还是按刚才分组的方式，同学们依次坐到不同的小组里，开始进入集体分享的课堂环节。黄美娟老师请同学们谈谈刚刚活动中的感受，并请同学总结一下这个活动成功需要哪些要素。很多同学从不同的角度发表了自己的看法：有的同学说信任老师是尝试的基础，有的同学谈到合作是成功的关键，有的同学认为帮人就是帮自己……想不到一个小小的活动，同学们居然有这么多的体悟。在香港，学生们在课堂上的开放程度是很高的，虽然他们身后有那么多的教授、博士们在观摩，他们却全然没有分心，都投入到课堂中，一切都是那么自然而然。黄美娟老师从大家的分享中提炼出这样的道理：其实帮助别人是一件举"手指之劳"就可以做到的事情；每个人都有一点点力量，但大家联合起来就会有无穷的力量。

为了深化同学们的认识，黄美娟老师给大家举了许多日常生活中可能遇到的例子，并拿出来给大家谈论，这就已经进入了课堂生活情境讨论的第二个环节。第一个例子是：午膳时，看到有的同学打翻了饭盒怎么办？（作者按：香港的很多孩子都是中午自己带便当到学校当午餐的，这个例子体现了日常生活的普遍性。）同学们的讨论非常活跃。三分钟讨论结束后，同学们给出了自己不同的看法：有的同学会觉得便当洒了很脏，自己过去帮忙很犹豫；有的同学会给打翻便当的那个同学帮忙清理残局；有的同学会提醒其他同学地板上有饭要注意不要滑倒；有的同学会将自己的午饭与打翻便当的那个同学一起分享等。黄美娟老师对同学们的分享都表示了接纳的态度，指出在帮助别人时会有多样的选择性。

看着这些争先恐后举手发言的学生，我们在想，课堂上同学们为什么会这么愿意分享呢？因为这体现了生命教育课堂最重要的特色之一，即：老师完全接纳的态度，老师不是用一种对与错的判断去裁剪事实和规范学生们的举止，而是站在一个平等的角度上分享着学生们各种的思考，给了大家不同的解决问题的价值取向，并鼓励不同看法的平等表达。这与知识性的课堂不同，在小学里的算术、语文等课程中，一种状态一般只有或只能有一种答案；可是，在生命教育的课堂上，却没有绝对正确的答案，而且一种状态的答案可以有很多种，这就是黄欣雯提出的一个生命教育课堂的原则："没有错的答案，对的答案不只一个，只要诚实勇敢说出来就对了。"这就要求老师们以最开放的心态，跳出知识性课程的对错两极的思维模式，成为学生分享的忠实倾听者以及学生行为的引导者。

第二个例子是，在公共汽车上看到一位老婆婆站不稳，我们怎么办？老师又是给出三分钟的学生组内讨论时间。同学们的回答很踊跃，各自都提出自己的助人方案：有的学生说他会把自己的座位让出去；有的学生说，如果他自己也没有座位的话，他会提醒别人让座位给老婆婆；还有的学生说如果自己没有座位，他会提醒老婆婆找一个安全的位置扶住……这时有个同学提出这样一个问题：自己的帮忙不够专业怎么办？如果帮了老婆婆，而自己又受到牵连怎么办？这是一个很尖锐的问题，确实当今不少年轻人帮扶老人却遭到诬陷，到底是帮还是不帮呢？黄美娟老师没有立即回答这个问题，而是请同学们举手表决他们遇到这种问题时，采取什么解决方式，是否愿意过去帮忙？几乎所有的同学都表示了遇到类似问题时愿意帮忙，但可以有不同的方式。在实际的生活中，学生们不可避免地会受到社会多元价值观的影响，如何让孩子们的生命得到引领，教师必须用生命感动生命，用生命影响生命，在这个过程中，老师们必须引导同学认识到，助人的方法没有对与错，关键在我们都必须也应该帮助他人。在这个环节中，同学们再次深刻认识到：我们都有一颗爱人的心，这是天生的内在于自己心灵之中的，关键在于我们要培育、要显现（表现为行动）出来。

这两个例子都是同学们在日常生活中最常遇到的情景，拿出来讨论真的是发人深省，这样的好处是：同学们都很愿意投入到问题情境里面去思考。实际上，只有这样才能把生命教育真正落到实处，生命教育并是高不可攀的，更不是假、大、空。正是通过这样具体的例子，同学们理解了生命教育的真谛，生命得到了成长。

这时，一个同学有些犹豫不决地说：老师，我们年龄太小，能力有限，帮不上忙怎么办呢？就在这时，大屏幕上突然放出了一个短片。在轻柔舒缓的音乐背景下，展示了一组组图片，都是同学们帮助别人时的照片：有的是同学在帮助老师分发资料，有的是同学在帮忙打扫卫生，有的是同学在帮别的同学解答问题。视频的最后是很感人的一句话：你们的付出，就是"爱"！这些照片上的主角基本上都是这个班的学生。同学们在看这个短片时都非常地专注认真，有时会心一笑，甚至大声诧异老师怎么会发现他们平时助人的举止呢？原来这些照片都是教师在学生们没有注意时抓拍下来的。如果没有老师细致入微的观察，如果没有老师的爱心关注，如果没有老师时间精力的足够投入，当然如果没有同学们自己日常生活中践行的助人行动——我们这些观摩者想——那就一定没有表现这些照片的视频，也一定不会产生如此震撼心灵的效果，这让同学们恍然大悟：原来帮助别人就是如此简单，原来助人就是"举手指之劳"的事情，这就呼应了这堂生命教育课开始的场景——同学们用手指去堵住水桶外的漏洞。

几分钟的短片，我们知道老师们倾注了无数的心血。我们相信在场感动的不仅仅是我们，更多的是那些学生，如果我们是他们，如果我们从小得到的是这么高品质的关注和引导，我们该有多么的幸福！什么是生命教育？关注细节，从生命成长的小事做起就是生命教育！此时，真的是课堂内的学生与老师和课堂外的观摩者，在情感上融成了一片，心灵上受到了极大的触动，行为上则得到了潜移默化的升华。

课程的最后一个环节将整个课程推向了高潮，这就是祈祷仪式。说是祈祷，更像是一种内心的契约，同学们默默地承诺：在今后的日子里，践行助人，要用自己的实际行动将所学用到生活中。每一天付出一点点的爱，就可以发光、发热！点亮心火，播撒爱的种子。我们似乎真的看到那颗爱的种子已经在同学们心灵中生根发芽、茁壮成长了……

短短的四十五分钟过去了，我们收获的不仅仅是感动。在这堂课上看到了老师们的辛勤付出，一堂普通的生命教育课，一共三十名学生，却配备了七名老师和义工，这种付出与代价不可谓不大。但是，为了学生们心灵的健康，为了学生们高品质的生命成长，这一切的付出和代价都是值得的！我们还翻看了有关资料，发现"生命教育课"在香港宝血培灵学校共有十二个系列，每个学期都上一个系列，每周一堂课，上课的密集程度由此可见。而且，课后还有参访"长者护老中心"等实践环节，以运用课堂中所学到的与长者沟通相处的技巧和态度。在探访活动结束后，学生们还要在课堂中分享他们的所看、所做与所思，这一切都要记录在《生命教育学习历程档案》中。这样，孩子们从小就在爱的氛围中长大，成年以后他们又将是爱的播撒者和传递者。

这次在香港观摩生命教育课，我们还有一个最大的感受是：香港的老师很注重讲课的方法。艺术性、创造性、体验性、感悟性是他们课程的最大特色。对于老师们来说，上课不再是一种说教，而是与学生们一起去探索、一起去发现；而对于学生们来说，一堂课变得十分丰富有趣，不再是那么的枯燥。这一切当然都是来源于学校和教师对于生命教育的重视，而尊重、爱、理解与接纳是生命教育的核心价值。因此，香港宝血会培灵学校生命教育组荣获"2010—2011年度行政长官卓越教学奖（德育及公民教育范畴）"。

在香港的小学观摩生命教育课之后，我们更加感受到处理好"知识增长"与"生命成长"的关系是生命教育的核心问题。爱因斯坦曾经说过："所谓教育，应在于学校知识全部忘光后仍能留下的那部分东西。"那是什么呢？那正是"能力和素质"。把学校的学习定于知识，特别是书本知识，学生毕业后知识老化了、忘光了，还能剩下什么？那些脱离生活远离实际很少使用的知识，遗忘起来更快！真正的学习是什么？真正的学习应当是对学生心灵（知、情、意）的培育与行为的矫正，从而使学生的素质与能力得以优化和提升。我们的教育在抓紧学生知识学习的同时，一定要注意培育学生们的生存技巧和生活的能力，让学生们有感恩之心，有团队精神，有善良、勇敢、仁爱、责任、诚信等品质。特级教师于漪老师说：任何一张试卷都考不出学生的综合素质，检测不出学生的潜能，在刻板的标准答案面前，孩子的灵性不断被消减。她呼吁：何时不以升学率排名次论高低，而以真正的全面育人质量观引领，基础教育才会恢复本真，每一名学生才能享受到教育的幸福，为终身发展奠下扎实基础。所以，在生命教育的视野下，老师就不仅仅是"经师"——传授知识者；更重要的是成为学生的"人师"——给学生正确的"灵魂"，培育其"能力"与"素质"，在知识的传授过程中，着力构筑学生们的精神家园、价值体系和生命的终极关怀。

（本文由郑晓江、郑舒文合作撰写）

图书在版编目（CIP）数据

生命教育／郑晓江著. -北京：开明出版社，2012.10（2020.11 重印）
（新世纪心理与心理健康教育文库）
ISBN 978-7-5131-0835-5
Ⅰ.①生… Ⅱ.①郑… Ⅲ.①生命哲学 Ⅳ.①B083

中国版本图书馆 CIP 数据核字（2012）第 217969 号

责任编辑：吴晨紫　岳帅　刘智娜　王桢

| 书　　名： | 生命教育 |
|---|---|
| 出品人： | 焦向英 |
| 出　　版： | 开明出版社 |
|  | （北京海淀区西三环北路 25 号 邮编 100089） |
| 经　　销： | 全国新华书店 |
| 印　　刷： | 天津行知印刷有限公司 |
| 开　　本： | 700×1000　1/16 |
| 印　　张： | 11.75 |
| 字　　数： | 189 千字 |
| 版　　次： | 2012 年 10 月 北京第 1 版 |
| 印　　次： | 2020 年 11 月 第 6 次印刷 |
| 定　　价： | 31.00 元 |

印刷、装订质量问题，出版社负责调换货　联系电话：(010)88817647